T0123390

Sammlung Metzler
Band 299

Gerald A. Fetz

Martin Walser

Verlag J.B. Metzler
Stuttgart · Weimar

Die Deutsche Bibliothek – CIP-Einheitsaufnahme

Fetz, Gerald A.:
Martin Walser / Gerald A. Fetz. –
– Stuttgart ; Weimar : Metzler, 1997
(Sammlung Metzler ; Bd. 299)
ISBN 978-3-476-10299-7
NE: GT

ISBN 978-3-476-10299-7
ISBN 978-3-476-03995-8 (eBook)
DOI 10.1007/978-3-476-03995-8
ISSN 0558–3667

SM 299

Inhalt

Vorbemerkung

Es ist das Hauptziel dieses Buches, eine kritische Einführung in das bisherige Gesamtwerk des bundesdeutschen Schriftstellers Martin Walser anzubieten. Zweifellos gilt Walser heute – neben wenig anderen – als einer der anerkanntesten und wichtigsten deutschsprachigen Autoren der Nachkriegszeit, unter dessen beinahe zahllosen Texten Hauptwerke fast aller zeitgenössischen literarischen Gattungen zu finden sind. Da er und sein Werk teilweise heftig umstritten sind, ist es angebracht, im Rahmen der Diskussionen zu den einzelnen Werken und Gattungen, einen Einblick in die noch immer stark wachsende Sekundärliteratur zu geben. In diesem Zusammenhang beschäftigen wir uns mit der recht unterschiedlichen deutsch- und englischsprachigen Rezeption zum Leben und Werk Walsers.

Walser ist ein umstrittener Autor, weil er sich immer wieder in öffentliche Diskussionen einmischt und weil er häufig in Reden und Veröffentlichungen unangenehme politische und gesellschaftliche Themen aufgreift und provozierende Standpunkte vertritt. Seit den frühesten Werken ist Walser ein moralischer, ein engagierter und für viele Kritiker – und manche Leser – ein unangenehmer Schriftsteller. Es scheint uns also unumgänglich, den politischen und historischen Kontext der Werke und Reden in die jeweilige Diskussion einzubeziehen.

Es wird hier nicht angestrebt, eine alle Rätsel lösende Interpretation des Walserschen Gesamtwerks anzubieten, aber Analysen zu den größeren Einzelwerken sowie zu den verschiedenen literarischen Formen werden gebracht. In Anerkennung seiner Bedeutung als »Mitarbeiter an der öffentlichen Meinung« bekam Walser 1994 den neu gestifteten Dolf-Sternberger-Preis für öffentliche Rede. Aus Platzmangel können wir Walsers Aufsätzen und Reden kein eigenes Kapitel widmen, aber es würde sich zweifellos lohnen, diese Schriften und Aussagen, die in mindestens dreizehn verschiedenen Sammlungen zusammengebracht sind, ausführlich zu untersuchen. In der Diskussion der Kritik beschränken wir uns im folgenden fast ausschließlich auf die deutsch- und englischsprachige Sekundärliteratur. Untersuchungen zur Walser-Kritik in weiteren Sprachbereichen – dem französischen, italienischen oder russischen etwa – könnten jedoch einen wichtigen Beitrag zum Verständnis seiner Wirkung über den deutschsprachigen Raum hinaus leisten. Diesbezüglich würde es ebenfalls interessant sein, die Gründe dafür zu untersuchen, warum Walsers Werke, trotz sehr guter Übersetzungen ins Englische, sehr wenig anhaltenden Nachhall im englischsprachigen Raum aufweisen können: zur Zeit sind in den USA alle Werke Walsers in englischer Übersetzung außer dem Roman *Das Einhorn* vergriffen.

Dieses Buch wäre ohne die vielen Anregungen und Einsichten nicht möglich gewesen, die ich durch die ›Vorarbeiten‹ zahlreicher Literaturkritiker und -wissenschaftler gewonnen habe. In dieser Hinsicht sind die Untersuchungen der renommiertesten ›Walser-Spezialisten‹ Thomas Beckermann, Klaus Pezold, Heike Doane, Anthony Waine und Alexander Mathäs besonders hervorzuheben. Von ihnen – und anderen – habe ich über Walser und seine Werke sehr viel gelernt. An dieser Stelle möchte ich auch Herrn und Frau Walser für ihre Gastfreundschaft während eines ganztägigen Besuches bei ihnen in Überlingen danken, sowie Herrn Walser für seine Bereitschaft, meine Fragen mit großer Geduld zu beantworten und mit mir über Literatur und Politik, über mein Land und seines zu reden. Mein Dank gilt ebenfalls meinen zwei wichtigsten ›Germanistiklehrern‹, meinem Doktorvater Professor Peter Gontrum an der Universität Oregon/USA und meinem vorbildlichen Kollegen an der Universität Montana/USA, Professor Horst Jarka. Einigen weiteren Freunden und Kollegen – Dennis McCormick, Karlheinz Finken, Elizabeth Ametsbichler, James Reece und Erich Pohl – möchte ich auch für ihre Bereitschaft danken, Teile meines Manuskriptes zu lesen und mit mir darüber zu diskutieren. Von ihnen allen habe ich Ermutigung, Anregungen und Einsichten bekommen. Mein besonderer Dank gilt auch meiner Lektorin beim Metzler Verlag, Frau Ute Hechtfischer, die mir zahllose Verbesserungsvorschläge gemacht und dabei sehr viel Geduld gezeigt hat. Viele der Stärken dieses Buches, falls es welche gibt, sind auf sie zurückzuführen; für die Schwächen kann ich sie aber leider nicht verantwortlich machen: sie konnte gewiß nicht alle beseitigen.

Die Forschung für dieses Buch wurde z.T. durch die finanzielle Unterstützung der Universität Montana und der Fulbright-Kommission ermöglicht. Ihnen und ihren zuständigen Vertretern gebührt gleichfalls mein Dank.

Dieses Buch möchte ich meiner Frau Sallie Scott und unseren Kindern, Christian, Andreas und Gillian, sowie dem Andenken meiner Mutter, Ruth Krug Fetz, widmen.

1. »Von Wasserburg an« – Zum Leben Martin Walsers

»Von Wasserburg an« – so heißt eine kurze, etwas spielerische Skizze, die Walser 1981 verfaßt hat, und so heißt ein Film, eine »Annäherung« an Martin Walser, der 1983 gedreht wurde. Walser ist am 27. März 1927 in Wasserburg am Bodensee geboren und dort aufgewachsen. 1984 wurde er zum Ehrenbürger der Gemeinde Wasserburg ernannt. Seit 1957 wohnt er wieder direkt am Bodensee, zuerst in Friedrichshafen und nach 1968 in Überlingen-Nußdorf, keine zwanzig Kilometer vom Geburtsort entfernt. Der Kritiker Thomas Beckermann sieht Walser als einen »bodenständigen Menschen« (Beckermann 1986, S. 611), und für Horst Bienek ist er »ein ansässiger Mensch« (Bienek 1965, S. 192). Heimat also, besonders diese Bodensee-Heimat, ist für Walser von großer persönlicher und künstlerischer Bedeutung: Ingrid Kreuzer spricht sogar von einer »zähe(n) Verwurzelung im Heimatboden an den Ufern des ›Schwäbischen Meers‹« (Kreuzer 1968, S. 512). Walsers »Hang zur Seßhaftigkeit« (Beckermann 1973, S. 611) und seine starke Zuneigung zum Bodenseegebiet werden in seinen Schriften und Aussagen häufig bestätigt, wie etwa im *Heimatlob. Ein Bodenseebuch*, das er 1978 mit André Ficus zusammen veröffentlicht hat, oder in seiner Tätigkeit als Mitherausgeber der Kulturzeitschrift *Allmende* seit 1981. Sein Freund und Schriftstellerkollege Hans Magnus Enzensberger nannte Walser 1962 den »Proust des Bodensees« (»Von Wasserburg an«, Film Interview mit H.L. Arnold 1986). Der Walser-Kritiker Anthony Waine behauptet sogar, »der alemannische Dialekt bestimmt zu einem hohen Grad seine Identität« (Waine 1980, S. 11). J.W. Preuß behauptet, »das Alemannische gilt für ihn sogar als eine Art Kontrollinstanz im eigenen literarischen Schaffen« (Preuß 1972, S. 21). Und wie jeder Walser-Leser weiß, sind die meisten seiner Werke – besonders die Prosawerke – im Schwäbischen und Alemannischen angesiedelt, dort zwischen Stuttgart und dem Bodensee.

Walser zu den Heimatdichtern im herkömmlichen Sinne zu zählen, würde aber in die Irre führen. Obwohl Hans Werner Richter in Walser »ein Urbild eines Alemannen« zu sehen meinte (Richter 1986, S. 247), ist Walser nie ein provinzieller Autor gewesen. »Als uriger Rustikaler oder falscher Heimattümler ist er gewiß nicht abzustempeln. ... Über die modische Liebe zur Provinz macht er sich lustig. ... Für Martin Walser ist Provinz ... ein Geflecht von Anhaltspunkten und Haltepunkten« (Bausinger 1981, S. 19). Ähnliches sagt auch Franz Lennartz: »Das Bodensee-Regionale ist ihm ›Rüstkammer für Realismus‹, aber nicht für ›Träume nach Rückwärts‹« (Lennartz 1978, S. 757). Dieses Schwäbisch-Alemannische dient ihm als fruchtbare Stoffquelle, als Ort, wo er seine Erfahrungen sammelt und wo er seine Beobachtungsgabe schärft. Joyce hatte sein Dublin, Proust sein Paris, Dickens sein London und Walser hat seine Bodenseegegend. Solche Vergleiche mit ortsverbundenen Schriftstellern lassen sich auch auf Deutschsprachige erweitern: »Günter Grass aus Danzig, Uwe Johnson aus Cammin in Pommern, Martin Walser aus Wasserburg – wie tief stecken sie allesamt in ihren Herkünften«! (Enzensberger 1962, S. 244). Dieses Bodenseegebiet ist für Walser die intime, bekannte kleine Welt aus der die große Welt sich ableiten läßt und darstellbar wird. »Martin Walser ist 1927 in Wasserburg am Bodensee geboren. An diesen Satz glaubt er, auf ihn beruft er sich, er ist seine einzige Gewißheit« (Enzensberger 1962, S. 244).

Seit den frühen Jahren seiner Tätigkeit als Schriftsteller und »Mitarbeiter an der öffentlichen Meinung« (»Händedruck« in *Über Deutschland reden*, S. 8) hat sich Walser immer wieder bereit gezeigt, Interviews zu geben und Gespräche zu führen, in denen er Auskunft über sich, seine Werke und seine Meinungen zur Kultur, Gesellschaft und Politik anbietet. Eine reiche Auswahl dieser Interviews erschien 1991 unter dem Titel *Auskunft. 22 Gespräche aus 28 Jahren*. Die wichtigsten Daten und Informationen zu Leben und Werk Walsers sind den Lesern also leicht zugänglich. Die folgende biographische Skizze basiert größtenteils auf solchen Gesprächen, Interviews und Selbstbeschreibungen Walsers.

Die Eltern Walsers stammten aus bäuerlichen Verhältnissen, führten aber schon zur Zeit seiner Geburt eine sehr bescheidene Gastwirtschaft gegenüber dem kleinen Bahnhof in Wasserburg. Diese hatte Walsers Vater von seinem Vater übernommen. Etwas später betrieben sie nebenbei einen kleinen Kohlen- und Holzhandel. Walser und seine zwei Brüder mußten schon als kleine Kinder mitarbeiten: wie Volker Hage kürzlich feststellte, hatte Walser »keine leichte Jugend« (Hage 1988, S. 292). Der Vater war aus vielen Gründen »ein unglücklicher Gastwirt« (Schwarz Interview 1971, S. 66), der eigentlich viel lieber Lehrer geworden wäre. Das durfte er wegen der Gastwirtschaft nicht, aber er wurde Theosoph und beschäftigte sich heimlich mit Literatur und Philosophie. Das alles hat Walser erst nach dem Tod des Vaters entdeckt, als er verschiedene Bücher und Schreibversuche des Vaters auf dem Dachboden fand. Als »unglücklicher Gastwirt« war der Vater auch kein tüchtiger Geschäftsmann, und es war die Mutter, die die Familie erhalten und die Gastwirt-schaft immer wieder gerettet hat. 1938 starb der Vater, und von die-sem Zeitpunkt an mußten die Mutter und ihre drei Söhne das Ge-schäft allein betreiben. Auf die Angst, die Gastwirtschaft könnte Pleite machen, hat Walser oft hingewiesen: »Das Schlimmste war immer die Furcht vor dem Konkurs, vor der öffentlichen Versteige-rung. Diese Angst hat mich von Anfang begleitet« (Brantl Interview 1986, S. 193).

Walsers Beziehung zum Vater war offenbar nicht gerade eng, die zur Mutter viel inniger, wenn auch nicht ohne Probleme und schwierige Abhängigkeiten. Walser sagte von sich, er sei »... katho-lisch aufgewachsen, meine Mutter war eine wirkliche Gläubige« (Schwarz Interview 1971, S. 66). Und obwohl er weiter behauptet, er sei in den Jahren des Dritten Reiches gegen »den Nazismus ... durch das katholische Elternhaus von selbst geschützt« gewesen (ebd., S. 66), wirkte der Katholizismus seiner Mutter nicht gerade positiv auf ihn.

»Meine Mutter vertrat eine Religion ähnlich wie Thomas von Aquin ... Sie war gradlinig, hatte aber eine irrsinnige Angst; sie lebte eine Angst-Religion sondersgleichen. ... Ich bin sozusagen im Mittelalter aufgewachsen. Meine Mutter hat mich vollkommen in ihre Angstwelt eingeschlossen ... ich be-zeichne mich in meinem eigenen Selbstverständnis als katholischen Krüp-pel« (Kuschel Interview 1985, S. 141-142).

Dies war die zweite große Angstquelle seiner Kindheit. Walser spricht im gleichen Interview über seine »Verkrümmung«, die er auf den Katholizismus und seine Mutter zurückführt:

»Ich glaube, daß ich verkrümmt bleiben werde in meiner Erlebnisweise. Davon kann ich mich nicht mehr erholen. Das hat nichts mit meiner intel-lektuellen Emanzipation zu tun. Aber in der Fühlweise, der Empfindungs-weise, sozusagen in der Schreckhaftigkeit bleibe ich verkrümmt. Das kommt von meiner Mutter« (ebd., S. 142).

Walser besuchte das Gymnasium in Lindau, wo er »... eine von vie-len Kriegsanforderungen durchlöcherte Schulzeit« erlebte (Rudolph Interview 1971, S. 132). Vielleicht hatte ihn das katholische Eltern-haus vor dem Nazismus geschützt, aber nicht »... gegen Ehrgeiz, ge-gen Wettbewerb. Also wollte ich Offizier werden, Reserveoffizier« (Schwarz Interview 1971, S. 66). Neben Schule und Arbeit mußte Walser dann auch Arbeitsdienst leisten, wurde Flakhelfer, und kam später zur Marine-Hitler-Jugend, bevor er sich 1944 zu den Ge-birgsjägern meldete. Kurz vor dem Ende des Krieges – den Wunsch,

Offizier zu werden, hatte er schnell aufgegeben – desertierte er »...
mit vier Kameraden in die Berge und kam später in amerikanische
Gefangenschaft, ins Kriegsgefangenenlager Garmisch« (ebd., S. 67).

Als zwölf- oder dreizehnjähriger Junge hatte Walser auf dem
Dachboden eine Kiste voller Bücher gefunden und entdeckte, neben
anderen Dichtern und Schriftstellern, Hölderlin und Schiller und
mit ihnen ein großes Interesse für Literatur (»Hölderlin auf dem
Dachboden«, *Liebeserklärungen*, S. 36). Damals hatte er auch schon
angefangen, selber zu schreiben, zu dichten: »Ich habe dann immer
geschrieben, ich habe diese Produkte alle heute noch. Die sind natürlich unerträglich. Diese nachgemachte Lebhaftigkeit der Schiller-
Gedichte. Aber es waren eben meine Übungen, die mich gerettet
haben durch diese sogenannte Pubertätszeit hindurch« (Totten Interview 1980, S. 25). Im Gefangenenlager arbeitete er in der Bibliothek, lernte mehr Englisch, und beschäftigte sich täglich mit Literatur, auch mit amerikanischer. Dank einer in der Lagerbibliothek
zustandegekommenen Bekanntschaft mit einem amerikanischen
Sergeanten konnte er früh entlassen werden, und dieser Sergeant
fuhr Walser dann samt einigen Büchern sogar nach Hause an den
Bodensee. Ein Bruder von Walser hatte weniger Glück: er fiel in
den letzten Monaten des Krieges.

Walser durfte das Gymnasium in Lindau wieder besuchen und
machte dort im nächsten Jahr (1946) sein Abitur. Weil er aber keinen
normalen Studienplatz bekommen konnte, begann er sein Studium
1947 an der Theologisch-Philosophischen Hochschule in Regensburg,
einer Ausweichstelle der Münchener Universität. Er blieb drei Semester dort, obwohl er, wie er mehr als einmal erzählte, »... weniger stu-
diert als Studententheater gemacht ...« hat (Rudolph Interview 1971,
S. 133). Er führte jede Woche zusammen mit einigen Freunden und
anderen Studenten »... ein ständiges Kabarett und manchmal zwei
verschiedene Stücke« auf (Roos Interview 1978, S. 45).

Nach einem Jahr wurde Walser dann doch zum Studium in Tübingen zugelassen. Neben einem Seminar und einer Vorlesung bei
Professor Beißner nahm er auch an Lehrveranstaltungen in Anglis-
tik, Psychologie, Philosophie und Geschichte teil. Hier lernte er andere Studenten mit ähnlichen Interessen kennen – Peter Adler, Hans
Gottschalk, Helmut Jedele – (mit denen er später in Stuttgart zu-
sammenarbeitete), machte wieder Studententheater und Kabarett
und begann viel zu schreiben. Einige dieser Prosa-Skizzen hat Walser verkauft; die erste, »Kleine Verwirrung«, erschien am 29. September 1949 in der *Frankfurter Rundschau* (ebd. 1978, S. 48).

Nach der Währungsreform hatte Walser weniger Geld als vorher,
bekam aber ein Stipendium vom Landkreis Lindau, das ihm das

weitere Studium ermöglichte. Als er Mitte 1949 aufgrund seiner Tätigkeit im Studentenkabarett vom Radio Stuttgart ein Angebot bekam, nahm er dort eine Stelle an, vorerst für die Semesterferien. Als das Wintersemester anfing, ging Walser jedoch nicht nach Tübingen zurück. Er blieb in Stuttgart mit einer festen Stellung bei Radio Stuttgart (später Süddeutscher Rundfunk), wo er in verschiedenen Ressorts als Reporter, Redakteur und später Regisseur und Hörspielautor wirkte. Zuerst war er bei der Abteilung Unterhaltung, dann bei Politik und schließlich bei Kultur. Er war verantwortlich für solche Sendereihen wie die »Nörgelecke der Hausfrauen«, »Schicksale in dieser Zeit« und »Zeichen der Zeit«.

Nach drei Semestern in Tübingen gab Walser das Studium praktisch auf, obwohl er noch immatrikuliert blieb. Im Frühjahr 1950 entschloß er sich, doch eine Dissertation zu schreiben und sein Studium abzuschließen. Walser bat um einige Monate Urlaub vom Rundfunk und schrieb in dieser Zeit seine Arbeit über Kafka, den er in Stuttgart intensiv zu lesen angefangen hatte. Über Kafka wollte er aus ziemlich naiven Gründen arbeiten, nämlich »... weil ich den am liebsten gelesen habe« (Roos Interview 1978, S. 51), aber diese Beschäftigung mit Kafka wurde entscheidend für seine eigene Entwicklung als Schriftsteller.

Inzwischen hatte Walser 1950 Käthe Neuner-Jehle geheiratet, und 1952 kam das erste Kind, Franziska, zur Welt, die erste von vier Töchtern (sie ist heute eine erfolgreiche Schauspielerin). Walsers Wohnsitz war jetzt Stuttgart, aber er war wegen seiner Arbeit viel unterwegs:

»Ich bin herumgefahren und habe jeden Tag einen anderen Bürgermeister interviewt, obwohl ich mich natürlich nur für die Kultur-Sphäre interessiert und lieber andauernd Kortner interviewt hätte, von mir aus auch noch Karajan, was ich auch einmal getan habe. ... Das war meine Welt, die Reporter-Fahrt.« (ebd., S. 62).

Bei einer dieser Fahrten kam Walser 1951 zu der Tagung der Gruppe 47. Der von Walser und Richter erzählten Anekdote nach, soll Richter den jungen Walser (den er für einen Rundfunktechniker hielt) während einer Pause gefragt haben, wie es denn mit den Aufnahmen ginge. Walser soll geantwortet haben, die Lesungen seien sehr schlecht, das tauge alles nichts, das könne er viel besser (vgl. Richter 1986, S. 250). Und im nächsten Jahr zeigte Walser tatsächlich eine erste Probe seines schriftstellerischen Interesses und Könnens: er veröffentlichte fast gleichzeitig eine Erzählung (»Die Niederlage«) und einen Essay (»Kafka und kein Ende«), und sein erstes Hörspiel (»Die Dummen«) wurde gesendet.

1953 lud Richter ihn dann doch ein, an der Tagung der Gruppe 47 teilzunehmen, und 1955 gewann Walser mit seiner Erzählung »Templones Ende« den Preis der Gruppe (nach Eich – 1950, Böll – 1951, Aichinger – 1952, Bachmann – 1953, Morriën – 1954, und vor Grass – 1958, und Bobrowski – 1962). Die »Überheblichkeit«, die Walser bei ihrer ersten Begegnung gezeigt hatte, blieb für Richter ein ständiger Reiz. Er erlebte Walser als »streitbaren, wenn nicht streitsüchtigen Alemannen« (Richter 1986, S. 247) und er meinte, Streit sei Walsers »Lebenselement« (ebd., S. 252). Richter sah Walser als »... Egozentriker, egozentrisch waren sie alle, aber er war ihnen noch um eine Nasenlänge voraus« (ebd., S. 256).

Nach dem ersten Hörspiel (»Die Dummen«) folgten bald andere: »Die letzte Ausflucht«, »Chiarevalle wird entdeckt«, »Kantaten auf der Kellertreppe« und »Draußen« (alle 1953); »Die Zuschauer« (1954); »Ein grenzenloser Nachmittag« (1955); und »Der kleine Krieg« sowie »Ein Angriff auf Perduz« (beide 1956). Und obwohl sie noch nicht völlig ausgereift sind, findet man schon in diesen Hörspielen viele der Hauptthemen und -probleme, die später im Zentrum der Romane und Theaterstücke stehen. Neben den Hörspielen und der Rundfunkarbeit schrieb Walser in den frühen 50er Jahren weitere Erzählungen: eine Auswahl erschien dann 1955 als sein erstes Buch, *Ein Flugzeug über dem Haus und andere Geschichten*. Für sein zweites, zwei Jahre später erschienenes Buch, den Roman *Ehen in Philippsburg* (1957), erhielt Walser den Hermann-Hesse-Preis.

1957 wurde dann in vielerlei Hinsicht für Walser zum schicksalsreichen Jahr: Seine zweite Tochter, Johanna, wurde geboren (sie ist heute Schriftstellerin); er wurde schwer krank und mußte nach einer Gallenoperation einige Wochen im Krankenhaus liegen; und nach dem erwähnten Erfolg seines ersten Romans entschloß er sich, freier Schriftsteller zu werden. Er kündigte beim SDR und wollte ursprünglich, durch Ermutigung seines Freundes Uwe Johnson, nach Berlin ziehen. Man konnte aber dort keine Wohnung finden, und er zog also »vorübergehend« mit der Familie nach Friedrichshafen am Bodensee in eine kleine Wohnung, die Verwandten gehörte (vgl. Schwarz Interview 1971, S. 65-66). Dieser Umzug zurück zum Bodensee wurde endgültig und für Walser und seine schriftstellerische Entwicklung enorm wichtig. Walser als Berliner, auch als Wahlberliner, läßt sich nicht leicht vorstellen.

Der Umzug zurück an den Bodensee bedeutete aber keineswegs ein Rückzug in die bekannte, sichere Provinz seiner Jugend. Im Gegenteil: von hier aus entdeckte Walser die Welt. Obwohl er schon im Ausland gewesen war, in Italien, Frankreich, England, Polen, der CSSR etwa, war es eine Reise in die USA, die ihn aus der ausschließlichen Beschäftigung mit der Literatur in den Bereich des politischen Engagements brachte. 1958 nahm er während der Sommermonate an einem Internationalen Seminar bei Henry Kissinger an der Harvard University teil. Während er sich vorher nur für Literatur interessiert hatte, war er jetzt »plötzlich in der Welt« (Olson Interview 1988, S. 44). Er behauptete später, er wäre »damals sehr unfroh ... [gewesen] ... als ich zurück mußte, das war schrecklich, zurück in diese schwierige Republik« (ebd., S. 44). Sein »Mißbehagen« führte aber zu einer intensiven Auseinandersetzung mit dieser »schwierigen Republik«: »Und dann hab ich mich hingesetzt nach nicht ganz vier Wochen und habe einen Roman geschrieben, der dann in meiner Handschrift sechzehnhundert Seiten hatte. Aus lauter Wut sozusagen« (Totten Interview 1980, S. 28). Dieses außerordentlich lange Manuskript wurde der 1960 veröffentlichte Roman *Halbzeit*, erster Teil der Anselm-Kristlein-Trilogie, die für nicht wenige Kritiker immer noch als Walsers Hauptwerk gilt.

Das Amerika-Erlebnis war besonders für sein politisches Engagement eine deutliche Wende. Vor 1960 etwa blieben die meisten westdeutschen Intellektuellen, gebrannte Kinder der Nazizeit, von Parteipolitik und Ideologie ziemlich fern. Darin war Walser also keine Ausnahme. Jetzt aber, wie auch andere Schriftsteller, begann er sich politisch zu engagieren und ließ sich, wie er es später ausdrückte, »auf dieses Parkett oder Glatteis verlocken ...« (Gaus Interview 1986, S. 38). Es war Walser z.B., der 1961, einige Wochen vor der Bundestagswahl, das Buch *Die Alternative, oder brauchen wir eine neue Regierung?* herausgab, das u.a. Beiträge von Rühmkorf, Enzensberger, Grass, Lenz und H.W. Richter enthielt. Walser steuerte zu dieser Sammlung die Einleitung und einen eigenen Beitrag bei. Damit wurde er ganz deutlich zum »Mitarbeiter an der öffentlichen Meinung« (Walser, »Von Wasserburg an«, Film Interview mit H.L. Arnold, 1986). Wie Grass, Böll und andere Kollegen engagierte sich Walser zuerst für die SPD. Bis 1965 aber wuchs seine Enttäuschung über die SPD, besonders über deren Vietnam-Politik, soweit, daß er sich in Richtung APO, sogar in Richtung DKP bewegte. Über diese Enttäuschung schrieb er damals: »Wenn wir die gesellschaftspolitischen und außenpolitischen Grundsätze unserer beiden Parteien vergleichen, sehen wir, daß wir fast in einem Einparteienstaat wohnen« (»Engagement als Pflichtfach für Schriftsteller«, *Heimatkunde* S. 108). Die »Große Koalition« der Jahre 1966-1969 bestätigte ihn darin. Während der späten 60er und am Anfang der 70er Jahre wurde er zu einem der wichtigsten Wortführer der linken Intellektuellen in der BRD und sprach und schrieb wiederholt nicht nur gegen den Vietnam-Krieg, sondern auch besonders heftig gegen die bundesrepublikanische Unterstützung der amerikanischen Kriegspolitik und gegen »die bundesrepublikanische Berichterstattung und Beurteilung diesen Krieg betreffend« (Gaus Interview 1986, S. 41). 1966 gründete er ein »Büro für Vietnam«. Er setzte sich auch für eine Demokratisierung des Arbeitsplatzes ein, und um diese »Demokratisierung der Arbeit im eigenen, d.h. kulturellen Bereich durchzusetzen, beteiligte sich Walser an Initiativen zur Gründung einer IG Kultur« (Waine 1980, S. 32).

Nach den Gründen für sein starkes politisches und soziales Engagement befragt, erwähnte Walser einmal seine kleinbürgerliche Herkunft: »Das hat mich also gegen wirtschaftliche Ohnmacht – oder Ohnmacht im wirtschaftlich-sozialen Feld – erlebnisfähig gemacht und empfindlich gegen Machtausübung« (Gaus Interview 1986, S. 38). Seine Erfahrungen führten zur Erkenntnis, »daß Macht nur mißbraucht werden kann, ganz egal, ob sie in der Familie, in der Schule, in der Wirtschaft oder im Staat ausgeübt wird« (ebd., S. 39). Machtausübung, Machtmißbrauch und Ohnmacht sind die Hauptthemen in Walsers Romanen, Aufsätzen, Reden und Theaterstücken dieser Jahre.

Während dieser Zeit seines intensivsten Engagements wurde Walser wegen seiner Parteinahme für den sogenannten ›kleinen Mann‹, den Außenseiter, den Ausgestoßenen, gleichzeitig gerügt und gerühmt. Diese Parteinahme zeigte er nicht nur in Romanen und Theaterstücken, sondern auch in seiner Arbeit etwa als Herausgeber vom *Vorleben* (1968), einem Lebensbericht einer Mörderin, von dem Buch *Vom Waisenhaus ins Zuchthaus* (1969) von Wolfgang Werner oder von der Sammlung *Die Würde am Werktag. Literatur der Arbeiter und Angestellten* (1980). Seine vielen Reden und Aufsätze, gesammelt in den Bänden *Heimatkunde* (1968) und *Wie und wovon handelt Literatur* (1973) z.B., zeugen von der Vielseitigkeit seines politischen Interesses und Engagements während dieser Zeit. Enttäuscht von der SPD und nicht gewillt, sein politisches und gesellschaftliches Engagement im Chaos der Jahre nach 1968 aufzugeben, suchte er eine neue politische ›Heimat‹ bei der DKP. Sein Versuch scheiterte aber während der frühen 70er Jahre, auf »tragikomische« Art und Weise (Waine 1989, S. 341). Seine Annäherung an die DKP erklärte Walser in einem Brief an Anthony Waine:

»Anfang der 70er Jahre wurde ich eben von der Atmosphäre gestreift, die sich in den Berufsverboten ausgedrückt hat. Mein Bedürfnis nach realer Demokratie wurde als Überlaufen zum bösen Feind (im Osten) verstanden. Andererseits konnte ich mich auch mit meinen DKP-Freunden nicht einigen, weil sie fremdbestimmt waren; für die war ich der unbelehrbare Kleinbürger« (Waine 1989, S. 347).

Walser konnte nicht ›linientreu‹ denken und warf der Partei (der er nie beitrat) vor, sie lasse sich von Moskau fernsteuern und betreibe eine Politik, die den Zuständen in der BRD nicht gemäß sei, und vernachlässige die Interessen der Kleinbürger, die genauso ausgebeutet und mißbraucht werden und daher wie die Arbeiter unterstützt werden müssen. Seine politischen Erfahrungen verarbeitete er zum Teil in den zwei Romanen um Franz Horn, *Jenseits der Liebe* (1976) und *Brief an Lord Liszt* (1982).

Mitte der 70er Jahre begann Walser, sich von seinem intensiven und direkten Engagement zurückzuziehen. Der Vietnam-Krieg war beendet, sein Flirt mit der DKP vorbei. Außerdem hat er immer wieder beteuert, es sei nie »sein Element« gewesen, »mit einem Mikrofon vor einer großen Menge über Politik zu sprechen« (Gaus Interview 1986, S. 41). Aus welchem Grunde auch immer, ab Mitte der 70er Jahre verließ Walser wiederholt die BRD zu längeren Aufenthalten im Ausland, meistens als Gastprofessor an verschiedenen Universitäten in den USA. Trotz seines langjährigen Engagements gegen den amerikanischen Krieg in Vietnam hat er seine starke Sympathie für Amerika, für Land und Leute, nie verloren. Nach Gastsemestern in Vermont und Texas (1973) und West Virginia (1976), belegte er diese Sympathie in einem Aufsatz, »Versuch, ein Gefühl zu verstehen« (1976): »Amerika ist eben nicht nur ein kapitalistisches Land, sondern die offenste Geschichtswerkstatt, die es je gegeben hat. Das aufregendste Menschenmischungsexperiment überhaupt« (zit. Hage 1988, S. 313). Walsers Begeisterung für Amerika läßt aber auch genug Raum für Kritik, z.B. wenn er gegen die Politik Ronald Reagans schreibt: »Solange die amerikanischen Konservativen vom Schlag Reagans regieren, sind wir in akuter Lebensgefahr. Das Vokabular dieser Leute ist nicht das des Kalten Krieges, sondern des Kreuzzugs« (ebd., S. 313). Auf diese frühen USA-Aufenthalte folgten weitere: New Hampshire (1979) und Kalifornien (1983). Aus diesen Amerika-Erfahrungen, auf verschiedenen »University campuses« gesammelt, schöpfte Walser später das Material für seinen einzigen im Ausland spielenden Roman *Brandung* (1985).

Trotz der Arbeit an Prosawerken wie *Das Einhorn* (1966), *Die Gallistl'sche Krankheit* (1972), *Der Sturz* (1973) oder *Jenseits der Liebe* (1976) und den vielen Reden und Aufsätzen dieser Jahre zwischen 1960 und 1975, konzentrierte sich Walser damals sehr intensiv auf das Theater. Nach seinem ersten aufgeführten Stück *Der Abstecher* (1961) folgten bald weitere: *Eiche und Angora* (1962), *Der schwarze Schwan* (1964), und *Die Zimmerschlacht* (1967). Der große Erfolg des letztgenannten Theaterstückes ermöglichte es Walser endlich, sich und seine Familie (zu der jetzt vier Töchter gehörten: Alissa wurde 1960 und Theresia 1966 geboren), halbwegs vom Schreiben allein zu ernähren. Im selben Jahr kaufte er sich das Haus in Überlingen/Nußdorf, wo er mit seiner Frau noch heute lebt.

Seine Beschäftigung mit dem Theater in den Jahren des politischen Engagements kann auch als Versuch verstanden werden, sich einer ›öffentlicheren‹ literarischen Form zu bedienen, die es ihm erlaubte, politische und soziale Themen- und Problemkreise zu behandeln. Den von ihm empfundenen Unterschied zwischen Prosa und Theater erklärte er einmal so:

»Für mich ist der Roman eine intime Bewußtseinsentfaltung und erzielt seine politische Kompetenz auf eine höchst indirekte Weise. Etwas anderes ist es bei Stücken, bei Theaterstücken. Die öffentliche Rede auf der Bühne, die kann direkt politisch sein ...« (Gaus Interview 1986, S. 42-43).

Seine frühen Erfahrungen mit Kabarett, Studentenbühne und Hörspiel zeugten aber auch von einem großen Interesse fürs Theater, für Bühnendialoge. Einige der frühen Theaterstücke (wie *Der Abstecher* oder *Überlebensgroß Herr Krott* etwa) basieren auf Hörspielen aus dem Jahrzehnt zuvor, wobei andere (*Eiche und Angora* oder *Der schwarze Schwan* etwa) eine ähnliche Thematik wie in einigen Hörspielen, aber ganz neue Stoffe zeigen. In allen Stücken setzte sich Walser mit der Problematik der Macht auseinander, im öffentlich-politisch-wirtschaftlichen sowie im ehelich-persönlichen Bereich. Obwohl die kritische Rezeption seiner Stücke meistens geteilt war, gewann Walser 1962 den Gerhart-Hauptmann-Preis und ein Jahr später den Schiller-Förderpreis.

Während der Jahre seines intensivsten politischen Engagements war Walser auch ständig im Land unterwegs. Er nahm an zahllosen Podiumsdiskussionen teil, gab Interviews für Funk, Fernsehen und Zeitungen, hielt Vorträge und las aus seinen Werken. Diese Erfahrungen bearbeitete er auch in einigen Werken, so im *Einhorn*. Er war ein »Mitarbeiter an der öffentlichen Meinung«, ein reisender Intellektueller, der meinte, die Welt (und die BRD) ließe sich doch zum Besseren verändern; andererseits war er immer noch auf das Geld angewiesen, das er dadurch verdiente, weil der Gewinn durch seine Veröffentlichungen noch nicht völlig zum Lebensunterhalt ausreichte. Finanzielle Unabhängigkeit erlangte Walser erst mit dem sensationellen Erfolg seiner Novelle *Ein fliehendes Pferd* im Jahre 1978.

Nach einem verheerenden Verriß seines Romans *Jenseits der Liebe* im Jahre 1976 durch den Kritiker Marcel Reich-Ranicki, schlug Walser, tief getroffen, mit einem Essay »Über Päpste. Von Kritikern, die im Besitz eines absoluten Wissens sind« (*Die Zeit*, 25.2.1977, S. 37-38) zurück. Die unterschiedlichen Beiträge vieler Literaturkritiker zu dieser Auseinandersetzung Walsers mit seinem schärfsten Kritiker machten deutlich, daß Walsers Beziehung zu den Kritikern als Gruppe, trotz aller Preisen und allen Lobes, gespannt und prekär war. Streit hatte er auch mit einigen Schriftstellerkollegen, mit Günter Grass z.B. oder mit seinem früheren guten Freund Hans Magnus Enzensberger. In beiden Fällen zeigten sich verschiedene politische Einstellungen. Walser und Grass, nie enge Freunde, kritisierten einander wegen ihrer unterschiedlichen Haltung der SPD gegenüber. Zwischen Enzensberger und Walser kam es zum Bruch, weil Walser Peter Weiss und dessen Meinungen zur Literatur und Politik gegen Enzensbergers scharfe Kritik verteidigte.

Die Auseinandersetzung mit Kritikern und Kollegen war nur ein Vorspiel dessen, was später in den 80er Jahren geschah, als Walser zuerst in seiner Novelle *Dorle und Wolf* und dann noch deutlicher in seinem Vortrag »Über Deutschland reden« gegen das linke Tabu verstieß und sein Unbehagen über die deutsch-deutsche Teilung öffentlich aussprach. Nach den vielen, z.T. sehr bösen Angriffen nicht nur auf seine Meinungen zur deutschen Frage, sondern auch auf seine Person und seine Zurechnungsfähigkeit, besonders von seiten seiner linken Freunde und Kollegen, begann sich Walser isoliert zu fühlen. Seine ›Heimat‹ und feste Stellung bei den westdeutschen Linken wurde ihm strittig gemacht, aber er ließ nicht nach. Weitere Reden und Essays folgten, in denen er seine Probleme mit der deutsch-deutschen Wirklichkeit darlegte. 1988 und 1989 reiste er einige Male in die DDR. Er ließ kein Wort über eine eventuelle Wiedervereinigung fallen, stellte sich aber deutlich auf die Seite vieler DDR-Bürger, die Reisefreiheit und bessere Lebensverhältnisse verlangten. Ihm wurden dann die Ereignisse um den 9. November 1989 »das liebste Politische, seit ich lebe« (*Vormittag eines Schriftstellers*, S. 13).

Während der späten 70er und 80er Jahre wandte sich Walser immer mehr vom Theater ab und dem Roman zu. Nach 1975 hat er bis heute nur drei vollständige Theaterstücke geschrieben: *In Goethes Hand* (1982), *Die Ohrfeige* (1986) und *Kashmir in Parching* (1995). Es erschienen schnell nacheinander Romane eines Bodenseezyklus, *Seelenarbeit* (1979) und *Das Schwanenhaus* (1980), zu denen sich später auch die verwandten Romane *Jagd* (1988) und *Ohne einander* (1993) gesellten. Aufsätze verschiedener Art, versammelt in Bänden wie *Liebeserklärungen* (1983), *Meßmers Gedanken* (1985), *Heilige Brocken* (1986), *Über Deutschland reden* (1988) und *Vormittag eines Schriftstellers* (1994), wie auch der weitere große Roman zum Thema Deutschland, *Verteidigung der Kindheit* (1991) und der bis heute letzte Roman *Finks Krieg* (1996), zeigen deutlich, daß Walsers schöpferische Kraft nicht nachzulassen droht.

2.0 Walsers Anfang als Schriftsteller

In den meisten Darstellungen zum Leben und Werk Walsers gilt die Veröffentlichung seines ersten Prosabandes *Ein Flugzeug über dem Haus und andere Geschichten* im Jahre 1955 als ›offizieller‹ Anfang seiner Laufbahn als Schriftsteller, obwohl schon sechs Jahre zuvor seine erste Erzählung (»Kleine Verwirrung«) erschienen war. Überdies war er zwischen 1949 und 1955 mehrmals mit verschiedenen Arbeiten an die Öffentlichkeit getreten: mit weiteren Erzählungen, Aufsätzen, Hörspielen und seiner Doktorarbeit über Kafka. 1953 hatte er zum ersten Mal auf einer Tagung der Gruppe 47 gelesen und im Mai 1955 für die Erzählung »Templones Ende« sogar den Preis der Gruppe erhalten. Der SDR hatte schon mehrere Hörspiele von Walser gesendet, und eins von diesen (»Kantaten auf der Kellertreppe«) war 1954 im Württembergischen Staatstheater in Stuttgart inszeniert worden.

Weil aber fast alle Rezensionen und Kommentare zu Walser und seinem Werk erst mit diesem Erzählungsband einsetzen, kann man die vorangegangenen literarischen und literaturkritischen Werke als reine Vorgeschichte betrachten. Es gibt jedoch, trotz dieser allgemeinen Vernachlässigung der frühesten Schriften, zwei wichtige und bemerkenswerte Ausnahmen: einerseits die Erläuterungen des englischen Germanisten Anthony Waine – *Martin Walser. The Development as Dramatist 1950-1970* (1978) und seine Einführung, *Martin Walser* (1980); andererseits die Abhandlung des DDR-Germanisten Klaus Pezold – *Martin Walser: Seine schriftstellerische Entwicklung* (1971).

Neben den ›Prosaskizzen‹, die Walser an Zeitungen und Zeitschriften verkaufte, schrieb er während des Studiums an einem Buchmanuskript mit dem Titel »Schüchterne Beschreibungen« (Roos Interview 1978, S. 69). Das Manuskript wurde nie veröffentlicht; Walser las einen Ausschnitt 1953 bei seinem ersten Auftritt vor der Gruppe 47 vor und nahm kleine Teile daraus später im Roman *Halbzeit* auf. Laut Walser waren die darin enthaltenen Versuche »einfach abstrakte, welt-lose, inhalts-arme Prosa, mehr Attitüden als Etuden, die davon handeln, daß einer allein in einem Ort ist, in dem er zu wenig Leute kennt, also durch Menschenleere, durch Kontaktlosigkeit erzeugte Bewußtseinsbewegungen« (Roos Interview, S. 70). »Kleine Verwirrung. Eine Groteske,« die Geschichte, die

Walser als erste veröffentlicht hat (*FR* 29.9.1949), ist typisch für die meisten dieser frühesten Prosawerke: Hier begegnet man einem Neuankömmling in einer großen Stadt – eingeschüchtert, entfremdet, isoliert, überwältigt fast – und verfolgt seine linkischen Versuche, sich zurechtzufinden. Wenn man in diesem Zusammenhang Walser Glauben schenken darf, entspricht dies ungefähr seiner eigenen Verfassung als er in Tübingen und dann in Stuttgart angekommen war (vgl. Roos Interview, S. 70).

Es sind aber die Hörspiele und die Doktorarbeit, *Beschreibung einer Form. Versuch über Kafka*, die an dieser Stelle vom größten Interesse sind, weil sie viele Aspekte des späteren Werkes von Walser andeuten. Zum Teil zeigen sie deutlich den Einfluß Kafkas; daß Walsers erste literarische Werke jedoch nicht allein durch einen Kafka-Bezug zu erklären und verstehen sind, lehren uns sowohl Pezold und Waine wie auch ein Einblick in diese Werke selbst.

2.1 Hörspiele und weitere Arbeiten fürs Radio

Neben seiner Beschäftigung als Radioreporter beim SDR war Walser auch als Redakteur für die Sendereihe »Zeichen der Zeit« zuständig. Peter Adler, damaliger Mitarbeiter Walsers, beschreibt die Reihe in einem Brief an Waine:

»Verschiedene Phänomene des Zeitgeschehens wurden in dieser Sendereihe kritisch beleuchtet und dramaturgisch so aufbereitet, daß man damals wirklich von einer neuen Form sprechen konnte. Diese Reihe zeigte Walsers politisches und kulturkritisches Engagement schon in voller Deutlichkeit« (Waine 1978, S. 9).

Jede Sendung bestand aus ca. sieben oder acht »Skizzen«, die sich auf einen gemeinsamen thematischen Schwerpunkt bezogen. Die Form der Sendung verriet den Einfluß sowohl des Kabaretts als auch des dramatischen Dialogs. »Zeichen der Zeit« war eine sozial- und kulturkritische Sendung, durch die Walser und seine Mitarbeiter ihre Skepsis über das bundesdeutsche Wirtschaftswunder und auch scharfe Kritik äußerten. Ironie und Satire waren die wichtigsten literarischen Waffen, deren sie sich bedienten (vgl. Waine 1978, S. 9-24).

Als Teil seiner Arbeit beim SDR inszenierte Walser auch Hörspiele anderer Autoren, z.B. von Max Frisch, Heinz Huber und Wolfgang Weyrauch. Am bedeutendsten für die Gestaltung seiner eigenen, ersten Hörspiele war das Vorbild Weyrauchs, der, statt eine

Wiederspiegelung der äußeren Wirklichkeit anzustreben, eine radikale »Überbetonung der formalen Struktur« zur »ästhetischen Grundposition« gemacht hatte (Pezold 1971, S. 19). Auf der Tagung der Gruppe 47 im Herbst 1953, der zweiten, an der Walser teilnahm, übte er heftige Kritik an der Hörspielform Günther Eichs, der im Gegensatz zu Weyrauch eine viel ›realistischere‹ und eine der äußeren, empirischen Wirklichkeit verbundene Handlung und Szenenfolge benutzte (vgl. Waine 1978, S. 11; Pezold 1971, S. 17-19). Drei der sieben Hörspiele, die Weyrauch 1962 in seinem *Dialog mit dem Unsichtbaren* veröffentlichte, hatte Walser für die ursprünglichen Sendungen inszeniert; und er hat auch das Nachwort zu dieser Sammlung geliefert.

Von Weyrauch stark beeinflußt, schrieb Walser seine zwei ersten Hörspiele. »Die Dummen« (1952) und »Kantaten auf der Kellertreppe« (1953) können »mit dem Begriff der szenischen Kantate umschrieben werden« (Pezold 1971, S. 19). Keine realistischen Figuren treten auf, sondern ›Stimmen‹ – Sprecher, Chöre, Solisten –, die numeriert und namenlos sind. Obwohl die Form der »Dummen« etwas surrealistisch ist und, obwohl es keine nachvollziehbare Handlung gibt, ist das Thema der Wohnungsnot, das hier behandelt wird, ein echt sozialkritisches, also realistisches. Mit der balladenhaften Form und den wichtigen musikalischen Aspekten rückt Walser dieses Hörspiel in die Nähe einer Volksoper, eines Musicals (vgl. Waine 1978, S. 25). Das zweite Hörspiel, »Kantaten auf der Kellertreppe«, ist ebenfalls ein musikalisches Stück und gleichzeitig surrealistisch und sozialkritisch. Im Mittelpunkt ›sitzt‹ ein namenloser Mann, der sich aus Protest gegen die Ungerechtigkeiten in der Gesellschaft mit ihrem Wirtschaftswunder zurückgezogen hat und nicht mehr von der Kellertreppe fortzubewegen ist. Dieses ›Sitzenbleiben‹, das in den späteren Werken ein ›Liegenbleiben‹ wird, beides Zeichen der Verweigerung und des Rückzugs, wird hier zum ersten Mal von Walser dargestellt. (Diese Lage wird dann typisch für seine Protagonisten Kristlein und Gallistl, die im Bett liegend ihr Leben erzählen).

»Der Mann auf der Kellertreppe ist ein unangenehmer Mann, dem man den Mund stopfen möchte, daß er seine Kantaten nicht mehr weitersingen kann. Er ist unangenehm, weil er die Angebote der Welt zurückweist, weil er sich nicht auf den Jahrmarkt der Ideologien treiben läßt« (Walsers Vorwort, zitiert nach Waine 1978, S. 32).

Der dem Mann auf der Kellertreppe gegenüber agierende Chor versucht, ihn mit vielen Argumenten und Drohungen wieder ins ›normale Leben‹ zurückzuzwingen, aber vergebens. In diesen beiden ersten Hörspielen findet man eine »oscillation between protest against the repressive social order and resignation in the face of social and existential forces, that are far mightier than the dissident individual« (Waine 1978, S. 35). Für den DDR-Literaturwissenschaftler Pezold ist der »Grad der Abstraktion« in beiden Hörspielen störend, aber er rühmt besonders bei den »Kantaten« die »absolute Absage eines einzelnen an das Mitmachen in einer als falsch geordnet erkannten Welt« und sieht darin eine Vorwegnahme eines Walserschen Hauptmotivs in den späteren Werken (Pezold 1971, S. 24).

Die nächsten Hörspiele aus den Jahren 1952 und 1953, »Das Verbrechen«, »Die Mittagspause« und »Draußen«, von denen nur das letztgenannte gesendet wurde, zeigen viel deutlicher den Einfluß Kafkas, »in so far as they employ surrealistic techniques to portray existential situations, in which the underlying tendency is one of absurdity« (Waine 1978, S. 38). Im Hörspiel »Die Mittagspause« meint Waine den Einfluß Georg Kaisers und Strindbergs vorzufinden, in bezug auf das »Stationenhafte« im Aufbau der Handlung und die Thematik selbst: nach dreißig Jahren wiederholter Routine in Arbeit und Ehe steigt einer plötzlich und unerwartet aus. Verstört durch die Leblosigkeit und Sterilität der ihm zugeschriebenen und von ihm angenommenen Rollen im Leben, kann und will die Hauptfigur einfach nicht weiter. Eine ähnliche Thematik taucht bei Walser auch später auf, z.B. in dem Hörspiel »Ein grenzenloser Nachmittag« (1955) und im Theaterstück *Die Zimmerschlacht* (1963/1967).

Von den weiteren Hörspielen aus dieser Periode zwischen 1951 und 1956, als sich Walser am intensivsten mit dieser literarischen Form beschäftigte, sind zwei weitere besonders erwähnenswert: »Der kleine Krieg« und »Angriff auf Perduz« (beide 1956). Walser verzichtet hier auf die in den früheren Hörspielen überwiegende Abstraktion und geht viel realistischer vor. »Der kleine Krieg«, episch aufgebaut im Brechtschen Sinn, behandelt das Schicksal eines ›kleinen Mannes‹, in diesem Fall eines älteren Lebensmittelladenbesitzers, der im Konkurrenzkampf der Nachkriegszeit zugrunde geht. Walsers Mitleid mit ihm ist eindeutig, aber er schlägt keine Alternative und keine Lösung vor. Hier wird lediglich registriert, Mitleid gezeigt, Kritik geübt und dann resigniert. Dasselbe gilt auch für »Angriff auf Perduz«, in dem der Konkurrenzkampf des angehenden Wirtschaftswunders in ein kleines Dorf verlegt wird, wo zwei Vertreter um Kunden kämpfen. Vertreter ebenso wie Kunden (meistens Frauen) sind den Mächten des kapitalistischen Systems ausgeliefert: die Vertreter müssen Waren an die Kunden verkaufen, die diese gar nicht brauchen und die sie sich nicht leisten können, nur damit die

Vertreter und ihre Familien weiterleben und die Firmen Profit einstreichen können.

Walser zeigt in diesem letzten Hörspiel »the same cynicism towards the pursuit of commercial objectives, the disregard for human considerations and the ensuing human casualties«, und er entdeckt weiter »the belligerence with which man is transformed willy-nilly into a consumer« (Waine 1978, S. 89). Der Leser oder Hörer kann die Gleichsetzung von ›Krieg‹ und ›Angriff‹ mit verschiedenen Aspekten und Ergebnissen des Kapitalismus nicht übersehen. Diese Themen und Probleme entstammen den verschiedenen Abhängigkeiten in Walsers Kindheit und bleiben Hauptthemen in seinen späteren Werken. Eine Prosafassung von »Angriff auf Perduz« erschien in einer von Alfred Andersch herausgegebenen Anthologie (*Texte und Zeichen* 1956), und leicht umgearbeiteten Teilen von »Angriff auf Perduz« begegnet man z.B. im Roman *Halbzeit* (1960) wieder.

Walser ersetzte die abstrahierenden Strategien und die abstrakten, namen- und gesichtslosen Figuren der früheren Werke allmählich mit realistischeren Dialogformen und Charakteren. Außerdem werden in den späteren Hörspielen direktere sozialkritische Absichten deutlich. Waine stellt mit Recht fest, daß Walser zwischen den ersten und späteren Hörspielen eine Entwicklung durchmachte, die ihn weg vom monologischen Theater der Selbstfindung zum sozialengagierten Dialogtheater hin führt (vgl. Waine 1978, S. 104). Pezold bestätigt eine ähnliche Entwicklung, erklärt diese aber eher mit der Verringerung des Kafkaschen Einflusses. Besonders wichtig dabei ist die steigende Bedeutung sowohl der ›Satire‹ als auch der Gesellschaftskritik, und er behauptet ferner, »die Parabel Kafkascher Prägung erweist sich nun nicht mehr als dem Gegenstand adäquat« (Pezold 1971, S. 65).

2.2 Beschreibung einer Form. Walsers Doktorarbeit zu Kafka

Daß Walsers frühe Werke unter dem Zeichen und Einfluß Kafkas standen, wurde zu einem Gemeinplatz der Kritik. Fast alle Kommentare zum Prosaband *Ein Flugzeug über dem Haus und andere Geschichten* stellten diesen »Kafka-Bezug« fest, ohne ihn aber genau zu analysieren.

In der Sekundärliteratur zu Walser wird oft darauf hingewiesen, daß er im Jahre 1951 eine vielgelobte Doktorarbeit bei Professor Beißner verfaßt und dann später veröffentlicht hat (*Beschreibung einer Form. Versuch über Franz Kafka.* München: Hanser, 1961). Die

Sekundärliteratur (von sehr wenigen Ausnahmen abgesehen) hat versäumt, die Einstellung Walsers zu Kafka und seinem Werk *aus* der Doktorarbeit und *aus* den weiteren Schriften zu Kafka heraus zu untersuchen.

Der 1952 erschienene Aufsatz »Kafka und kein Ende«, der der Arbeit für die Dissertation entsprang, war Walsers Auseinandersetzung mit der Kafka-Mode dieser Zeit. Er weist in diesem Aufsatz, wie auch in der Doktorarbeit, die unzähligen Versuche zurück, Kafka für die unterschiedlichsten außerliterarischen Ideologien und Philosophien zu vereinnahmen. Walsers Interesse gilt Kafka ›dem Dichter‹: »Es scheint bei der Vielzahl der theologischen, soziologischen, psychologischen und der vielen anderen dichtungsfremden Kommentare, die Franz Kafkas Werk hervorgerufen hat, fragwürdig, ob er überhaupt ein Dichter ist« (*Beschreibung einer Form*, S. 9). Im Nachwort zur Buchausgabe der Doktorarbeit sah Walser seine damalige Absicht so: »Ich wollte, wie es dem Begeisterten zukommt, Kafka vor seinen Interpreten schützen« (ebd., S. 98).

Mit Recht stellt Walter Höllerer in seinem Vorwort zur Buchausgabe der Doktorarbeit Walsers fest:

»Martin Walser untersucht das, was Franz Kafka ›Schreiben‹ nannte. Er deutet eine Auffassung von Literatur, die die Wirklichkeit schon *vor* dem Werk sich verwandeln heißt, die die bürgerliche Person des Dichters reduziert und zerstört und die ›die Persönlichkeit des Schreibenden‹ zum Ziel hat. Die Person Kafka gibt das Wort an den ›Schreiber‹ Kafka ab« (*Beschreibung einer Form*, S. 5).

Anhand einer Analyse von Kafkas Romanen, *Amerika, Der Prozeß* und *Das Schloß*, verfolgt Walser das Ziel, die Formen des Erzählens und die dahintersteckenden Erzählstrategien zu erläutern. Walser interessiert sich in dieser Arbeit weder für die Biographie Kafkas noch für mögliche Interpretationen der Kafkaschen Werke.

Walser konzentriert sich im ersten Teil auf eine Analyse der Beziehung zwischen dem ›Dichter‹ Kafka und seiner Dichtung. Er behauptet:

»Je vollkommener die Dichtung ist, desto weniger verweist sie auf den Dichter. Bei der nicht vollkommenen Dichtung ist der Dichter zum Verständnis nötig; dann ist das Werk nicht unabhängig geworden von der Biographie des Dichters. Leben und Werk bedürfen der Vergleichung, weil das eine auf das andere verweist« (ebd., S. 9).

Bei Kafka konstatiert Walser eine ›vollkommene Dichtung‹ und er zeigt, daß, soweit es bei Kafka überhaupt eine Entwicklung gibt, diese in die Richtung der Vervollkommnung führt. Walser betrachtet das Werk Kafkas als etwas Selbständiges, ja Autonomes: Kafka verliert »immer mehr den natürlichen Kontakt zur Wirklichkeit«, »und seine möglichen Reaktionen auf vorhandene Wirklichkeit« sind »nicht mehr die einer natürlichen bürgerlichen Persönlichkeit«, sondern diese Reaktionen unterliegen »gewissermaßen dem Diktat des autonomen Formvermögens der poetischen Persönlichkeit in ihm«. Etwas zugespitzt behauptet Walser: »Bei Kafka muß man das Leben aus dem Werk erklären, während das Werk auf die Erhellung durch die biographische Wirklichkeit verzichten muß« (ebd., S. 14).

In den folgenden Abschnitten der Doktorarbeit hat Walser, wie er im Nachwort zur Buchausgabe schreibt, »den Bestand an Auffallendem, Wiederkehrendem, Typischem in den Romanen Franz Kafkas registriert und beleuchtet« (ebd., S. 5). Einige wichtige Schlußfolgerungen Walsers sind: (1) bei Kafka gibt es eine »alles umfassende Abgeschlossenheit«, also muß man »den Dichter nicht mehr heranziehen, da das Werk alles selbst ist ...« (S. 14); (2) die »Vervollkommnung des autonomen Formvermögens« ... [sichert dem] ... Werk Objektivität und Totalität« (S. 13-14); (3) »Die Menschen, auf die der Held in Kafkas Dichtung trifft ... sind ... nicht ›wahr‹ im psychologischen Sinne, sie sind nicht ›wirklich‹ im empirisischen, nicht ›menschlich‹ im anthropologischen und nicht ›natürlich‹ im biologischen Sinne. Sie sind lediglich notwendig innerhalb ihrer Welt« (S. 36); (4) diese Werke »entnehmen ihre Ausdruckselemente nicht einer vorhandenen Welt; die Werke sind nicht repräsentativ für eine vorhandene Welt« (S. 57); und (5) Kafkas Hauptwerke zeigen einen großen Abstand zu dem, »was man gemeinhin Roman nennt« und sind viel eher dem Epos zuzurechnen« (S. 97).

Walser war offensichtlich von seinem Doktorvater Professor Beißner beeinflußt, der 1952 selber einen Aufsatz unter dem Titel »Der Erzähler Franz Kafka« veröffentlichte. Lehrer und Schüler arbeiteten ›werkimmanent‹ und waren dem Strukturalismus ziemlich stark verpflichtet. Es überrascht deshalb nicht, daß der Einfluß Kafkas auf Walser viel mehr mit Form und Erzählstrategien zu tun hat als mit einer Kafkaschen Deutung der Welt.

2.3 Ein Flugzeug über dem Haus und andere Geschichten

Nachdem das Manuskript mit zwölf Erzählungen bei dem Verleger Peter Suhrkamp gelandet war, teilte dieser im Juni 1955 die Zusage des Verlags mit, demnächst den Erzählungsband herauszubringen, erklärte aber auch, daß drei der insgesamt zwölf eingesandten Geschichten nicht aufgenommen werden sollten. Weiter verlangte er, Walser sollte sich für drei der Geschichten neue Titel ausdenken. Er schrieb:

»Nach eingehender Beschäftigung mit den von Ihnen hergereichten Erzählungen finden Sie mich nunmehr zu einer Ausgabe eines Bändchens noch in diesem Herbst bereit. Ich will Ihnen dazu offen sagen, daß ich mir keine Illusionen über den Erfolg mache. Nach dem Bild, das ich jetzt gewann, halte ich es aber in Ihrem Interesse für notwendig, daß jetzt ein Buch von Ihnen erscheint. [...] Der von Ihnen vorgeschlagene Titel für das Bändchen *Beschreibung meiner Lage* kommt unseres Erachtens nicht in Betracht. Der unbefangene Leser wird diesen Titel auf den Autor beziehen. Wesentlicher ist, daß es ein ausgesprochener Kafka-Titel ist. [...] Dann sind wir der Ansicht, Sie sollten sich mit den Titeln der einzelnen Geschichten noch befassen. *Beschreibung meiner Lage, Die Geschichte eines Pförtners* und *Die Geschichte eines älteren Herrn* verdecken nur schlecht die Herkunft von Kafka. Dieser Einwand von uns besagt nicht, daß wir diese Herkunft verbergen möchten. Die Abhängigkeit ist bei diesen Titeln nur stärker und auffälliger als bei den Geschichten selbst« (P. Suhrkamp *Briefe an die Autoren*, S. 123).

Walser änderte die drei Titel um, erklärte sich mit dem Vorschlag einverstanden, den Band nach der Geschichte »Ein Flugzeug über dem Haus« zu benennen und akzeptierte ferner die Streichung von drei Erzählungen. Als das Buch dann im Herbst erschien, gab es im Klappentext den Verweis des Verlags auf den starken Kafka-Bezug dieses jungen Autors: »Martin Walser hat nicht wie viele der Jüngeren in der Schule Hemingways gelernt, sondern in der noch schwierigeren Kafkas«.

Die ersten Rezensionen des Buches stellten dementsprechend Ähnlichkeiten und Abhängigkeiten in den Mittelpunkt, deuteten diese aber in den meisten Fällen nur mit ein paar Sätzen an. Schon die Titel vieler Rezensionen zum Band lassen die Einstellung erkennen: »Ein Kafka-Epigone« (Noack), »Ein Kafka-Schüler kämpft sich frei« (Holthusen) oder »In der Nachfolge Kafkas« (Siedler). Obwohl der Verlag die Eigenständigkeit vieler dieser Erzählungen erkannte und den teilweise nicht zu leugnenden Einfluß Kafkas verringern konnte, hat doch der Klappentext sowie die Doktorarbeit und der erste Aufsatz zu Kafka dazu beigetragen, daß Rezensenten und frühe Kritiker die Erzählungen stark unter diesem Kafka-Bezug lasen und beurteilten. Aus der Rückschau faßt Marcel Reich-Ranicki diese erste Rezeption so zusammen: sogar heute noch (1970) werde *Ein Flugzeug über dem Haus* »meist mit einem raschen Hinweis auf Kafka abgetan. Walser ... habe in diesen ersten Prosastücken, heißt es, noch ganz im Banne seines bewunderten Meisters gestanden. Die

Erzählungen seien im Grunde nicht mehr als Stilübungen eines Anfängers« (Reich-Ranicki 1970, S. 137).

Holthusen beginnt seine Rezension vom 31. Dezember 1955 mit der folgenden Bemerkung: »Daß der Klappentext auf seine Kafka-Verehrung hinweist, wäre allenfalls entbehrlich gewesen: man merkt es nach zwei Zeilen« (*Süddeutsche Zeitung*). Jedoch gesteht er dann auch, Walser zeige in einigen Erzählungen, »daß er es ... [mit der Schülerschaft] ... kurz machen will, und daß er selbst jemand ist«. Noack vertritt in seiner Besprechung eine ähnliche Meinung: »Anreger dieser Erzählungen ist Kafka, über den Walser seine Doktorarbeit geschrieben hat« (*FAZ* 23.3.1956). Daß diese Einstellung zum ersten Buch Walsers von Dauer blieb, bezeugt u.a. folgende Behauptung von Wilhelm Johannes Schwarz ein Jahrzehnt später: »Martin Walsers Erzählungen in *Ein Flugzeug über dem Haus*, die 1955 erschien, stehen noch ganz unter dem Einfluß Kafkas« (Schwarz 1971, S. 7). Schließlich schreibt Kurt Rothmann noch 1985: »*Ein Flugzeug über dem Haus und andere Geschichten* sind durch Walsers Kafka-Studium beeinflußte Bilder grotesker Vereitelungen des Individuums in einer von undurchschaubaren Mächten verwalteten Welt« (Rothmann 1985, S. 357).

Wenige dieser Kritiker haben den Einfluß Kafkas auf die Erzählungen Walsers deutlich benannt: Walter Geis meint damals in seiner Rezension, das Thema der Erzählungen sei »die Hilflosigkeit und Zerbrechlichkeit des Wesens Mensch, das noch inmitten einer sich ständig perfektionierenden Welt der Organisation zu leben wagt. Es ist das Thema Kafkas ...« (»Vögel ohne Flügel« 1956). Reich-Ranicki beschreibt den Bezug auf folgende Weise:

»... vieles in dieser Prosa muß auf den Einfluß Kafkas zurückgeführt werden – so die konsequente Parabolik, so auch die Konzeption der Gestalten, die im Grunde nur Demonstrationsobjekte sind und sein sollen. Aus Kafkas Schule stammt vor allem die Grundkonstellation in den meisten dieser Erzählungen, die darauf hinausläuft, daß der Held mit einer anonymen Instanz konfrontiert wird, der man nicht entrinnen kann« (Reich-Ranicki 1970, S. 138).

Klaus Pezold schreibt in seiner bis heute ausführlichsten Analyse des Erzählbandes, Walser knüpfe in einigen der frühen Erzählungen »... an Züge der Kafkaschen Prosa an, die er als wesentliche Strukturelemente auffaßt: die Beziehungslosigkeit der sich gegenüberstehenden Ordnungen, das Prinzip der immanenten Aufhebung und der daraus resultierende Rhythmus von Wiederholungen« (Pezold 1971, S. 15). In ihrer gezielten Besprechung der Kafka-Walser Beziehung konstatiert Gabriele Schweikert eine »Parallelität der frühen Geschichten Martin Walsers zu Kafka, die in vielen einzelnen Punkten – Handlungsablauf, Konstellationen, Erzähltechnik – festzustellen war« (Schweikert 1974, S. 37).

Dieses erste Buch Walsers fand im starken Gegensatz zu fast allen späteren Werken bis heute relativ wenig Interesse bei den Literaturkritikern, dennoch haben einige wenige Kommentatoren den Versuch gemacht, dieses einseitige, fast ausschließlich auf Kafka bezogene Bild vom *Flugzeug* zu korrigieren. Einen Ansatz zu einem differenzierteren Verständnis dieser Erzählungen hat Holthusen geliefert: »Das weitaus beste Stück des Bandes ist die Titelnovelle ... Alle Kafka-Klischees sind zu den Akten gelegt, aller Einfluß ist verarbeitet, neue Eigenart geworden. Der Bann ist gebrochen. ... Hier ist Walser schon ganz er selbst« (Holthusen 1955, S. 11). Thomas Beckermann sieht einen wichtigen Unterschied zwischen Walsers Erzählungen und den Werken Kafkas darin, daß alles bei Walser »Momentaufnahmen« sind, »... Detailbetrachtungen eines größeren sozialen Zusammenhangs«. Er schreibt ferner, Walser »... entwirft keine hermetische Bildwelt als Sinnbild der realen Welt, er stellt keine ausweglosen Situationen dar, die sinnvolles Handeln ein für allemal unmöglich machen« (Beckermann 1974, S. 58). An anderer Stelle resümiert Beckermann: »Walser gibt kein Modell der deformierenden Gewalt der Umwelt; diese ist für ihn nicht rätselhaft, sondern nur übermächtig ...« (Beckermann 1973, S. 574). Und Gabriele Schweikert streitet die als Vorwurf gedachte Behauptung von Noack, Preuß, Siedler und anderen ab, Walser sei hier nur ein Kafka-Epigone: »Denn was die Geschichten auszeichnet, ist ... die gerade bei der großen Nähe zu Kafka verblüffende Abweichung, ja Umkehrung. Nicht mangelnde Eigenständigkeit, sondern erst wissende Souveränität ermöglicht das Spiel mit den Elementen Kafkascher Erzählkunst«. Sie zeigt anhand ihrer Analyse der Geschichten wie »... sich Walser mit Kafkaschen Mitteln in eine nicht mehr Kafkasche Dimension« begibt. Daß man bei Walser, anders als bei Kafka, »der Gegenwelt entkommen kann, erweist ihre begrenzte Macht; der Zwang, unter dem die Existenz der Kafkaschen Figuren steht, ist abgeschwächt zu einem kuriosen Alptraum« (Schweikert 1974, S. 34-37).

Alle diese Äußerungen sind Verallgemeinerungen, egal ob sie den Einfluß Kafkas oder die Eigenständigkeit Walsers unterstreichen, denn die einzelnen Erzählungen unterscheiden sich von einander ziemlich stark. Ferner ist es wichtig, daran zu erinnern, daß diese neun Geschichten während einer Zeitspanne von vier oder fünf Jahren entstanden sind, in der Walser gewiß eine Entwicklung durchmacht.

Die Geschichte »Gefahrenvoller Aufenthalt« hat bei einigen Kritikern die Erinnerung an Kafkas *Bau* hervorgerufen (Pezold, Schütz), bei anderen an *Die Verwandlung* (Fingerhut). Die Situation in dieser Geschichte ist vielleicht ›kafkaesk‹, aber sie ist nicht »rätselhaft« (vgl. Beckermann 1973, S. 574). Die Bedrohungen, denen sich der Erzähler ausgesetzt fühlt, entstammen größtenteils der gesellschaftlichen Wirklichkeit und seiner subjektiven Erfahrung. Es gibt also keine »undurchschaubaren Mächte« (Rothmann) und keine »anonyme Instanz« (Reich-Ranicki), die der Hauptfigur einen Ausweg versperren. Pezold übertreibt jedoch, wenn er den Erzähler fast ausschließlich als Opfer des kapitalistischen Systems, des Konsums, betrachtet, aber er deutet dadurch mit Recht auf die Realitätsgebundenheit der Lage des Erzählers und seiner Ängste hin.

Hier hat Walser einen Menschentyp zur Hauptfigur gemacht, den wir z.b. schon aus dem Hörspiel »Kantaten auf der Kellertreppe« und aus der 1952 veröffentlichten Geschichte »Die Niederlage« kennen: den Aussteiger, der, aus welchen Gründen immer, sich weigert, länger an den gewöhnlichen Tätigkeiten des Lebens teilzunehmen. Diese Eigenschaft werden wir auch bei den anpassungssüchtigen Protagonisten in den späteren Werken antreffen. Die Selbstreflexionen der Hauptfigur in »Gefahrenvoller Aufenthalt« über seinen Entschluß, nicht mehr aufzustehen z.B., könnten auch von Anselm Kristlein oder Gallistl stammen:

»Als mich damals die Lust überkam, mich auf mein Bett zu legen, wußte ich wirklich nicht, wohin das führen würde. ... Am Anfang dachte ich, es sei Müdigkeit, dann dachte ich, es sei eine Laune und eine Lust, den Bewegungslosen zu spielen. Bald konnte ich nicht mehr sagen, ob ich freiwillig liegen blieb oder mich eine Krankheit oder noch Schlimmeres dazu zwang. Ich lag einfach« (»Gefahrenvoller Aufenthalt, S. 14).

»Templones Ende«, die Geschichte, für die Walser im Frühling 1955 den Preis der Gruppe 47 bekommen hatte, zeigt die Hauptfigur in einer ähnlichen, als bedrohlich empfundenen Situation. Der alte Sonderling Templone, von dem hier in der dritten Person erzählt wird und dessen Perspektive bis zu seinem Tod kurz vor dem Ende die Erzählung bestimmt, ist von der Angst befallen, er werde hinterlistig von einer feindlichen Organisation aus seiner Villa vertrieben. Hier ist die Lage der Hauptfigur auch ›kafka-ähnlich‹, aber mehr noch als in »Gefahrenvoller Aufenthalt« kann sie fast völlig »psychologisch und sozial begründet« (Pezold 1971, S. 46) erklärt werden. Wie der alte Ladenbesitzer im Hörspiel »Der kleine Krieg« scheint Templone einfach nicht imstande zu sein, sich an die neue Nachkriegssituation, an die um ihn stattfindenden Veränderungen, zu gewöhnen und diese zu akzeptieren. Er scheint jedoch nicht so sehr Opfer einer äußeren Bedrohung zu sein, als vielmehr Opfer seiner Unfähigkeit, sich mit der Zeit zu verändern. Templone, wie auch der Ich-Erzähler in »Gefahrenvoller Aufenthalt«, schärft durch seine wachsende Vereinsamung seine Beobachtungsgabe, eine Gabe, die er mit späteren Walser-Figuren teilt: Anselm Kristlein, Gallistl usw. sind keine Figuren mehr wie bei Kafka, dennoch erinnern ihre Beobachtungen aus einer Art ›Grenzland‹ (oft im Bett liegend) doch an sie. Sie besitzen weiterhin große Ähnlichkeiten zu vielen Protagonisten bei Thomas Bernhard, der auch stark von Kafka beeinflußt war (vgl. Fetz 1988).

Nicht alle Zentralfiguren dieser Erzählungen werden jedoch zu Opfern ihrer als bedrohlich empfundenen Lage. Auch darin unterscheiden sie sich deutlich von ihren Vorgängern bei Kafka. Im »Umzug« z.B. vermag der Ich-Erzähler sich rechtzeitig aus einer (z.T. nur metaphorisch) lebensbedrohlichen Situation zurückzuziehen und sich in ein ›gesundes‹ und ›normales‹ Leben zu retten. Er ist ein sehr geschickter Fahrradmechaniker, der durch eine Erbschaft seiner Frau in der Lage ist, aus dem Arbeitermilieu in ein Haus in einem vornehmen Viertel der Stadt zu ziehen. Das entspricht den Wünschen der Frau völlig, denen des Erzählers aber weniger. Diese Geschichte bietet zum ersten Mal eine scharfe Satire der oberen Gesellschaftsschichten und auf die Verführungen des bundesdeutschen Wirtschaftswunders. In Walsers satirischer Überspitzung scheint das Leben solcher Leute künstlich, sinnlos und leer; sie sind völlig erstarrt, versteinert. Walser steht deutlich auf der Seite des Arbeiters, dem er gesunden Menschenverstand und Fleiß zuschreibt.

In der Erzählung »Die letzte Matinee« haben wir es mit einer weiteren Satire über einen Aspekt der bundesdeutschen Nachkriegsgesellschaft zu tun. Wirklichkeitsferne ›Intellektuelle‹, die völlig abseits der echten Probleme der Welt agieren, eifern einem existentialistisch gefärbten Pseudointelluallismus nach, bis sie, wie die leblosen Figuren in der Erzählung »Umzug«, nur mehr eine vollkommen künstliche Existenz führen. Walser zeigt noch einmal, wie leicht solche Leute manipuliert werden können. Er deutet damit auf eine Gefahr hin, die vielen Deutschen im Dritten Reich zum Verhängnis geworden war – ein Thema, mit dem er sich häufig beschäftigen wird. 1956 veröffentlichte Walser einen kurzen Essay in der Zeitschrift *Akzente* unter dem Titel »Jener Intellektuelle. Ein zeitgenössisches Porträt«, in dem er auf ähnliche Art und Weise ›den westdeutschen Pseudointellektuellen‹ satirisch bloßstellt. Die kulturkritischen Absichten in Erzählung und Essay decken sich und deuten auf ein Hauptanliegen vieler späterer Schriften hin (z.B. im *Einhorn*,

im *Sauspiel*, in *Brandung* und in *Ohne einander*). In der Titelge-
schichte »Ein Flugzeug über dem Haus« ist die in fast allen Erzählungen im Band vorzufindende überraschende Wende auch fest in
der sozialen oder psychologischen Wirklichkeit verankert. Hier
herrscht in der Stimmung, in dem Gefühl des Bedrohtseins des Ich-
Erzählers, einen Hauch von Surrealismus. Junge Leute, anscheinend
nicht sehr gut miteinander bekannt, feiern im Garten einer Villa
den Geburtstag der siebzehnjährigen Haustochter. Der beobachten-
de und beschreibende junge Erzähler spürt eine von den Mädchen
ausgehende Gefahr, die er mit den anderen Jungen zu teilen meint,
und später das Gefühl einer bevorstehenden Drohung stärker:
»Wenn die Freundinnen uns plötzlich ergriffen, gefesselt, an die
Hauswand geschleppt und mit Dolchen oder Hackbeilen hingerichtet hätten, ich wäre nicht sonderlich verwundert gewesen« (S.
9). Durch das Auftauchen des alten Großonkels von Birga, dem
Geburtstagskind, scheinen sich die Verhältnisse jedoch plötzlich
umzukehren. Der Onkel nimmt die Jungen zur Seite und erklärt
ihnen, er sei da, um seine Nichte und die anderen Mädchen vor
ihnen zu schützen, denn »Ich weiß ... ihr seid die Wölfe, die an
den Gartentoren lungern, um über sie herzufallen, wenn sie auf
die Straße hinaustritt!« (S. 11). Offensichtlich gestört durch die
Anwesenheit des Onkels, schreit Birga ihn aber dann an: »Warum
bist du nicht droben geblieben! Wir hätten es geschafft! Du hast
uns an sie ausgeliefert. Wir hätten es geschafft! Du hast uns an sie
ausgeliefert« (S. 12-13)! Und tatsächlich, als ein donnerndes Flugzeug, »ein Koloß aus Stahl«, über das Haus jagt und die Jungen
aus ihrem Stupor weckt, treiben die Jungen den Großonkel fort
und stürzen zum Tisch:

»... und ehe der Motorenlärm, ehe nur der Schatten des Flugzeugs verschwunden war, waren wir Herr über den Garten, das Haus und die Mädchen. Aber wir waren so sehr Herr geworden über alles, daß wir uns nicht
einmal rächten. Trotzdem weinte aus dem Fenster der Mansarde der Großonkel über uns hinweg, in die Zukunft hinein« (S. 13).

Ist das hier der Alp- und dann der Wunschtraum eines jungen Mannes? Handelt die Geschichte vielleicht von der Angst vor der Sexualität? Ahnt der Ich-Erzähler die herankommenden geschlechterbe-
dingten Rollen und Verhältnisse in der Welt der Erwachsenen? Man
kann darüber rätseln, aber »rätselhaft« im kafkaschen Sinne ist diese
Situation und diese Geschichte nicht. Die angsterregenden Mächte
entspringen keiner äußeren, anonymen Instanz, viel eher gesellschaftlicher Unsicherheit und noch nicht verstandenen jugendlichen
Trieben.

Die Erzählung »Rückkehr eines Sammlers« zeigt wie der amerikanische Literaturwissenschaftler Thomas Kamla in einem Aufsatz
von 1982 überzeugend darstellt, daß Walser Groteskes verwendet,
um bestimmte satirische und gesellschaftskritische Wirkungen zu er-
zielen. Die Erzählung, angesiedelt in der frühen Nachkriegszeit,
handelt von einem älteren Sonderling, der während des Krieges mit
einer sehr kostbaren Sammlung von Vogelfedern aufs Land ziehen
mußte. Wegen der Wohnungsnot direkt nach dem Krieg haben die
Behörden zwei große Familien in seiner Sechs-Zimmer-Wohnung
untergebracht und Alexander Bonus, den rechtmäßigen Wohnungs-
besitzer, um Geduld gebeten. Endlich darf er zwei Zimmer beziehen
und er bringt einige seiner Vitrinen voller staubiger Vogelfedern mit
in die Wohnung, die er jetzt mit den zwei Familien teilen soll. Weil
es in seinen zwei Zimmern nicht genügend Platz für die Sammlung
gibt, stellt er ein paar Vitrinen auf den Flur. Allmählich gelingt es
Bonus, die Kinder für seine Sammlung zu begeistern, und durch sie
kann er dann weitere Vitrinen in die Zimmer der Familien verla-
gern. Da sie vor dem mürrischen alten Mann Angst haben, lassen
sich die zwei Hausfrauen die wachsende Enge in ihren Zimmern
eine Zeitlang gefallen, aber endlich beklagen sich die Männer bei
dem Wohnungsamt. Die zwei Zeitungen der Stadt erfahren von diesem Fall und drucken Artikel, die Bonus und seine ›kulturellen‹
Schätze‹ verteidigen und den verständnislosen Familien »ihre brutale
Handlungsweise« (S. 65) vorwerfen. Ermutigt durch diese Unterstützung läßt Bonus jetzt die übrigen, noch auf dem Lande sich be-
findenden Teile seiner Sammlung in die Wohnung holen. Die Familien geben schließlich auf und ziehen mitten in der Nacht aus, der
Obdachlosigkeit entgegen.

Ein Sieg der Kultur über die Banalität des Alltags? Im Gegenteil
äußert sich hier eine scharfe Kritik an der Kulturpolitik der frühen
BRD, die, nach Walser, allzu häufig solchen grotesken, lächerlichen
Scheinwerten den Vorzug vor Menschen in wirklicher Not gibt.
Walser spottet anscheinend auch über das, was häufig als Kunst und
Kultur gilt – leblos, staubig und wirklichkeitsfern –, und über die
sogenannten Kulturträger, die diese entmenschlichte Kunstauffas-
sung vertreten. Gleichzeitig kritisiert die Erzählung einige gesellschaftliche Prioritäten der BRD, wobei aus Walsers Sicht, besonders
in der Wohnungspolitik, allzu oft die Nöte der Menschen im Gegensatz zu den Wünschen der Institutionen nicht berücksichtigt
werden.

Die letzte Erzählung des Bandes, »Die Klagen über meine Me-
thoden häufen sich«, ist eine weitere Ich-Erzählung: diesmal eines
einsichtsvollen, selbstreflektierenden Pförtners. Wiederum könnte

man an Kafka denken, aber dieser Pförtner hat fast nichts gemeinsam mit dem Türhüter aus der Skizze »Vor dem Gesetz«. Als Angestellter bei einer großen Firma soll der Erzähler am Eingangstor das Ein- und Ausgehen der verschiedenen Besucher kontrollieren. Trotz seiner Bemühungen, und trotz klarer werdender Einsichten in diesen problematischen Beruf, kann er den Wünschen seiner Vorgesetzten nicht immer nachkommen, zum einen, weil »jeder im Haus glaubt, er sei der Vorgesetzte« (S. 48) und zum anderen, weil er – gefangen zwischen den oft entgegengesetzten und oft undurchschaubaren Wünschen der Vorgesetzten einerseits und der Besucher andererseits – eine fast unlösbare Aufgabe hat.

Gleich am Anfang der Erzählung zeigt der Pförtner-Erzähler, daß er sein Dilemma im Berufsleben klar durchschaut, ein Dilemma, das sowohl den Gegebenheiten seiner Persönlichkeit als auch denen des kapitalistischen Wirtschaftssystems entspringt:

»Der Mut, den man braucht, Sparkassenräuber zu werden, auf blankem Steinboden in die taghelle Schalterhalle einzudringen, dieser Mut fehlte mir, als ich von meinen Erziehern gedrängt wurde, einen Beruf zu wählen. ... Fast für alle Berufe, wenn man sie näher betrachtet, braucht man diesen Mut eines Mannes, der in die Schalterhalle eindringt, alle mit einer geladenen oder noch öfters mit einer ungeladenen Pistole im Bann hält, bis er hat, was er will, der dann noch lächelt und rückwärts gehend plötzlich verschwindet« (S. 47).

Da er mit weniger »Mut« ausgestattet ist, als nötig wäre, um in diesem System erfolgreich zu konkurrieren, wird der Pförtner am Ende voraussichtlich entlassen: von einem Besucher erfährt er, daß dieser zum Bewerbungsgespräch für seine schon ausgeschriebene Stelle angemeldet ist. In diesem System behandelt man den Pförtner nicht als Menschen, sondern als auswechselbaren Bestandteil einer gesichtslosen Maschinerie. In dieser Erzählung zeigt sich sehr deutlich Walsers Kapitalismuskritik, die bis heute zu den bedeutendsten Themen seiner Werke zählt. Der Pförtner kann auch als Vorgänger für alle Walserschen Protagonisten gelten, die unter ihrer Abhängigkeit leiden: von Anselm Kristlein (s. S. 39f.) über Johann Peter Eckermann (s. S. 162f.) (*In Goethes Hand*) zu Xaver Zürn (s. S. 129f.) (*Seelenarbeit*) und Ellen Kern (s. S. 145f.) (*Ohne einander*).

Walsers Erzählstrategie in dieser Geschichte ist ein deutlicher Beweis für Gabriele Schweikerts Urteil über die verschiedenen Ich-Erzähler: »Die Reduktion auf die Perspektive eines Einzelnen läßt die Welt zusammenschrumpfen, um sie an einer Stelle aufzublähen« (Schweikert 1974, S. 37). Sie weist mit Recht darauf hin, daß keiner der Erzähler in diesen Geschichten, weder als Ich-Erzähler/

Hauptfigur noch als Er-Erzähler, allwissend ist. Walser zeigt schon in diesem Band, in dem er mit Erzählern in der ersten und in der dritten Person experimentiert, sein großes Mißtrauen gegenüber souveränen, allwissenden Erzählern.

Die zwei weiteren Erzählungen im Band, »Was wären wir ohne Belmonte« und »Ich suchte eine Frau« ähneln in der Thematik, wenn nicht in der Situation selbst, der Geschichte »Die letzte Matinee«.

Mit wenigen aber nennenswerten Ausnahmen hat die Kritik bis heute kein großes Interesse an diesem ersten Walserschen Buch gezeigt, einerseits, weil die Erzählungen im Band zu sehr unter dem Ruf des Kafka-Epigonentums standen und stehen, andererseits weil viele Kritiker in diesen Erzählungen *nur* Stil- oder Fingerübungen für spätere Werke Walsers zu sehen meinen. Unleugbar ist der Einfluß Kafkas auf *einige* der in diesem Band enthaltenen Erzählungen; in anderen jedoch ist er kaum vorhanden. Holthusen hat auf die Eigenständigkeit des jungen Walsers im Falle der Erzählung »Ein Flugzeug über dem Haus« hingewiesen, und Schweikert hat darauf aufmerksam gemacht, daß die Fähigkeit zumindest einiger Hauptfiguren in diesen Erzählungen, »der Gegenwelt« zu entkommen, einen bedeutenden Unterschied zu Kafka ausmacht: »Ein solches strenges, unausweichbares und unabwendbares Ordnungsgefüge, das mit zwingender Macht dem Einzelnen gegenübersteht, fehlt bei Walser« (Schweikert 1974, S. 32). Fast alle Erzählungen sind, im Gegensatz zum Werk Kafkas, verankert in einer bestimmten historischen Zeit, den frühen bundesdeutschen Nachkriegsjahren. Daß Walser in einigen Erzählungen starke gesellschaftskritische Absichten verfolgt, sogar »eine stark lehrhafte Tendenz« zeigt (Waine 1981, S. 51), unterstreicht ebenfalls die zunehmende Entfernung vom Vorbild Kafka. Walser schöpft in späteren Werken direkt und indirekt aus diesen frühen Erzählungen (und Hörspielen), und viele seiner späteren Hauptthemen sind schon zu erkennen. Man begegnet hier also tatsächlich Vorgängern für spätere Figuren und Situationen. Es wäre aber falsch, nicht mehr als einen musealen Wert in diesen Erzählungen zu erwarten.

3. Die ersten Romane

3.1 Ehen in Philippsburg

Zwei Jahre nach dem Erscheinen vom *Flugzeug über dem Haus* legt Walser seinen ersten Roman, *Ehen in Philippsburg* (1957), vor. In diesem Werk verzichtet er völlig auf surrealistische Elemente, die einen wichtigen Teil vieler der Erzählungen ausmachten, dagegen baut er die satirischen und zeitkritischen Aspekte weiter aus. Und wenn der Einfluß Kafkas in einigen Erzählungen eine wichtige Rolle spielte, scheint dieser nun fast völlig verschwunden zu sein. Walser selbst hat einige Jahre später in einem Interview seine ›Befreiung‹ von Kafka so beschrieben:

»Ich habe unwillkürlich kürzere Prosastücke unter seinem Einfluß geschrieben, habe aber gemerkt, daß ich meine eigenen Erfahrungen, soweit sie romanhaft zu Buche schlagen wollten, in seinem Zeichen nicht habe ausarbeiten können« (Schneider 1981, S. 99).

Diese Distanzierung von Kafka als Vorbild ist beinahe allen damaligen Rezensenten aufgefallen. Adriaan Morriën z.B. stellt fest: »In Walsers Roman *Ehen in Philippsburg* ist von Kafkas Einfluß kaum etwas übriggeblieben« (1957, S. 16):

»Der Roman spielt in einem ganz anderen Lebensklima als seine Erzählungen. Der Roman ist nicht phantastisch, sondern realistisch, ein aus verschiedenen Teilen zusammengefügtes Panorama des Lebens in einer großen deutschen Stadt nach dem Kriege und nach dem Eintritt des Wirtschaftswunders« (ebd., S. 17).

Später behauptet Pezold ähnliches: »Der Übergang zur epischen Großform vollendet die Befreiung von der direkten Orientierung an Kafka« (Pezold 1971, S. 70). Der Versuch Karl August Horsts, diesen ersten Walser-Roman noch unter dem Zeichen Kafkas zu verstehen, blieb die Ausnahme (Horst 1958, S. 361 f), obwohl einige Kritiker einen Kafka-Bezug auch in Verbindung zu diesem Werk erwähnt haben, ohne ihn zu begründen (vgl. u.a. Volker Hage 1988: »Das grosse Vorbild ist auch hier: Kafka«. S. 295).

Ehen in Philippsburg ist, was die Form angeht, kein ›geschlossener‹ Roman im herkömmlichen Sinn; er erzählt keine lineare Geschichte, wie das im bürgerlichen Roman des 19. und frühen 20. Jahrhunderts am häufigsten der Fall war. Das Buch besteht aus vier Teilen, die sich je auf eine zentrale Figur konzentrieren, aus deren jeweiliger Perspektive erzählt wird. Nur der erste und der letzte Teil handeln von dem wichtigsten Protagonisten des Romans, Hans Beumann, und bilden so den Rahmen für das ganze Werk. Die übrigen zwei Abschnitte sind keine abgetrennten, eigenständigen Teile, denn alle Hauptfiguren verkehren im selben Gesellschaftskreis. Trotz des erzählerischen Perspektivenwechsels bei jedem Teil verstärken die Gemeinsamkeiten im Schicksal der drei Hauptfiguren die Verknüpfung der vier Teile noch weiter.

Einige Rezensenten und Kritiker waren dennoch der Meinung, das Werk sei kein ›echter‹ Roman, eben weil es angeblich den Traditionen des vor-modernen Romans zu wenig entspreche. Reich-Ranicki behauptet geradeaus: »Ein Roman allerdings ist es nicht«, und er begründet seine Behauptung:

»Die vier Teile der *Ehen in Philippsburg* spielen zwar im selben Milieu, und auch der Wirkungsbereich mancher Gestalten ist nicht nur auf einen dieser Teile beschränkt. Es handelt sich jedoch um vier in sich abgeschlossene, gänzlich selbständige Erzählungen, die wohl nur aus kommerziellen Gründen mit der Bezeichnung ›Roman‹ versehen wurden« (Reich-Ranicki 1970, S. 141).

Der bekannte Kritiker argumentiert, als ob es 1957 tatsächlich so etwas wie *eine* gültige Definition *des Romans* gegeben hätte. Noch wichtiger aber ist, daß Reich-Ranicki die engen Beziehungen unter den vier Teilen übersieht. Auf solche Kritik eingehend haben andere Literaturwissenschaftler die Einheit des Werkes unterstrichen. Gertrud Pickar betont z.B. die inhaltliche und strukturelle Vernetzung der Teile:

»... despite the fact that the segments are narrated from the three different perspectives provided by the chief participants, continuity is maintained. The chronological sequence is preserved throughout and the stories of the different protagonists dovetail. Since no qualitative changes are induced by the shifting of focus, no discrepancies occur in the depiction of character and personality« (Pickar 1971, S. 48).

Rhys Williams weist auf die starke Kontinuität im Metapherngebrauch hin. Diese Einheit sei »nicht so sehr in der äußeren Handlung zu finden ... als vielmehr in der konsequenten Verwendung von Metaphernbündeln, die darüber hinaus fest in das thematische Gesamtgefüge des Romans eingebettet sind« (Williams 1983, S. 50).

Diese erste Auseinandersetzung über die Romanform bei Walser nimmt viele weitere Diskussionen vorweg, die in bezug auf fast alle seiner frühen Romane geführt werden. Sehr früh beginnt Walser selbst, mit eigenen theoretischen und literaturkritischen Überlegungen an diesen Diskussionen teilzunehmen. Das Kapitel der Doktorarbeit zu den möglichen Gattungsbezeichnungen der Hauptwerke Kafkas bezeugt diese frühe Beschäftigung mit Formfragen des modernen Romans. Sein Proust-Essay, »Leseerfahrungen mit Marcel Proust«, vom Jahre 1958 mag z.T. als seine Entgegnung auf die Kritik, er hätte mit *Ehen in Philippsburg* keinen echten Roman geschrieben, gelesen werden. Zumindest darf der Essay als weiterer Beweis dafür gelten, daß Walsers literarische Forminteressen viel mehr den ›modernistischen‹ Schriftstellern Kafka und Proust und später Robert Walser entsprechen, als den traditionellen Meistern der bürgerlichen Romanform. Fritz Raddatz schreibt 1983, der Proust-Essay sei

»vor allem ein Bekenntnis zu eben jener ›Undeutlichkeit‹, der Unmöglichkeit, sich einzelne Personen, klare Handlungskurven verdeutlichen zu können; eine Absage an die Romantechnik (etwa Thomas Manns), dank derer man genau weiß, wie die Hauptpersonen aussehen und wie sie sind« (Raddatz 1983, S. 135).

Thomas Beckermann versteht den Roman ebenfalls als den Versuch, dieser älteren Romantradition entgegenzuwirken: »Die Stationenformen, aber auch der Wechsel von Dialog, Beschreibung, erlebter Rede und Tagebucheintragung konstituieren den Gegenstand und verstehen sich als Protest gegen die traditionelle Romanform« (Beckermann 1973, S. 576).

Nacherzählen läßt sich der Inhalt des Romans wie folgt: Im ersten Teil schildert der Erzähler die Ankunft des jungen Ex-Studenten Hans Beumann in der Stadt Philippsburg, wo er versucht, in der Berufswelt Fuß zu fassen. Beumann, der unerfahrene und naive Ankömmling, unehelicher Sohn einer Kellnerin aus dem Dorf Kümmertshausen, sucht vergeblich eine Stelle bei einem Verleger. Am nächsten Tag trifft er eine ehemalige Studienkollegin, Anne Volkmann, Tochter eines wohlhabenden Rundfunkfabrikanten. Die ganze Familie Volkmann findet Hans sehr sympathisch, der Vater bietet ihm eine Stelle als Redakteur seiner Firmenzeitschrift an, und Anne wird seine Assistentin. Obwohl Beumann gemischte Gefühle der nicht gerade anziehenden Anne gegenüber empfindet, führt ihre tägliche Nähe bei der Zusammenarbeit zu einer sexuellen Beziehung. Sie wird schwanger und unterzieht sich einer schwierigen Abtreibung. Dieser erste Teil endet mit den folgenden vielsagenden

Sätzen: »Hans dachte: das hat sie alles mir zuliebe getan. Wir sind einander sehr nahegekommen. Wahrscheinlich muß ich sie jetzt heiraten ...« (S. 86).

Der zweite Teil erzählt vom erfolgreichen Gynäkologen Dr. Benrath, Stütze der Philippsburger Gesellschaft, der aber ein zweites Leben führt; er betrügt insgeheim seine sensible Frau mit der attraktiven Designerin Cécile. Beide versuchen wiederholt, die Affäre abzubrechen, z.T. wegen der durch Lügen, Geheimnisse und Ängste verursachten Schuldgefühle, jedoch kommt es nicht dazu. Schließlich begeht Birga, seine Frau, Selbstmord. Dadurch ertappt in seinem heuchlerischen Doppelleben und sozial ruiniert, flieht er aus Philippsburg und verläßt Cécile. Er tut nichts, um Verantwortung zu übernehmen für das, was durch ihn und sein Benehmen mindestens z.T. verursacht wurde: Diese Stütze der Gesellschaft wird entlarvt und fällt.

Der Rechtsanwalt und angehender Politiker Dr. Alwin steht im Mittelpunkt des dritten Teils. Er, der seine ›perfekte‹ Ehe gern zur Schau stellt, hat auch, obwohl er nicht gerade eine Schönheit ist, einige Affären hinter sich. Auf dem Heimweg nach der Verlobungsfeier von Hans und Anne in der Villa Volkmann, fährt Alwin einen Motorradfahrer an, der an seinen Verletzungen stirbt. Mit Alwin im Auto ist nicht nur seine Frau, sondern auch Cécile, auf die Alwin den ganzen Abend geil geschaut hat und die die Alwins nach Hause bringen wollten. Ursache des Unfalls ist die Tatsache, daß Alwin im Rückspiegel auf Cécile statt nach vorne auf die Straße schaut. Da er das Ende seiner erst beginnenden politischen Karriere befürchtet, unternimmt Alwin alles, die Schuld für den Unfall auf den – inzwischen gestorbenen – Motorradfahrer zu schieben. Er weiß aber jetzt, daß seine Hoffnungen auf eine Affäre mit Cécile keine Chancen haben und muß außerdem mit der Ungewißheit leben, ob die Wahrheit über den Unfall entdeckt wird und damit seine politischen Bestrebungen auch zerstört werden.

Im vierten und letzten Teil rückt der Erzähler Hans Beumann wieder in den Mittelpunkt. Der erste Abschnitt handelt jedoch von Berthold Klaff, der in Untermiete bei derselben Wirtin im Arbeiterviertel von Philippsburg wohnt wie Beumann. Klaff, soeben entlassener Pförtner am Theater, der aber ein verwundbarer angehender Dramatiker war, hatte gerade Selbstmord begangen. Seine Frau hatte den Erfolglosen vor kurzem verlassen, und alle Versuche Beumanns, ihm eine Stelle bei Volkmann zu verschaffen, waren umsonst. Beumann liest Klaffs Tagebuch, worin dieser seine kritischen Bemerkungen und Beobachtungen zur Kunst, Gesellschaft, Politik und Welt zum Ausdruck bringt. Klaffs Kritik sowie seine Verweigerung, sich anzupassen, stehen im starken Gegensatz zu Beumanns sehr erfolgreicher Assimilation. Dieser letzte Teil des Buches endet mit der Beschreibung eines Männerabends im geheimen »Sebastian-Klub«, wo Hans eingeführt und zum »Chevalier« erhoben wird und wo er durch einen Streit mit einem unerwünschten Eindringling, den er niederschlägt, endgültig zeigt, daß er ›angekommen‹ ist und nun zur Philippsburger Oberschicht gehört. Daß er überdies an diesem Abend kurz vor seiner Hochzeit eine Affäre mit der schönen Bardame des Clubs anbahnt, unterstreicht das Muster des arrivierten Philippsburgers.

Diese Romanhandlung erfuhr viele z.T. widerspruchsvolle Rezensionen und Kommentare. In einigen – denen von Reich-Ranicki (1970), Möhrmann (1976) und Claßen (1985) z.B. – wird *Ehen in Philippsburg* strukturell und gattungsspezifisch in der Tradition des deutschen satirischen Romans gesehen, wobei der Vergleich zu Heinrich Manns *Im Schlaraffenland* besonders hervorgehoben wird. Ohne die formalen satirischen Aspekte völlig zu vernachlässigen, gehen z.B. Pezold (1970), Doane (1978) und Koepke (1992) in ihren Kommentaren viel detaillierter auf die spezifischen gesellschaftskritischen Aspekte ein. Andere Kritiker – Thomas und van der Will (1968) und Schäfermeyer (1985) z.B. – konzentrieren sich auf die Eigenschaften und Entwicklung der am Ende angepaßten Hauptfigur Beumann, besonders im Hinblick auf die Parallelitäten zu Alwin und Benrath sowie auf die Gegensätze zum kompromißlosen Klaff. Und einige legen, dem Titel folgend, besonderen Wert auf eine Analyse der Ehen und Ehebrüche in dieser Philippsburger Gesellschaft, betrachten diese jedoch nicht als Beziehungen, die isoliert und aus der Gesellschaft herausgelöst da stehen, sondern als Widerspiegelung der Doppelmoral und Seichtheit der bundesrepublikanischen Gesellschaft im allgemeinen.

Rezensenten und Kritiker faßten die Bedeutung des Romans unterschiedlich zusammen: Piontek meint z.B., hier gehe es Walser, anders als in den Erzählungen,

»nicht mehr um Denkspiele in der Form phantastischer Fabeln, sondern um Kritik an trüben Zeiterscheinungen, Entlarvung der Gesellschaft auf Herz und Nieren. Es sind unsere fünfziger Jahre, es sind die Einwohner einer westdeutschen Großstadt, in denen sich Walser als Chronist und Diagnostiker so ausführlich beschäftigt« (Piontek 1958, S. 201).

Er betont damit die im Roman dargebotene kritische Darstellung der bundesdeutschen Gesellschaft. Klaus Siblewski beschreibt sehr knapp sein Verständnis des Romans so: »In *Ehen in Philippsburg* (1957) schildert Walser die Geschichte einer Anpassung und die

Auflösung einer Identität« (Siblewski 1987, S. 3). Dadurch hebt er die Figur Beumann und seine als negativ betrachtete Entwicklung hervor. Wulf Koepke konzentriert sich in seinem Resümee auf einen weiteren Aspekt: *Ehen in Philippsburg* »focuses primarily on male-female relationships, distinctly from the male perspective, and questions both the institution of marriage and the societal constraints on individuals, as well as the indecisiveness and lack of courage of men« (Koepke 1994, S. 8). Und Rothmann sieht die Hauptbedeutung des Romans in seiner Darstellung der Schattenseiten des Wirtschaftswunders. Das Buch veranschauliche,

»daß die restaurativen Wirtschaftswunder-Gesellschaft in Philippsburg (Stuttgart) nur eine Maskerade rücksichtsloser, eitler Karrieremacher ist. In dieser Welt ohne Menschlichkeit, aber voll Sentimentalität und Selbstmitleid, steigt der junge Journalist Hans Beumann durch ebenso schäbige wie dümmliche Anpassung vom unterprivilegierten unehelichen Sohn einer Kellnerin zum Mitglied im Nachtclub der Provinzstadtgrößen auf« (Rothmann 1985, S. 357-358).

Obwohl sie die gesellschaftskritischen Momente des Werks unterstreicht, betrachtet Renate Möhrmann *Ehen in Philippsburg* vorwiegend als einen Roman, der in der Tradition des – satirischen – Parvenü-Romans steht. Demzufolge betrachtet sie die Darstellung der Entwicklung Beumanns als Walsers Hauptanliegen im Werk, sieht aber Beumann als Repräsentanten für »die allgemeine Emporkömmlingsmentalität in der Adenauerschen Restaurationsepoche ...« (Möhrmann 1976, S. 149). Hans Beumann sei für Walser also keine Ausnahmeerscheinung, sondern

»der Wirtschaftswunder-Durchschnittsbürger, der durch die Konsumgütergesellschaft zwangsläufig in eine Konsumhaltung gedrängt und damit zum Emporsteigen getrieben wird, dem die Anpassung an die herrschenden Machtverhältnisse als Männlichkeitsbeweis ausgelegt und mit materieller Sicherheit honoriert wird« (Möhrmann 1976, S. 153-154).

Nicht nur Beumann gehöre also zu den satirisch dargestellten Parvenüs, sondern viele andere auch: Benrath, Alwin, Cécile, der Stadtdichter Dieckow usw. Bei fast all diesen konstatiert Möhrmann jedoch einen wesentlichen Unterschied zu ihren Vorgängern, etwa zu Andreas Zumsee in Heinrich Manns *Im Schlaraffenland* z.B., wenn sie auf »eine deutlich veränderte Aufsteigermentalität« hinweist: »Der neue Parvenü ist lustlos geworden und versteht sich als das Lasttier seiner eigenen Karriere« (ebd., S. 154).

Pezold hebt in seiner gründlichen Besprechung des Romans durchgehend die gesellschaftskritischen Aspekte hervor, die entschei-

dend seien; sie entsprechen zudem seinem stark vom Marxismus ge-
prägten Literaturverständnis. Das gilt ebenso für andere DDR-Kritiker, wie z.B. Gerhard Dahne. Für Pezold ist die Entwicklung
Beumanns zu verstehen als »ironische Umkehrung des Handlungs-
verlaufs im klassischen deutschen Bildungsroman: der Held wird
wie dort für die Gesellschaft erzogen, aber das bedeutet nicht mehr
Erweiterung seiner Persönlichkeit, sondern opportunistisches Sich-
anpassen« (Pezold 1970, S. 101). In seiner Rede bei der Verleihung
des Hermann-Hesse-Preises, den er für *Ehen in Philippsburg* bekam,
behauptet Walser, der Roman sei »gewissermaßen von selbst dazu
geworden« (zit. nach Sauter 1982, S. 20). Er erklärt weiter, es sei
nicht seine Absicht gewesen, ein gesellschaftskritisches Buch zu
schreiben:

»Ich wollte einfach möglichst genau zur Sprache bringen, was ich an bewußten oder noch mehr an unbewußten Erfahrungen in mir vorfand. Daß
das nachher als ein kritisches Verhältnis zur Gesellschaft oder zur Realität
gewertet wird, das ist die Zutat der Leser beziehungsweise der Kritik« (Sauter Interview 1982, S. 20).

Ob Walser das wirklich glaubte oder nicht, spielt keine Rolle. Da
aber Gesellschaftskritik so stark und unübersehbar im Vordergrund
steht, klingt die Äußerung sehr naiv.
   Die Ziele von Walsers Zeit- und Sozialkritik, ob beabsichtigt
oder nicht, sind z.T. aus den Hörspielen und Erzählungen schon bekannt. In diesem Roman geht es insbesondere um die Entlarvung
von Druck und Anpassungszwängen, die dem hier dargestellten kapitalistischen Gesellschaftssystem entstammen und sich negativ und
deformierend auf alle auswirken, aber besonders auf Individuen, die
nicht gewillt sind, ihre Prinzipien und ihre Identität aufzugeben. In
den Erzählungen und Hörspielen, in denen diese Problematik ursprünglich angesprochen wurde, war die Perspektive die des ›Aus-
steigers‹, des um die Erhaltung seiner Identität Ringenden. Jetzt ist
die Erzählperspektive die des sich Anpassenden (Beumann) oder des
schon Angepaßten (Benrath und Alwin). Walser kritisiert und ironi-
siert diese Perspektive und macht dadurch seine Ablehnung deutlich.
   Es scheint jedoch keine erfolgversprechende Alternative zur Anpassung zu geben. Die beiden Figuren, die sich weigern, nach den
Spielregeln dieser Gesellschaft zu leben, Birga Benrath und Berthold
Klaff, werden in den Selbstmord getrieben. Aber auch die ›erfolgreichen‹ Anpasser, Benrath, Alwin und Beumann, wandeln auf sehr
dünnem Eis. Für Beumann wird es auch nicht gut ausgehen: im
vierten Roman Walsers, *Der Sturz* (1973), erfahren wir, daß auch er

Selbstmord begeht. Und hiermit sind wir bei einem Aspekt der – mindestens frühen – Romane Walsers, für den er mehr als einmal kritisiert wird: z.B. mit den Worten – ›und wo bleibt das Positive, Herr Walser?‹ Walsers Antwort darauf lautet: »... dadurch, daß das Negative als Negatives erscheint, [ist] eine positive Antwort gegeben ... Das ist das Positive an der Literatur und das, was den Erkenntniswert ermöglicht« (Konjetzky Interview 1975, S. 248).

Wichtig nicht nur für die Struktur des Romans, sondern auch für das Verständnis der verschiedenen (Haupt)figuren und der Zwänge, unter denen sie leben, sind die Beziehungen dieser Figuren zueinander. Claßen erkennt richtig, daß ein »Netz von Oppositionen und Parallelisierungen ... zwischen Beumann, Benrath, Alwin, Klaff und Hermann, dem Arbeiter, der als Lottogewinner in den Nachtclub aufgenommen werden will« existiert (Claßen 1985, S. 126). Überzeugend ist auch seine Behauptung, daß Klaff und Hermann Eigenschaften von Beumann verkörpern, die dieser aber während seines Anpassungsprozesses unterdrücken muß. Mit Klaffs Selbstmord begräbt Beumann seine Bedenken über seinen »erfolgversprechenden« Werdegang, seine anfängliche kritische Einstellung zu der Oberschicht und ihren Verhaltensweisen wie auch seine intellektuelle Ehrlichkeit. Und wenn er Hermann, den unerwünschten Eindringling, der aus demselben Arbeitermilieu und aus derselben Gegend stammt wie er, im »Sebastian Klub« zu Boden wirft und besiegt, verbannt er damit seine eigene Herkunft. Beumann löst durch sein schnelles Aufsteigen und durch seine erfolgreiche Anpassung seine selbständige Identität auf.

Obwohl er scheitert, obwohl auch seine Ehe und sein Leben unglücklich enden, deutet Klaff mit seiner Kompromißlosigkeit auf die einzige Alternative zum Anpassungs- und Selbstauflösungsprozeß Beumanns. Bezeichnenderweise ist Klaff die einzige Figur, die ihre Perspektive – nach seinem Tod durch das von Beumann gelesene Tagebuch – als »Ich-Erzählung« weitergibt. Er ist auch die einzige Figur, die ihr »Ich« behalten hat. Daß er durch seine Kunst und sein Leben (und seinen Tod) die Gesellschaft scharf kritisiert und nicht bereit ist, »sein intellektuelles Vermögen« gegen Geld zu verkaufen, zeigt er Beumann und dem Leser, womit und zu welchem Preis jener »seine eigene Anpassung erkauft« hat (Claßen 1985, S. 127). Klaff ist der einzige, der »ein politisches Bewußtsein besitzt, das die bestehenden Verhältnisse nicht nur im Hinblick auf den persönlichen Lebensbereich durchforscht, sondern auch ein wahres Interesse am Geschick der modernen Menschheit zeigt« (Doane 1978, S. 23).

Walser hat in der Ansprache zur Verleihung des Hermann-Hesse-Preises darauf hingewiesen, daß er sich als Autor mit beiden, d.h.

mit Beumann *und* Klaff, identifizieren konnte, und daß er in beiden »gleichsam Möglichkeiten seiner eigenen Person Gestalt annehmen läßt« (Pezold 1970, S. 76). Beide, Beumann und Klaff, sind mit autobiographischen Zügen Walsers ausgestattet. Weil ähnliches für die Beziehungen zwischen Walser und vielen Gestalten in den späteren Werken behauptet werden kann, lohnt es sich, seine Erklärung zur Autor-Figur-Beziehung anzuschauen:

»... ich glaube, er [der Romanschreiber] kann nicht einen einzigen Satz über einen Menschen zu Papier bringen, kann nicht eine Person zum Leben erwecken, wenn er nicht auch die Laster, oder zeitgemäßer formuliert: die Schwächen seiner Person im Keim in sich birgt. Natürlich hat er nicht alle Handlungen seiner Personen selbst vollbracht, aber er kann das, was er beobachtet, nur dann recht notieren, wenn das, was ihm als Wirklichkeit begegnet, in ihm zumindest als Möglichkeit vorhanden ist« (»Der Schriftsteller und die kritische Distanz« *FAZ*, 4. Juli 1957).

Auch Jahre später beschreibt Walser seine Verwandtschaft mit seinen (Haupt)figuren:

»Natürlich ist die Hauptfigur nicht die ungebrochene Stimme des Autors. Aber wie die Hauptfigur, oder das, was sie sagt, oder ihr Schicksal, wie das Buch gelagert ist, wie das verläuft, da merkt man, ob man das verachten soll, ob man's lieben soll, nicht? Man merkt an dem Verlauf der Handlungen, ob man dem beistimmen soll oder ob man wütend werden soll. ... Also dieses ›soll‹ ... Das ist die Stimme des Autors« (Totten Interview 1981, S. 35).

Obwohl Walser sehr viel Autobiographisches in seine Werke einfließen läßt, sollte man sich hüten, seine Hauptfiguren allzu eng mit ihm zu identifizieren, wie Frank Trommler das tut, wenn er in bezug auf Anselm Kristlein behauptet, er sei »zumeist nur vorgehaltene Maske des Erzählers« (Trommler 1981, S. 504). Trotz Verwandtschaft ist weder Beumann noch Klaff – noch Kristlein, noch Horn, noch Zürn – mit ihrem Autor Walser gleichzusetzen. Hierin kann man Pezold nur zustimmen, wenn er schreibt: »Die Folge davon ist, daß einerseits mehrere Romangestalten in einzelnen Momenten dem Autor entsprechen, daß aber andererseits keine von ihnen mit ihm gleichgesetzt werden kann« (Pezold 1970, S. 78).

Das im Titel des Romans direkt hervorgehobene Thema der Ehe – eines der wichtigsten Themen Walsers überhaupt – wird in *Ehen in Philippsburg* zum zweiten Mal von Walser ausführlich behandelt. In *Ehen in Philippsburg* erhält man Einblick in viele verschiedene kranke Ehen und in die damit verbundenen Ehebrüche. Beckermann weist z.B. darauf hin, daß »die Verhaltenszwänge ... vor allem an den Ehen, dem Hort der bürgerlichen Ordnung, offenbar« werden (Beckermann 1973, S. 576). Der DDR-Kritiker Gerhard Dahne drückt ähnliches aus:

»es sind die Beziehungen zwischen den Geschlechtern, die besonders gut über die Beschaffenheit einer Gesellschaft Auskunft geben können. Die Vernichtung der Ehe, die Reduzierung der Liebe ausschließlich auf Sexualität, die Käuflichkeit, die Verkrüppelung der Gefühle, die Verkümmerung des Verstandes, der Verzicht auf eine voll entfaltete Menschlichkeit – das alles kennzeichnet die Degeneration dieser herrschenden Gesellschaftsschicht« (Dahne 1967, S. 140).

In seiner Abhandlung geht Claßen auf das Thema Ehebruch als literarische »Konvention«, als fester »Bestandteil der literarischen Tradition der bürgerlichen Gesellschaft« ein. Er vergleicht Walsers Behandlung des Themas mit denen von Heinrich Mann und Bertolt Brecht und findet, daß Walser den Ehebruch ernster zu nehmen scheint als diese beiden. Ihre Absicht sei es gewesen, durch die »lakonische Behandlung des Ehebruchs ... Vorstellungen von einer intakten – auf einer Liebesbeziehung beruhenden – Kleinfamilie als unzeitgemäß« zu entlarven. Im Gegensatz dazu seien Walsers Bürger – noch – nicht zu derselben Einsicht gelangt, es gäbe keine Moral, sondern »sie leben mit doppelter Moral: Ehebruch ist kein selbstverständlicher Teil der Konvention, sondern wird hinter der Fassade von Familienglück versteckt. Walser kritisiert demnach die doppelte Moral der Bürger und erst in zweiter Linie ihre Skrupellosigkeit« (Claßen 1985, S. 119-120). Man kann auch Nägele zustimmen, der behauptet, die »Ehe ist der Mikrokosmos der Gesellschaft, ihre Krise reflektiert eine gesellschaftliche Krise« (Nägele 1975, S. 325), auch wenn man nicht geneigt ist, die männlichen Vertreter der Philippsburger Gesellschaft wegen ihrer außerehelichen Beziehungen für unmoralisch zu erklären. Aber ihre Heuchelei, Lügen, Skrupellosigkeit, Ichbezogenheit und ihre Fahrlässigkeit anderen gegenüber verdienen Kritik. Das scheint mindestens Walsers Lehre zu sein. Mit Recht weist Nägele darauf hin, daß Walsers Darstellung der »Ehekrise als Seismograph einer gesellschaftlichen Krisensituation« sehr stark an Ibsen erinnert und auf ihn zurückzuführen ist (Nägele 1975, S. 325).

Walser zeigt durch die Philippsburger Gesellschaft, die in den Figuren aus Industrie, Medien- und Geschäftswelt, Politik und Kultur vertreten ist, und durch die Vernetzung aller dieser Gruppen, wie sie zusammen ihre heuchlerischen und eigennützigen Absichten und Interessen verfolgen. Daß es sie nicht übermäßig zu stören scheint, welche Opfer ihre Einstellungen und Handlungen häufig fordern, gehört zur sozialdarwinistischen Lebensauffassung, die Herr Volkmann nachdrücklich und unverblümt ausspricht: »Alle gegen alle, sagte er, das ist Freiheit« (S. 106). Daß die Politik ausgehöhlt ist, verdeutlicht am besten das Beispiel Alwins, der im Begriff ist, eine neue Partei zu gründen: die CSLPD (Christlich-sozial-liberale Partei Deutschlands). Diese Partei, die gleichzeitig für alles und für nichts steht, versinnbildlicht den reinen politischen Opportunismus, den Walser hier anprangert. Doane beschreibt diese Kritik auf treffende Weise: »In diesem allgemeinen Zustand der politischen Lethargie verkörpert Alwin den wahren zeitgemäßen Politiker. Indem er Politik nur zu seinem persönlichen Erfolg nutzen will, demonstriert er den Zusammenhang von Politik und wirtschaftlichem Ehrgeiz« (Doane 1978, S. 22).

Walser illustriert durch die Beispiele von Beumann und Diekkow, wie die Kultur entweder kommerzialisiert wird (Beumann) oder zur reinen Unterhaltung verkommt (Dieckow). Kultur, wie sie in Philippsburg betrieben wird, hat durch ihren Verbund mit Geld und Macht ihr positives, aufklärerisches Potential eingebüßt. Kultur wird zur Werbung: für den einzelnen Künstler, für verschiedene Waren, für den Kulturbetrieb und für das bestehende Wirtschafts- und Gesellschaftssystem. In diesem Nexus von Kultur, Medienwelt und Werbung, schreibt Koepke überzeugend, würden viele Probleme der bundesrepublikanischen Gesellschaft dieser Wirtschaftswunderjahre sehr deutlich: » ... the agents of culture industry, of public relations, and advertising ... create their own fictitious world in which the characters are arrested: a world of illusion and disillusionment, fraud, lies, breach of trust, and generally hypocritical behavior« (Koepke 1994, S. 4-5). Walser macht an diesen ›Intellektuellen‹, die im Kulturbetrieb tätig sind, die potentielle Verführbarkeit aller Intellektuellen in der Gesellschaft deutlich.

Walsers Gesellschaftskritik bedient sich nicht nur der direkten Entlarvung, sondern auch der subtileren Ironie. Diese resultiert z.T. »aus der Diskrepanz zwischen ... [Beumanns] ... recht unwissende[r], naive[r] Einschätzung der Philippsburger Verhältnisse und der weitergehenden Einsicht des Lesers, die vom übrigen Handlungsverlauf getragen wird« (Hick 1983, S. 68). Diese Art Ironie ist ziemlich traditionell, dennoch wird Ironie der verschiedensten Prägungen zum wichtigen Bestandteil der Walserschen Erzählstrategie. Er wird sich noch ausführlich mit dem Begriff und mit seiner Verwendung der Ironie auseinandersetzen, am deutlichsten in seinen »Frankfurter Vorlesungen« *Selbstbewußtsein und Ironie* im Jahre 1981.

Drei weitere neue Themenbereiche spielen in *Ehen in Philippsburg* eine wichtige Rolle: Sexualität, Tod und die Verdrängung der nationalsozialistischen Vergangenheit. Man erfährt in diesem Roman und anderswo wenig über die Sexualität innerhalb der Ehe, abgesehen davon, daß sie für – alle – Männer und für einige Frauen nicht ausreicht und nicht befriedigend ist, aber die Sexualität außerhalb der Ehe wird von diesem Werk an sehr häufig in den Mittelpunkt gerückt. Wo das geschieht, scheint diese für die versuchte Selbstfindung und Selbstbestätigung fast unerläßlich zu sein – besonders für die Männer –, aber sie widerspiegelt auch andere, schwerwiegende Probleme und die erdrückenden Machtverhältnisse in der Gesellschaft.

Obwohl weniger als zehn Jahre seit dem Ende des Naziregimes verstrichen sind, und obwohl die Bundesrepublik noch keine zehn Jahre alt ist, scheint mindestens der Teil der Gesellschaft, der in diesem Roman im Mittelpunkt steht, diese nahe Vergangenheit fast völlig verdrängt zu haben. Sie scheinen im Land ihres Wirtschaftswunders glatt ›darüber hinweg‹ zu sein. Der Schein trügt aber, und das Schweigen darüber erzählt viel. Eine »untergründige Präsenz der faschistischen Vergangenheit« (Pezold 1970, S. 93) ist spürbar, z.B. wenn Berta, die Frau des Betriebsbesitzers Frantzke, einen alljährlichen Musikpreis für einen Komponisten stiftet, der »am reinsten jenen Geist spüren lasse, der deutscher Wesensart Geltung in der ganzen Welt verschafft habe« (S. 314). Die Bedeutung dieses Themas wird in den folgenden Werken Walsers noch größer.

Die Bedeutung dieses Romans für die damalige bundesdeutsche Leserschaft ist vielleicht am besten aus der Begründung des Hermann-Hesse-Preises zu ersehen, in der es u.a. heißt, *Ehen in Philippsburg* sei »eine ernste und mahnende Auseinandersetzung mit Erscheinungen unserer zeitgenössischen Gesellschaft ... , an denen sich zeigt, wie bisher erfüllte und lebendige Institutionen in einen Leerlauf zu geraten drohen« (*Dichten und Trachten*. Herbst 1957).

3.2 Die Anselm-Kristlein-Trilogie

3.2.1 *Halbzeit*

Ende 1958 war Walser nach seinem ersten USA-Aufenthalt nach Westdeutschland zurückgekehrt, wo er sich aber »aus lauter Wut« (Totten Interview 1980, S. 28) hinsetzte und sein Unbehagen darüber in ein außerordentlich langes und kompliziertes Buch umsetzte. *Halbzeit,* 1960 erschienen, wurde mit seinen ca. 900 Seiten zu einem der umfangreichsten und umstrittensten Romane der Nachkriegszeit. Obwohl Walsers USA-Erlebnisse und seine mißlaunige Reaktion darauf, zurück in der BRD sein zu müssen, der unmittelbare Anlaß zum Schreiben gewesen sein mag, war er aber nicht der einzige. Walser selber sagt einmal, er habe mit *Halbzeit* »alles aufgearbeitet, so die ganzen fünfziger Jahre, für mich, habe reagiert auf alles, was mir so passiert ist« (ebd., S. 28). »Walser schrieb sich«, wie Volker Hage es ausdrückt, »Stuttgarter Erfahrungen von der Seele« (Hage 1988, S. 294). Er nimmt zwar im neuen Roman etliche bekannte Fäden wieder auf, legt aber gleichzeitig viele neue dazu und webt sie alle zu einem außergewöhnlichen Ganzen zusammen.

In dem Roman *Halbzeit*, den Beckermann 1973 als ein »vielfältiges, bis heute kaum übertroffenes Panorama sozialer Zusammenhänge und Mißstände« der bundesrepublikanischen Gesellschaft darstellt (Beckermann 1973, S. 577), zieht Walser Bilanz: für die BRD, für sich und für seine Hauptfigur Anselm Kristlein. Obwohl ursprünglich nicht so konzipiert und nicht so gelesen, wurde der Roman zum ersten Teil einer imponierenden Trilogie, und heute kann man nicht mehr umhin, die drei Werke als Teile der Roman-Trilogie zu lesen, zu der auch *Das Einhorn* (1966) und *Der Sturz* (1973) gehören; und das beeinflußt sehr stark unser Verständnis der einzelnen Werke, auch dieses ersten.

Aus den ersten Besprechungen des Romans kann man erfahren, wieviel Verwirrung das Buch unter den Rezensenten auslöste. Viele Kritiker gaben offen zu, sie hätten nicht gewußt, wie sie mit diesem ›Riesending‹ umgehen sollten. Friedrich Sieburgs damalige Rezension wird als das deutlichste Beispiel dieser weitverbreiteten Verblüffung häufig erwähnt. Er behauptet z.B.: »Die Figuren, Antlitz und Situationen häufen sich, ja, sie türmen sich, sie schwabbeln und hängen nach allen Seiten über. Es ist, als ob einige Schulkinder versuchten, einen toten Elefanten auf einen Handkarren zu laden« (Sieburg 1960, S. 33). Sieburgs Rezension glich einem vollkommenen Verriß, aber trotz allem muß er feststellen, daß Walsers Sprache eine enorme Kraft ausstrahle: »Es ist schrecklich, diese neunhundert erfrorenen, vor Leblosigkeit raschelnden Seiten durchpflügen zu müssen, um zu erkennen, daß dieser Mann ein Genie der deutschen Sprache ist« (ebd., S. 35). Manche anderen Kritiker beschäftigten sich auch mit dem außergewöhnlichen Umfang des Werkes, mit der – vermeintlichen – Formlosigkeit des Ganzen, jedoch auch, Sieburg folgend, mit der unleugbaren und imponierenden Kraft der Walserschen Sprache und Erfindungsgabe. Im allgemeinen haben diese ersten – öffentlichen – Leser des Romans u.a. folgende Merkmale hervorgehoben bzw. beanstandet oder gelobt: 1) eine Nähe zu Proust, Joyce, Swift und (immer noch) zu Kafka; 2) eine starke thematische

Beziehung zu den früheren Werken, besonders zum Erzählband *Ein Flugzeug über dem Haus* und zu den *Ehen in Philippsburg*; 3) eine offensichtliche Auseinandersetzung mit der Form der Gattung *Roman* im Roman selbst; und 4) die gesellschaftskritischen Aspekte im Werk.

Die damalige Rezeption dieses Romans ist aufschlußreich, erstens weil sie sich so widerspruchsvoll gibt und zweitens weil sie die Rezeption der Walserschen Werke bis heute ziemlich genau vorwegnimmt. Die inzwischen typisch gewordene Widersprüchlichkeit läßt sich an ein paar Vergleichen verdeutlichen. Man liest z.B. weiter bei Sieburg folgende Behauptung: »Walser kann weder beschreiben noch darstellen, er kann weder erzählen noch Zusammenhänge bilden, ja er, der Erzgescheite, kann nicht einmal Probleme ausbreiten ... » (ebd., S. 35). Rudolf Hartung jedoch, der auch seinerseits einige vermeintliche Schwächen im Roman registriert, kommt schon damals zu einem ganz anderen Schluß: »Selbst Leser, die sein Buch nicht mögen ... müssen zumindest zugeben, daß dieser Autor sein Metier von Grund auf beherrscht; er kann beschreiben« (Hartung 1960, S. 68). Fast alle Kritiker mußten gestehen, daß Walsers Detailfreudigkeit und Beobachtungsgabe, seine Phantasie und die Kraft seiner Sprache, eindrucksvoll ist, aber die Frage, ob das alles zu einem gelungenen Roman ausreicht, wurde ganz unterschiedlich beantwortet. Reich-Ranicki wußte einige Eigenschaften des Romans zu schätzen, stellte aber fest: »Bei einem Schriftsteller, der Details bietet, ohne zu wissen, was ihre Summe ergibt, kann schwerlich von einer epischen Bewältigung erlebter Wirklichkeit die Rede sein«. Und weiter: » ... Walser geht mit der Sprache verschwenderisch, vielleicht sogar hier und da verantwortungslos um. Anselm Kristlein ist der geschwätzigste Held der Gegenwartsliteratur« (Reich-Ranicki 1970, S. 142). Reinhard Baumgart scheint diesem Urteil zuzustimmen, denn in *Halbzeit* werde »aus lauter Schnappschüssen kein Bild, sondern ein Album ... » (Baumgart 1960, S. 834). Dieses Fragmentarische, diese von einigen Kritikern behauptete Zusammenhangslosigkeit der einzelnen Teile, Szenen und Details, schien jedoch andere Kommentatoren nicht zu stören. Jost Nolte behauptet sogar das Gegenteil:

»Von dem Moment an, in dem man sich eingelesen hat (und sich zudem im Zurückblättern überzeugen konnte, daß hier wirklich nicht drauflos geschrieben wurde, daß die Vorgänge im Gegenteil genau verzahnt sind), von diesem Punkte an wird der große Vorzug des Buches offenkundig: Dadurch, daß hier die Wirklichkeit doppelt und dreifach relativiert wird, gewinnt Walser einen Wahrheitsgehalt, den er auf anderem Wege schwerlich hätte erreichen können« (Nolte in *Über Martin Walser*, S. 40).

Die Ratlosigkeit vieler Kritiker weist zumindest auf die Tatsache hin, daß Walser es seinen Lesern nicht leicht gemacht hat und daß, mit Hildegard Emmel zu reden, dieser Roman »nicht dem entspricht, was die Kritiker der sechziger Jahre von einem Roman erwarteten« (Emmel 1970, S. 181). Walser befand sich in der seltsamen Lage, schon nach *Halbzeit* zu den ›begabtesten‹ und ›berühmtesten‹ deutschsprachigen Autoren der Zeit zu gehören, ohne aber einen vollen Erfolg verbuchen zu können. 1972 stellt Gottfried Just mit Recht fest, Walser werde »von der Kritik immer wieder als die vielversprechende Hoffnung der jungen deutschen Literatur bezeichnet« (Just 1972, S. 11). Über diese widersprüchliche Beurteilung der Kritiker rätselt Günter Blöcker 1965: »Talent und wenig Erfolg. Aber – und auch das ist erstaunlich – der Mißerfolg ruiniert ihn nicht. ... Wir haben es hier also mit einem nicht alltäglichen Phänomen eines Ruhmes zu tun, der sich auf eine Reihe von vielversprechenden Fehlschlägen gründet« (Blöcker 1965, S. 389). Trotz ständig wachsenden Ruhmes und trotz der zahlreichen literarischen Preise, die dem Schriftsteller Walser während der letzten vier Jahrzehnte verliehen worden sind, haben die meisten seiner einzelnen Werke eine ähnlich gespaltene, widersprüchliche Rezeption erlebt. Reich-Ranicki, der den Werken Walsers vielleicht die widersprüchlichste Rezeption hat widerfahren lassen, nennt Walser schon 1965 »der deutschen Kritik liebstes Sorgenkind, ihr schwierigster, vielleicht auch hoffnungsvollster Schützling« (Reich-Ranicki 1965, S. 273; vgl. auch Kaiser 1973, S. 777).

Im Laufe der Zeit wurden die Stimmen zum Roman *Halbzeit* generell etwas differenzierter, etwas freundlicher. Zum Teil ist dieses dadurch zu erklären, daß spätere Kritiker ausführlichere Analysen unternahmen. In einer der ersten längeren Diskussionen des Romans kam Hildegard Emmel zum Schluß: »Daß Walser seinen Roman bewußt aufbaute, wird in vielen Einzelheiten deutlich und bewirkt den Eindruck der Ausgewogenheit, den das Werk auf einen aufgeschlossenen Leser macht« (Emmel 1970, S. 198). ›Ausgewogenheit‹ wäre kein Wort gewesen, das man bei vielen der ersten Kritikern des Buches gefunden hätte.

Unter den aufschlußreichsten längeren Studien der ganzen Kristlein-Trilogie, in denen sich besonders einsichtsvolle Diskussionen zu *Halbzeit* befinden, seien an dieser Stelle folgende hervorgehoben: Klaus Pezold, *Martin Walser. Seine schriftstellerische Entwicklung* (1971); W.J. Schwarz, *Der Erzähler Martin Walser*; Thomas Beckermann, *Martin Walser oder die Zerstörung eines Musters* (1972); Heike Doane, *Gesellschaftspolitische Aspekte in Martin Walsers Kristlein-Trilogie* (1978); Anthony Waine, *Martin Walser* (1980); Georg Hartmeier, *Die Wunsch- und Erzählströme in Martin Walsers Kritstlein-Trilogie* (1983); und Ulrike Hick, *Martin Walsers Prosa*...(1983). Daß es aber immer noch möglich ist, Neues aus dem Roman *Halbzeit* zu holen, zeigt u.a. der vor kurzem erschienene Artikel von Wulf Koepke, »The Reestablishment of the German Class Society: *Ehen in Philippsburg* and *Halbzeit*« (1994).

Mit dem »Mimikry« überschriebenen ersten Kapitel fängt der Roman mit den Überlegungen des noch halbschlummerden Ich-Erzählers Anselm Kristlein zu seinem bevorstehenden Aufwachen an. Erst am Vorabend nach einem längeren Krankenhausaufenthalt wieder zu Hause, scheint der Genesende nicht ganz sicher zu sein, daß er das Tageslicht und alles, was damit zusammenhängt, wieder erblicken will. Durch seine kleinen Kinder aus diesem halbschlafenden, halbwachenden Zustand herausgerissen, ergibt er sich aber endlich, »ein Gefangener der Sonne für einen weiteren Tag« (S. 11). Daß dieser auch wortwörtlich ein »weiter« Tag wird, bezeugt die Tatsache, daß die ersten 375 Seiten, der Erste Teil vom Roman mit seinen drei Kapiteln also, diesen einen Tag, den 18. Juni 1957, behandeln. Kristlein, verheiratet, drei Kinder, hatte früher sein Studium der Philologie aufgegeben, wurde dann Handlungsreisender, ist aber inzwischen zum Vertreter avanciert. Diese biographische Entwicklung ist wichtig aus verschiedenen Gründen: Kristlein wird durch den Roman von seinem zweiten »Ich« begleitet, dem in seiner Phantasie und in vielen Selbstgesprächen auftauchenden Wissenschaftler Galileo Cleverlein; als Handlungsreisender und Vertreter begleitet Anselm das deutsche Wirtschaftswunder und ist dadurch repräsentativ für den aufsteigenden Bürger in der sich schnell wiederaufbauenden kapitalistischen Gesellschaft; und als Philologe und Verkäufer, Vertreter, Werbetexter und schließlich Erzähler ist Kristlein einer, der über eine enorme Sprachfähigkeit verfügt.

Nachdem er an diesem ersten Tag aufgestanden ist, flieht Anselm so schnell wie möglich vor seiner Frau Alissa, seiner Familie und allen Erwartungen und Verpflichtungen, die ihm als Ehemann und Vater entgegengebracht werden. Er kommt zwar am Abend sehr kurz nach Hause, um zur Enttäuschung seiner Frau nur wieder auszugehen; er verbringt den ganzen Tag und Abend außerhalb: im Büro, bei Liebhaberinnen, auf der Straße, in Cafés und Bars, bei Freunden, beim Friseur, bei der Mutter. Kristleins Erzählung von diesem ersten Tag wird durch sehr detaillierte Beobachtungen und Beschreibungen des Treibens der Menschen in seinem Freundes- und Bekanntenkreis ausgezeichnet, dazu kommen Reflexionen zu seiner Wirklichkeit und zu seinen Träumen und Phantasien, und auch Rückblenden in die Vergangenheit und einen wichtigen Einschub aus dem Tagebuch seiner Frau Alissa.

Die weiteren zwei Teile des Romans, mit je zwei Kapiteln, erstrecken sich über fünfhundert Seiten, durch die man das Leben Anselms und des ganzen Romanpersonals fast ein Jahr lang verfolgen kann. Dabei gewinnt man Einblick in das Treiben einer aufsteigenden oder schon arrivierten bürgerlichen Gesellschaftsschicht in einer mittelgroßen bundesrepublikanischen Stadt der 50er Jahre. Kristlein erlernt den Beruf des Werbetexters, leitet eine erfolgreiche Werbekampagne und wird, aufgrund seines Erfolgs, von der Firma zu einem mehrwöchigen Seminar in die USA gesandt. Im Zweiten Teil des Romans begleitet man Kristlein auch in seinem gesellschaftlichen Leben weiter: bei verschiedenen Parties, die als »Bilder, Metaphern der Wirklichkeit« (Bausinger 1981, S. 17) betrachtet werden können; oder bei seinem Versuch, die ehemalige Verlobte seines Freundes Josef-Heinrich als Liebhaberin für sich zu gewinnen. Gleich wo, im Berufsleben, bei Gesellschaften oder bei der Jagd nach Frauen, wird das Leben als Konkurrenzkampf dargestellt. Eine Zeitlang scheint Anselm den Kampf zu bestehen, denn er wird in den gehobenen Gesellschaftskreis aufgenommen, wo er durch seine Begabung als Erzähler und durch seine Schlagfertigkeit sogar einige glänzende Auftritte hat. Sein Erfolg dauert aber nicht lang: während seines USA-Aufenthaltes verschwindet Susanne, und seine dort gewonnenen beruflichen Erkenntnisse, daß Werbung wichtiger als Produkt, Aufmachung bedeutender als Inhalt ist, scheinen ihn irgendwie zu stören. Der Kreis der Handlung schließt sich für Kristlein: Am Morgen des 21. März 1958 befindet er sich wieder im Bett zu Hause, wo er sich nach einer zweiten schweren Operation, umringt auch jetzt von seinen Kindern und seiner Frau Alissa, erholt. Nur langsam und etwas widerwillig aufwachend, ergibt er sich ›dem Leben‹ ein zweites Mal.

Diese Darstellung des Lebens Anselms, seiner Freunde und Bekannten in dieser süddeutschen Stadt – alles weist auf Stuttgart hin – bietet dem Leser eine gleichzeitig konzentrierte und weitschweifige »Geschichte des Alltags« (Totten Interview 1980, S. 34, und Kimpel 1988, S. 171) während der Jahre des Wirtschaftswunders. Die Bereiche Wirtschaft und Kulturbetrieb stehen im Mittelpunkt, aber andere Lebensgebiete werden gleichfalls angesprochen. Obwohl Gegenwart meistens zugleich Erzählzeit und erzählte Zeit bildet, kommt auch die Vergangenheit zur Sprache. Anselm leistet eine Art Erinnerungsarbeit, wenn er über Vater, Onkel und seine eigene Kindheit nachdenkt. Trotzdem scheint Anselm hauptsächlich für den Tag zu leben, für sein Weiterkommen, für seinen beruflichen, finanziellen und gesellschaftlichen Aufstieg. Seine Freunde und Bekannten scheinen weniger mit der Vergangenheit beschäftigt zu sein als er. Sie scheinen alle an den inzwischen berühmt gewordenen ›Nullpunkt‹ zu glauben und haben die Schrecken des Dritten Reiches und des Krieges, und die Rolle, die sie dabei spielten, so gut wie vollkommen verdrängt. Dieses Verdrängte lauert jedoch im Hintergrund, läßt sich nicht ständig und ewig verleugnen und rächt sich manchmal.

Am Tag nach seiner Entlassung aus dem Krankenhaus am Anfang des Romans verliert Anselm seine Stelle als Verkäufer von Heizungskörpern, erhält aber bald eine bessere als Werbetexter. Trotz aller offensichtlichen Sympathie jedoch, die Walser seiner Hauptfigur gewährt, ist Anselm eher ein Anti-Held. Wie alle Schürzenjäger z.B. ist er furchtbar egozentrisch. Es wird zudem bald klar, daß er keine feste Identität besitzt. Kristlein verzettelt sich, er kennt keinen Maß, und seine abermalige Erkrankung wird teilweise durch seine Entfremdung von sich selbst verursacht. Er flieht vor seinen Verpflichtungen als Ehemann und Vater, nützt seine Frau und ihre Liebe aus und vernachlässigt seine Kinder. Er zieht ganz deutlich die ›äußere‹ Welt vor, ist sogar süchtig danach, kommt aber immer wieder in die Sicherheit des Heims zurück, wenn es ihm paßt, wenn er sich von dieser Welt erholen muß oder will.

Anselm ist ein echtes Gesellschaftstier, das immer ›dabei‹ sein möchte, aus Angst, etwas zu verpassen: Unterhaltung, eine neue Gelegenheit, eine neue Geliebte. Es besteht aber eine deutliche Ironie in seinem Verhalten: er flieht vor seiner Frau und ihrer bürgerlich-häuslichen Welt, z.T. weil er Angst hat, seine eigene Identität – über die er in Wirklichkeit gar nicht verfügt – dort einbüßen zu müssen. Ferner sucht er nach dieser Identität in der äußeren Welt, wo er sich aber immer weiter davon entfernt. Eine eigene Identität ist unter den Zwängen dieser Gesellschaft und den Zwängen seines zweiten, entgegengesetzten Ziels der Anpassung unmöglich. »Anselm sucht auf der Flucht vor der familiären Enge ... seine Identität zu finden. Doch gerade hier wird die Anpassung an bestimmte Normen verlangt, die Anselm zur Übernahme der unterschiedlichen Rollen zwingt« (Hick 1983, S. 82). Sein Kleinbürgertum treibt ihn voran, läßt ihn aber auch immer wieder daran zweifeln, ob er je ›dazu‹ gehören wird. Anpasser, Aufsteiger, ein Mann, der viele Rollen virtuos zu beherrschen lernt, aber vielleicht deswegen wird er zum ›Mann ohne Eigenschaften‹.

Da er im Mittelpunkt des ganzen Romans steht, konzentrieren sich viele Kritiker in ihren späteren Analysen auf Anselm Kristlein. Einer von diesen behauptet z.B., Anselm erweise sich

»auch gegenüber Frauen als ein schwacher Charakter, ein Opportunist, all-zu nachgiebig gegenüber den Versuchungen seines Gewerbes und dem sich überall anbietenden Sex-Appeal. Es liegt im Wesen seines Berufes, es allen recht machen zu müssen und Vorteile zu ergreifen, wo sie sich bieten. Da er sich des Verlustes an Integrität bewußt ist, sucht er nach einer Möglichkeit, sich selbst zu behaupten, was ihm indessen ständig versagt bleibt« (Thomas/van der Will 1968, S. 108).

Auch hier wird ein wesentlicher Aspekt der Walserschen Gesellschaftskritik angedeutet: wer in diesem System Verkäufer ist – und in diesem System verkaufen die meisten etwas –, muß sich anpassen, muß »Vorteile … ergreifen, wo sie sich bieten«, und verliert dabei die eigene Identität und Integrität. Anselm ist also Vertreter im doppelten Sinn. Gerhard Dahne sieht Kristlein diesbezüglich als »… das Aas unter den Vertretern, ein verkrachter Intellektueller und Meister der Mimikry« (Dahne 1967, S. 143).

Die Tatsache, daß Kristlein über etliche Rollen verfügt und diese an- und ablegt, je nachdem welches Ziel er verfolgt, daß diese schauspielerische Virtuosität jedoch von seinem Hauptziel der Identitätsfindung wegführt, drückt Thomas Beckermann so aus: »Die Determination Anselms besteht darin, daß er nur noch in Rollen agieren kann und deshalb in den Situationen versagt, die mehr als eine vorgeformte Verhaltensweise verlangt« (Beckermann 1970, S. 75-76). Diese durch Beruf und Gesellschaft verursachte Deformierung Anselms wird von Heike Doane als seine »Zurichtung«, »durch und für die – konsumorientierte – Gesellschaft«, dargestellt; sie bezeichnet diese schließlich als »fast vollkommen« (Doane 1978, S. 23). Thomas und van der Will weisen auch auf dieselben Zwänge und dieselben charakterlichen Deformierungen hin:

»In der Person Anselm ist die Struktur eines Verhaltens herausgearbeitet, das zeigt, wie der Mensch, um sich gegen den von vielen Seiten auf ihn zukommenden Druck der Umwelt in der pluralistischen Gesellschaft zu behaupten, eine chamäleonhafte Existenz anzunehmen gezwungen ist. Als soziale Person wird er zum Hochstapler« (Thomas/van der Will 1968, S. 114).

Daß der Erzähler Anselm das Rollenspielen vom erzählten Anselm und dessen negativen Wirkungen auf ihn erkennt – »… ich tanzte nach, wechselte die Schritte und die Frauen und die Uniformen und die Wohnungen und die Ansichten und die Zigarettensorten …« (S. 67) –, kann jedoch seinen Identitätsverlust nicht verhindern. Scheinbar die einzige echte Möglichkeit für Anselm, sich zu behaupten, da es ihm im Beruf und bei den Frauen nur vorübergehend und oberflächlich gelingt, findet er in seiner Tätigkeit als Erzähler seines eigenen Lebens: »Selbstbehauptung beweist er nur in der Distanz des Erzählers zu sich selbst als handelnder Person« (Thomas/van der Will 1968, S. 108), d.h. nur durch Erzählen kann er, wenn auch nicht auf Dauer, dieser ›Zurichtung‹ entkommen.

Anselm erweist sich durch seine Biographie und seine Teilnahme am Wirtschaftswunder, wie auch durch seine Anpassung und seine darauswachsende »Zurichtung« und Selbstentfremdung, als ›typisch‹. »Die Gestalt ›Anselm‹ als typisch auszuweisen, ist die primäre Aufgabe des Romans« (Doane 1978, S. 46). Er ist also Vertreter im doppelten Sinne, d.h. nicht nur weil er eine Firma ›vertritt‹, ihre Waren verkauft, sondern auch weil er nicht wenigen seiner bundesdeutschen Mitbürgern ähnlich ist, diese also auch ›vertritt‹. Klaus Pezold hat Recht, wenn er behauptet, »Anselm ist auch Repräsentant, vielleicht auch ›Schlüsselfigur‹ der Gesellschaft« (Pezold 1970, S. 113).

Auf die Frage, warum er einen Vertreter zur Hauptfigur gemacht hat, antwortet Walser in einem frühen Interview folgendes:

»Warum ein Vertreter? Mir ist dieser Beruf zehn Jahre lang aufgefallen, ganz egal, wo ich war, einfach als Erscheinung. Mir ist aufgefallen, was für eine schlimme Sache es ist, wenn ein Mensch dauernd etwas verkaufen muß, ohne daß seine Partner eigentlich etwas brauchen ... Es gibt also keinen Beruf, der einem Menschen das Gefühl seiner eigenen Überflüssigkeit so aufdringlich klar machen könnte, wie der des Vertreters. Das hat mir diesen Beruf sympathisch gemacht, er erinnerte mich eigentlich fast an den des Schriftstellers ...« (Bienek Interview 1962, S. 194-95).

Anselm ist aber mehr als ›Typ‹, mehr als ›Vertreter‹ von abertausenden Aufsteigern und Anpassern in der frühen Bundesrepublik hauptsächlich dadurch, daß er als wortmächtiger Erzähler die keineswegs übliche Fähigkeit besitzt, über seine ›Zurichtung‹ zu reflektieren, seine Umwelt und seine Mitmenschen und sogar sein eigenes Verhalten genauestens zu beobachten. Diese Macht der Gesellschaft, den einzelnen zur Anpassung zu zwingen, ihm Freiraum zu entziehen, ihn ›zuzurichten‹, unterstreicht Walser auch deutlich in seinem Essay »Imitation oder Realismus«, in dem er sich u.a. theoretisch zu seiner Prosa und deren Rezeption äußert:

»Die große Konditionierungsmaschine Gesellschaft, die man auch eine gewaltige Klimaanlage nennen könnte, hat die natürliche Tendenz, das Bewußtsein eines jeden ganz zu beherrschen. Unser Bewußtsein ist montiert aus konkurrierenden Jargons. Ostwestjargons, Lohnkampfjargons, Marktwirtschaftsjargons, Jargons für Hygiene, Freiheit und Jenseits ... Was wir denken, wie wir urteilen, scheint davon abzuhängen, welchem Jargon wir am meisten ausgeliefert sind« (*Erfahrungen und Leseerfahrungen* 1965, S. 66-67).

Kristlein, als handelnde Person, scheint dieser Determiniertheit genauso ausgeliefert zu sein wie die durch ihn vertretenen Mitbürger. Aber Kristlein, als Erzähler, scheint sich manchmal von diesen Zwängen zu befreien, indem er die verschiedenen Jargons durchschaut und sich über diese durch seine erzählerische Tätigkeit hinwegsetzt. Heike Doane ist zuzustimmen, wenn sie behauptet, der Erzähler Kristlein sei nicht immer mit der handelnden Figur Kristlein gleichzusetzen. Zwar sind beide Kristleins Wortmenschen, Redemenschen, Menschen, die alles Gedachte, Erlebte, Beobachtete in Sprache übersetzen. Aber: »Der Erzähler, der nach zwei Krankenhausaufenthalten das dazwischenliegende Geschehen rückblickend wiedergibt, schaut im Verlauf des Romans auf Anselm, den Augenblicksmenschen, zurück« (Doane 1978, S. 51). Als Erzähler kommt Kristlein seinem Schöpfer Walser näher als der handelnde Anselm.

Schließlich ist Anselm auch Verbraucher und somit nicht ausschließlich durch seine Rolle als Vertreter zu erklären. Er verkauft nicht nur, sondern, wie es in einer solchen Wirtschaftswundergesellschaft zu erwarten ist, er ist auch Konsument. Er sei sogar »ein emsiger, vorbildlicher Verbraucher ... Der Super-Verbraucher« (Waine 1980, S. 69). Er konsumiert und verbraucht nicht nur Waren im üblichen Sinne, sondern auch Menschen. Besonders Frauen betrachtet und behandelt er als Ware. Zum Teil ist es die Erotik, die Anselm bei seinem eigenen Frauenverbrauch sucht, z.T. sein weibliches Ideal, Melitta, die ihm als Bild, als Image, als Illusion aus seiner Jugendzeit übriggeblieben ist und die seine Frauen-Phantasien immer noch beherrscht. Außerdem vermitteln ihm seine Liebhaberinnen, er sei wichtig.

Heike Doane analysiert die gesellschaftskritischen Aspekte von *Halbzeit* am ausführlichsten und sieht diese mit jedem Werk zunehmen, dem steigenden politischen Engagement des Autors entsprechend. Doane spricht mit Recht von einer allgemeinen »politischen Interesselosigkeit, die für die konsumorientierte Gesellschaft der *Halbzeit* charakterisch ist ...« (ebd. S. 38). Sie behauptet auch, die »Bürger der *Halbzeit* sind keine Demokraten aus politischer Überzeugung, sondern Nutznießer des freien Wirtschaftssystems ...« (ebd. S. 40-41). Eine Ursache dieser »politischen Interesselosigkeit« ist die weitverbreitete Verdrängung der Geschichte. Nicht, daß die Jahre des Nationalsozialismus »ganz spurlos vorübergegangen« wären, aber »nationalsozialistisch belastetes Gedankengut ... wird von der Gesellschaft nicht beanstandet, wenn es sich der Anpassung an das konsumorientierte Wirtschaftssystem nicht widersetzt« (ebd. S. 43). Walser zeigt zwar im Roman, daß die »gräßlichsten Ausschreitungen der Vergangenheit« nicht unbestraft bleiben, aber dieses hauptsächlich »weil sie die Gesellschaft bloßzustellen drohen«. Der Fall des Dr. Fuchs, Mitarbeiter im Vorstand der Firma Frantzke, dessen Gewalttaten von damals aufgedeckt werden und der deswegen verhaftet wird, zeige »vor allem, wie die Gesellschaft unliebsame Erinnerungen abschüttelt, um ihre Respektabilität zu bewahren« (ebd. S. 41).

Weitere Kritiker haben diese gesellschaftskritischen Aspekte bis heute auch häufig hervorgehoben. Trotz der oft zitierten Aussagen Walsers, es sei ihm mit diesen Romanen nicht um Gesellschaftskritik gegangen, sondern um »Mängel« in ihm selbst, wurde die Behauptung, Walser sei ein gesellschaftskritischer Schriftsteller zum Gemeinplatz der Kritik. Anthony Waine meint z.B., der Roman *Halbzeit* »untersuche die Wirkungen einer stark auf wirtschaftliche Werte hin orientierten Gesellschaft auf das Bewußtsein des Bürgers« (Waine 1980, S. 20). Koepke interessiert sich besonders für die deformierende Rolle des Verkaufens und Verkaufen-Müssens, der Werbung und des Imagemakings in der Gesellschaft:

»Society operates entirely on expediency and on casuistic decision-making. As a routine, relationships are dominated in a matter-of-fact fashion by calculation, salesmanship, image-making, deceit, lies, and suspicion. While the women may occasionally break out of this consensus, the men generally do not have the strength to do so« (Koepke 1974, S. 14).

Koepke sieht in diesem überall agierenden »Salesmanship« eine Mentalität, die aus den heimtückischen Lehren der nationalsozialistischen Propagandamaschinerie übernommen und nur den kapitalistischen Zwecken angepaßt wurden.

Egal welche Form die Gesellschaftskritik im Werk annimmt, Walser liegt »die radikale Einseitigkeit des ideologischen Denkens fern. An die Stelle weltanschaulicher Dogmatik ist soziologische Einsicht getreten« (Thomas/van der Will 1968, S. 110). Das mag auch mit ein Grund sein, warum Pezold und andere DDR-Kritiker, die in Walser eine Art ›Fellow Traveler‹ sehen, ihn trotzdem wegen seiner – aus ihrer Sicht gesehenen – ideologischen Inkonsequentheit rügen. Walser gibt selber Auskunft zur Entwicklung seiner politischen Einstellung und zu seinem literarischen Schaffen in einem veröffentlichten Gespräch aus dem Jahr 1980. Diese Auskunft mag für das Verständnis der Gesellschaftskritik in der *Anselm-Kristlein-Trilogie* auch erleuchtend sein:

»ich bin unfreiwillig und nur durch meine Herkunft und durch meine Erfahrung etwas geworden, was man einerseits einen realistischen Schriftsteller nennt, andererseits bin ich also sozusagen ein Demokrat mit Anspruch auf Realisierung, also ein Sozialist ... Das sind aber alles Sachen, das sind Bezeichnungen, die kommen von außen. Ich habe nur meine negativen Erfahrungen verarbeitet. Ich habe nur darauf reagiert, wie es meiner Mutter, wie es meinem Vater, wie es meinen Tanten ergangen ist und wie es mir ergangen ist ... (und) ... weil ich mich, durch meine Herkunft eher ein Kleinbürger, mehr für Geschichte, für Veränderung interessiere« (Totten Interview 1980, S. 33)

Über sich – und implizit über seine Hauptfigur Anselm Kristlein als Erzähler – sagt Walser im selben Interview:

»... was Schriftsteller tun können, ist nur, was man Geschichtsschreibung des Alltags nennen könnte. ... Dadurch leistet man einen Beitrag zur Geschichtsschreibung, und dadurch gerät die Sache ins Bewußtsein. Geschichtsbewußtsein muß im mitarbeitenden Leser, in der Gesellschaft entstehen, und das nie in Reaktion auf *einen* Autor, sondern auf alle Ausdrucksbereiche zu einer gewissen Zeit« (ebd., S. 34).

Ekkehard Rudolph behauptet 1971 Walser gegenüber, *Halbzeit* zeige kein Ordnungsprinzip, sondern eine »Konzeptionslosigkeit«, wodurch am Ende nur »ein riesiges Bündel mit Episoden und Stationen und Geschehnissen in einer mehr oder weniger zufälligen Folge vor sich« stehe (Rudolph Interview 1971, S. 136). Walser hält aber seinem Gesprächspartner Folgendes entgegen:

»Aber das Ordnungsprinzip von *Halbzeit* ist einfach die Elypse: das läuft einmal den Jahreskreislauf durch, und die einzelnen Stationen haben dann gewisse Bedeutung für den Anselm Kristlein. Daß aber jenseits dieses Prinzips nicht Fabelvorstellungen den Ablauf gliedern, das entspricht einer instinktiven Erfahrung von mir« (ebd. 1971, S. 136).

Diese »instinktive Erfahrung« in bezug auf die Erzählform der Prosa hatte bei Walser eine Skepsis gegenüber einer traditionellen Handlung gebildet, ein Mißtrauen vor allem »gegen die Position des Erzählers, besonders dann, wenn er den Anschein erweckt, souverän über den zu erzählenden Ereignisgang verfügen zu können« (Siblewski 1991, S. 4). Walser gesellt sich mit dieser Skepsis zu einer Gruppe modernistischer Vorgänger, etwa Proust, Joyce und Kafka, und stellt sich dadurch gegen die Vertreter einer linearen und realistischeren Erzählweise, wie z.B. die Romanautoren des bürgerlichen Realismus oder Thomas Mann.

Walser selber hat schon 1958 seine Bewunderung für Proust in einem Essay zum Ausdruck gebracht. Der Essay entstand z.T. als indirekte Auseinandersetzung Walsers mit den Kritikern, die behauptet hatten, sein Buch *Ehen in Philippsburg* sei kein Roman. In »Leseerfahrungen mit Marcel Proust« zeigt Walser, er habe einiges Wichtiges von dem großen französischen Romancier gelernt: es gebe keine Nebensächlichkeiten; der Roman brauche sich nicht auf »dramatische« Ereignisse, auf eine traditionelle Handlung zu konzentrieren; und der Roman müsse sich keiner künstlichen, konstruierten Form oder Ordnung fügen. Beckermann stellt später fest, Walser hat, wie Proust und Joyce, in *Halbzeit* »als Erzählperspektive die des sich erinnernden Bewußtseins« gewählt (Beckermann 1973, S. 577). Dementsprechend gibt es keine lineare Handlung, denn das menschliche Bewußtsein funktioniert ganz anders. Auf diese Affinität zwischen Walser und Proust hinweisend meint Koepke:

»It is on one level an unending monologue in the manner of Proust and Joyce, and we may assume that all characters in *Halbzeit* are engaged in a similar monologue ... The inner monologue, the isolation of individuals, the world of mere appearances, the fundamental estrangement from life, from society, and from oneself, all of this is reminiscent in more than a casual way of the epic search of time lost in Marcel Proust« (Koepke 1994, S. 11).

Da der Roman die Erzählung einer sehr subjektiven Bewußtseinslage darstellt, müsse es also keine traditionelle Handlung mit Anfang, Mitte und Ende geben. Walsers »Realismus X« also, den er im Laufe der nächsten Jahre einige Male zu definieren unternimmt, erkennt die Unmöglichkeit nun, die »Totalität aller Bedingungen des menschlichen Lebens darzustellen«. Sein Realismus, wieder in Anlehnung an Proust, vermeidet es, eine geschlossene, übersichtliche Welt darzustellen, aber er will auch »die Unübersehbarkeit des Wirklichen nicht durch Kunst überspielen, nicht durch Komposition überhöhen«, wie das z.B. im Expressionismus häufig zu sehen ist, sondern »die Unerkennbarkeit des Menschen, seine ungeheuerlichen Züge und auch die nicht überschaubare Wirklichkeit in die Thematik der Romane einbeziehen« (»Leseerfahrungen mit Marcel Proust«, *Erfahrungen und ...* 1965, S. 128).

Eng verwandt mit der Form des Romans ist auch seine Sprache, obgleich viele Kritiker die enge Wechselbeziehung zwischen Form und Inhalt übersehen haben. Rudolf Hartung stellt fest, Walser sei »ein Virtuose der Sprache, ein Artist und Jongleur von hohen Graden«:

»En passant und gleichsam ins Blaue schwadronierend landet er seine Treffer sehr genau und beweist damit, daß seine eloquente Prosa von einem wachen Realitätsbewußtsein dirigiert wird. ... Proustisch sind die langen und köstlichen Beschreibungen von Parties oder Feiern. ... Außerdem virtuose

Sondereinlagen: der Bericht des jüdischen Mädchens Susanne von ihren Irrfahrten während der Emigration; Onkel Pauls Amerika-Erlebnisse, eine über viele Seiten sich erstreckende atemlose Verwirrung, welche sprachmimetisch die geistige Konfusion des Berichtenden abbildet; die Rede eines Billigen Jakob auf einem Jahrmarkt, eine Predigt bei der Beerdigung von Onkel Gallus, direkt wiedergegebene Telefongespräche, Dialogfetzen oder das Delirieren des Friseurs Flintrop« (Hartung 1960, S. 68).

Damit unterstreicht Hartung die Vielseitigkeit, die Mehrstimmigkeit der Walserschen Sprache: Autor und Erzähler beherrschen viele Rollen und sie verfügen zudem vollkommen über viele Sprachen. Walsers Sprache zeigt, wie intensiv und spielerisch, erfindungsreich und frei assoziierend, das Bewußtsein und die Erinnerung erforscht werden. Immer in Bewegung, Ebenen und Beobachtungsstellen wechselnd, scheint die Sprache fast nie zur Ruhe zu kommen:

»Es ist eine überströmende, überwältigende Wortflut, die mit diesem Roman über uns hereinbricht, ein Konglomerat Begebenheiten, Assoziationen und Reflexionen. Nebensätze wuchern zu Episoden, und immer wieder sind es die Details, die sich gegenseitig so lange ergänzen, bis sie sich aufgehoben haben« (Dahne 1967, S. 144).

Von den zahlreichen Beispielen genügt eins, um diese Qualitäten zu illustrieren. Kurz nach dem Beginn von *Halbzeit* erzählt Anselm über seinen Entschluß, zum Friseur Flintrop zu gehen, statt zu einem anderen:

»ich mußte zu Flintrop, der hantierte nicht in einem Saal wie Gerhard, bei ihm ging es durch die immer noch klingelnde Ladentür mit einem Schritt nach links in den schmalen Schlauch, in dem die Männer saßen, und mit einem Schritt nach rechts auf einen lindgrünen Vorhang zu, hinter dem die Frauen oft viel zu laut redeten, weil sie, unter der Haube sitzend, das Gefühl haben, sie müßten schreien, um sich verständlich zu machen. Melitta ist auch ein Grund, zu Flintrop zu gehen, und sein Gerede ist besser als das Gerede eines Friseurs, den man nicht kennt. Ach der Herr Ingenieur, würde er rufen, obwohl er wußte, daß ich kein Ingenieur war, auferstanden von den Toten und nach dreizehn Wochen wieder zurückgekehrt, um sich bei Meister Flintrop die Haare schneiden zu lassen, von wannen er kommen wird schöner als je zuvor, und die Köpfe der Kunden, Marionettenköpfe an einem einzigen Draht, schrauben sich herauf aus den Illustrierten, die Augen nach oben gedreht, weil die Hälse sich zu langsam aus der starren Lesehaltung lösen, mein Gott, der Anselm, was haben sie denn mit Ihnen gemacht, Sie sind ein Bild des Jammers und der den Barbieren entwundenen Heilkunst, aber es sprießt das Haar und Flintrop hat Sie wieder, und der blasse Bert würde wie ein Ministrant seinen Spruch dranhängen: ausgerechnet Bananen...« (S. 29).

Form und Sprache entsprechen dem Wunsch Walsers, sich von den Erwartungen der traditionellen realistischen Prosa und von den Regeln und den allzu fest umrissenen Grenzen seiner Gesellschaft und seines eigenen Lebens darin zu befreien. Im Interview sagt er, die Energie zum Schreiben dieses riesigen Romans, bald nach seiner Rückkehr aus Amerika,

»kam aus diesem Erlebnis des Gefangenseins auf einem Kontinent, in einem Land, einer Familie, einer Sprache, dieses Abgegrenzt- und Abgekapselt- und Abgepacktsein einer Biographie, aus der Ahnung, du bist der und der, und der hat wieder da und da unter der und der Adresse mit seinem Paß sich einzufinden. Das schien mir unerträglich« (Totten Interview 1980, S. 28).

3.2.2 *Das Einhorn*

In den sechs Jahren nach dem Erscheinen von *Halbzeit* widmete sich Walser immer mehr seiner Theaterarbeit. Zwischen 1961 und 1964 wurden vier Stücke uraufgeführt und zwei Fernsehfilme gedreht. 1965 veröffentlichte er auch seine erste Sammlung von Aufsätzen und Reden, *Erfahrungen und Leseerfahrungen*. In diesem Zeitraum begann Walsers erstes konsequentes politisches Engagement, gekennzeichnet durch mehrere öffentliche Auftritte, Reden und Essays zu politischen und sozialen Themen so wie durch das Buch *Die Alternative, oder brauchen wir eine neue Regierung?*, das er 1961 herausgab.

Diese Entwicklung Walsers zum Theater, zur Politik und Öffentlichkeit hin war nicht ohne Wirkung auf den nächsten Roman, *Das Einhorn*, und auf die Handlung von dessen Hauptfigur Anselm Kristlein. So besteht also eine enge Beziehung zwischen den Tätigkeiten und Interessen Walsers während dieser Jahre einerseits und der Darstellung von Kristlein und seiner Welt andererseits. Die gelegentliche Verwischung der Grenzen zwischen den Buchgestalten und dem Autor Walser nimmt im Roman sogar neue Formen an: Der Anselm am Beginn der ›erzählten Zeit‹ im Buch (1962), so erfahren wir, hatte gerade zuvor einen Roman veröffentlicht, eine Art Schlüsselroman mit dem Titel *Halbzeit*, der von Bekannten, die sich dort nur allzu unverschlüsselt abgebildet zu finden meinten, verärgert aufgenommen wurde, so daß Anselm mit Frau und Familie von Stuttgart nach München geflohen ist.

Kurz nach der Ankunft in München nimmt Anselm eine Einladung zu einem Fest an, das von niemand anderem als Hans Beumann veranstaltet wird, der selber jetzt in München wohnt. Schon wieder haben wir es mit einem Fest zu tun, wo die Welt (mindestens die Welt, mit der Anselm in Berührung kommt) sich trifft. Es scheint, daß Walser allmählich zum literarischen Spezialisten für Parties und Feste wird. Doane behauptet, sie seien ein von Walser erfundenes Ritual, das »sowohl die Lächerlichkeit als auch die Selbstsucht dieses Kultur-Kreises ironisieren« sollte (Doane 1978, S. 79). Diese Feste und Parties bieten Walser auch die Gelegenheit, vorzuführen, wie die Machtverhältnisse, die im öffentlichen Bereich so deformierend wirken, auch im privaten zerstörerisch sein können. Auf dem von Beumann organisierten Fest begegnen Anselm und Birga einigen Bekannten und Freunden aus Stuttgart, Edmund z.B., und es wird deutlich, daß der Roman *Das Einhorn* sowohl mit *Halbzeit* als auch mit *Ehen in Philippsburg* im und als Hintergrund gelesen werden will. Schon ab diesem Werk wären die Verästelungen der Figuren Walsers aus den verschiedenen Werken einer Studie wert.

Auf dem Beumann-Kostümfest lernt Anselm die Schweizer Verlegerin Melanie Sugg kennen, die von ihm und seinem erfolgreichen Roman sehr angetan ist. Ein paar Tage später erhält Anselm von ihr den Auftrag, einen Sachroman über »Liebe« zu verfassen. Den Rahmen für die Handlung, die darauf folgt, bildet Anselms Im-Bett-Liegen. Wie bei der Geschichte »Gefahrenvoller Aufenthalt« und bei *Halbzeit* wird hier vom Bett aus erzählt: »Ich liege. Ja. Ich liege« (S. 7). Aus dieser Lage des Stillstands, des Sichzurückgezogenhabens, reflektiert Kristlein über die Vergangenheit, über das, was ihn dazu geführt hat, ins Bett zu fliehen, sich krank zu stellen, aber auch über die Erinnerung selbst und über den Prozeß des Erzählens. All das – erzählte Zeit, Erzählzeit und Reflexionen dazu – unterbrechen und lösen einander immer wieder ab, und zerstören dadurch die Möglichkeit einer linearen oder chronologischen Handlung: Wie in *Halbzeit* wird »das Nacheinander der erzählten Zeit ... als unzulässige Fiktion aufgegeben« (Thomas/van der Will 1968, S. 121). Die Erzählzeit – die Zeit im Bett – liegt also *nach* der erzählten Zeit, unterbricht dennoch diese ständig. Chronologisch steht sie *nach* den Ereignissen und Abenteuern, die Anselm von Stuttgart nach München, von München nach Zürich und Duisburg usw. führen, als Autor und als bezahlter Diskutant bei Shows, Podiumsgesprächen und Diskussionsabenden zu allerlei öffentlichen Themen – und als Liebhaber von Melanie und gleich zwei Frauen namens Barbara; *nach* dem längeren Aufenthalt bei Blomich am Bodensee, wo er das Buch über »Liebe« – oder vielleicht »Statt Liebe« – schreiben sollte aber aus verschiedenen Gründen nicht vollendet; und *nach* dem Ende seines märchenhaften Liebeserlebnisses mit Orli. Anselm flieht dann zurück nach Hause, zu Birga, wo er sich krank stellt und ins Bett legt. Dort, liegend, versucht er, Proust ähnlich, seine Liebschaften durch anstrengende Erinnerungsarbeit wieder zu beleben und sonst über sein zum Stillstand gekommenes Leben nachzudenken. Diese erzählte Zeit trifft sich also am Ende des Romans mit der Erzählzeit: »Die Erzählzeit ...[wird]... also selbst« zum »Gegenstand der Erzählung und wird so zur erzählten Zeit« (Thomas/van der Will 1968, S. 121).

Aus dieser kurz skizzierten Zusammenfassung des Romaninhalts geht deutlich hervor, daß dieser Anselm sehr viel mit dem Anselm in *Halbzeit* gemeinsam hat, ist dessen alternde Fortsetzung, aber gleichzeitig auch sein Autor. Er ist nochmals sowohl handelnde Figur als auch Erzähler, nochmals ohne feste Identität, aber auf der vergeblichen Suche danach. Wie in *Halbzeit* ist er »ein Rollenspieler, als Erzählender nimmt er eine Vielfalt von Blickpunkten ein, von denen aus er zu sich selbst in Distanz treten kann. Er nennt sich ›Ich‹, ›Du‹, ›Er‹, ›Wir‹...« (Thomas/van der Will 1968, S. 122). Daß er sich als gespalten erlebt, daß sich *ein* Anselm von einem *anderen* distanzieren und diesen dann von außerhalb beobachten kann, machen seine Aussagen immmer wieder deutlich, z.B.:

»Deshalb trat ich ein wie andächtig.
Wer trat da ein? Ich? So mußte es scheinen. Aber in solchen Augenblicken kriegt ein Anselm das Übergewicht, den ich zwar kenne, weil ich schon lange genug eine Menschenhaut und den Namen mit ihm teile, aber er zuweilen so rücksichtslos zum Staatsstreich ausholt, unser Parlament auflöst und die Diktatur errichtet, dann fühle ich mich wenigstens berechtigt, mich von ihm zu distanzieren« (*Einhorn* S. 64-65).

Es kommt zu keiner Versöhnung zwischen den verschiedenen Anselmen: »Anselm, der aktivistische Schreiber und Anselm, der politisch ohnmächtige Mitläufer, bleiben auch am Ende des Romans noch unvereinbar« (Doane 1978, S. 119).

Die Gespaltenheit Anselms und sein Mangel an Selbstdisziplin werden in seinem ständigen Begleiter, dem »Einhorn«, und durch sein häufiges Streiten mit diesem verkörpert. Das imaginäre Einhorn ist sein »symbolisches Wappentier« und versinnbildlicht »alle unbewußten Erwartungen Anselms, ob sie nun sexueller, gesellschaftlicher oder politischer Natur sind. Gleichzeitig repräsentiert es ... dynamische Kräfte in Anselm, die nur die momentane Daseinssituation verändern wollen« (Doane 1978, S. 99). In den Kämpfen zwischen Anselm und seinem Einhorn unterliegt Anselm meistens der Kraft der vom Einhorn ausgehenden Verführung. Daß sein Einhorn ihn ins Mythische, in romantische Illusionen, in oberflächliche Abenteuer verlockt, weg von der gegenwärtigen Realität, gehört zum Wesen dieses seltsamen Tieres. Unübersehbar ist auch, daß das Einhorn mit Anselms Sexualität verbunden ist, denn oft, wenn Anselm von einer Frau stark angezogen wird, taucht sein mythischer Begleiter auf: »Er kriegt das Hufgefühl. Natürlich, das Einhorn an Bord« (S. 275).

Im *Einhorn* geht es also auch, wie in *Halbzeit*, um »das Problem der Identität« (Thomas/van der Will 1968, S. 120). Im Stil an Max Frisch erinnernd, theoretisiert Walser zu dieser Zeit in einem inzwischen vielzitierten Essay, »Imitation oder Realismus«, über das gespaltene, unharmonische Wesen des modernen Menschen. Er beschreibt den einzelnen Menschen z.B. als »eine spezielle Fügung von Möglichkeiten« (*Erfahrungen und ...*, S. 92) und behauptet weiter: »Von jeweils neuer Gegenwart provoziert, entfaltet sich der widerspruchsvolle Reichtum unseres Charakters. Jeder erscheint als ein schwer überschaubares Ensemble von Eigenschaften, das niemals zusammen erklingt ...« (ebd., S. 86). Das bezieht sich sowohl auf Anselm als auch auf Walser selbst.

Anselm trägt im *Einhorn* neue autobiographische Züge des Autors Walser, die aber stark überarbeitet sind und immer noch keine Gleichsetzung von Autor und Figur zulassen. Wie Walser zu dieser Zeit, verdient auch Kristlein teilweise sein Brot durch Vortragsreisen als öffentlicher Intellektueller, als bezahlter Teilnehmer an politischen und kulturellen Diskussionen, Gesprächen und Fernsehshows. Aus diesen Erfahrungen schöpft Walser reichlich und gestaltet sie im Dienste der Romanhandlung um.

Die Gesellschaftskritik Walsers, die vor allem von Heike Doane ausführlich und einsichtsvoll untersucht wurde, zeigt auch im *Einhorn* viele Kontinuitäten zu den früheren Werken. Es geht Walser auch in diesem Roman u.a. um die Entlarvung von Klassengegensätzen und -unterschieden; von deformierenden Abhängigkeitsverhältnissen aller Art; von apolitischen Denkweisen und politischen Entfremdungsprozessen in der Bundesrepublik; und auch um die Entlarvung von verschiedenen Formen affirmativer Kunst in einem Kulturbetrieb, der von wirtschaftlichen Interessen geprägt und gesteuert wird. Der in dieser Gesellschaft vorherrschende Konkurrenzkampf zeigt viele Gesichter. Auf den Festen, wo »Kampfspiele« (S. 233) stattfinden, und während der öffentlichen Diskussionsabende scheint Konkurrenz unter den Gästen, bzw. Teilnehmern, mit den dazugehörenden Angriffen und Verteidigungen, Siegen und Niederlagen, immer im Vordergrund zu stehen. Frauen konkurrieren dort um die Männer; Männer um die Frauen.

Verstörende Abhängigkeiten scheinen auch fast allen Mann-Frau Beziehungen im Roman charakteristisch. Anselm sieht sich seiner

Verlegerin Melanie sexuell verpflichtet, ohne aber viel Freude daran zu haben. Das deutlichste und andauerndste Beispiel einer solchen »Liebes«-Abhängigkeit zeigt sich in der Ehe zwischen Anselm und Birga: Die Abhängigkeit Birgas von Anselm, ihre Vernachlässigung und ihre ›Zurichtung‹ durch ihn, führt schließlich zu ihrem Verstummen. »Statt Liebe« wäre also doch unter allen diesen Umständen ein viel passender Titel des geplanten Buches, als der von Melanie gewünschte »Liebe«; es wäre sogar der einzig ehrliche. Doane weist mit Recht auf die sinnbildliche Funktion der »Liebes«-Beziehungen hin: »Zum Bild der vollkommenen Stagnation sind selbst die zahlreichen Liebesverhältnissen im *Einhorn* zu rechnen« (Doane 1978, S. 83). Immer wieder unterstreicht Walser den Zusammenhang von Erotik und Politik, die sich »zu einem Muster von funktioneller Abhängigkeit« (ebd., S. 72) ergänzen.

Anselm scheitert nicht nur in seinen Liebesbeziehungen, sondern auch beim Versuch, das von Melanie gewünschte Buch über Liebe zu schreiben. Ein Hauptgrund dafür ist die Tatsache, daß er, obwohl er dem Phantom Liebe sehnsuchtsvoll nachrennt, nicht imstande ist, die Liebe zu erkennen, sie zu fassen, auch wenn sie direkt vor seinen Augen, in der Person seiner Frau Birga, zu entdecken und zu erwidern wäre. Er kann dem Befehl von Melanie, »öppis Gnaus« (etwas Genaues), d.h. einen Sachroman über Liebe, zu verfassen, nicht folgen, da ihm die Liebe immer wieder davonrennt, immer wieder in Illusionen, ins Mythische flieht. Am Ende gibt er sich geschlagen und gesteht:

»... Liebe, sag ich, ist die fünfte Wand des Zimmers, in dem wir liegen! Liebe ist links die Straße runter, wenn ich rechts raufgerannt bin! oder sie ist ein Vogel, der hat die Federn im Sommer verbrannt, hüpft jetzt von Eisfurche zu Eisfurche nach Süden...« (*Einhorn* S. 381).

Die Figuren in *Halbzeit* interessieren sich nicht allzu sehr für Politik, höchstens wenn sie wirtschaftliche Vorteile verfolgen:

»Selbst die politische Handlung auf der Bühne, die sich aus der Spannung der verschiedenen Meinungen ergibt, zerfällt nach der Diskussion wenn die ursprünglich vertretenen Standpunkte zusammenfallen. Weil die Fachmänner um des Geldes willen diesen Meinungsaustausch betreiben, gehören auch ihre vorgetragenen Standpunkte zur demokratischen Schau« (Doane 1978, S. 76).

Wo Politik und politische Themen aber doch im Gespräch auftauchen, bei den Festen etwa, hört man kaum mehr als oberflächliches Gerede, gekennzeichnet durch verabsolutierte Standpunkte und Jargon. Wirkliche Erkenntnisse und echter Meinungsaustausch fehlen völlig. Man ist im Zeitalter des sich intensivierenden Kalten Krieges und es ist wichtig, eine hundertprozentige antikommunistische Gesinnung an den Tag zu legen. Die DDR, oder besser: die ›sog. DDR‹, nimmt man nur als Schimpfwort in den Mund; über den ›anderen‹ deutschen Staat und seine Bürger wüßte man eigentlich nichts Positives zu sagen. Und die Nazizeit, erst vor siebzehn oder achtzehn Jahren ›zusammengebrochen‹, scheint fast zur Altertumsgeschichte zu gehören, und, wie Doane feststellt, »Die Schuldfrage ...[ist]... zu einem Scherz« herabgewürdigt (Doane 1978, S. 70).

Neu in diesem Roman ist ein Thema, das von diesem Zeitpunkt an zu den Stammthemen Walsers gehören wird: Die Problematik des Alterns. Anselm, inzwischen über vierzig, hat, obwohl finanzielle Sorgen nicht gebannt sind, einen gewissen Erfolg erlangt. Er gehört zwar nicht zur ersten Garde der öffentlichen Intellektuellen, wird aber fortwährend eingeladen und belohnt, und darf sogar ab und zu für einen ›im ersten Rang‹ einspringen. Zudem bekommt er den Buchvertrag mit einem großzügigen Vorschuß. Trotzdem scheint er von einer Krise in die nächste zu stolpern, seine Erfolge bringen ihm keine echte Freude, man gewinnt vielmehr den Eindruck, daß er sich fast ständig auf der Flucht befindet. Die Identitätskrise, in die er im Laufe der Handlung gerät, geht hauptsächlich aus dem »Vorgang des Alterns« hervor (Waine 1980, S. 84). Der Kauf eines Jaguars und die meisten Liebesaffären sind vergebliche Versuche, jung zu bleiben. Ein kurzer Abschnitt im letzten Hauptteil des Romans heißt sogar »Weitere Verjüngung« (S. 309).

Walser-Kenner werden in den zwei Liebesbeziehungen zwischen älteren Männern und jungen Frauen und auch in einem Tagtraum Anselms beim Segeln, eine klare Vorwegnahme vom *Fliehenden Pferd* (1978) erkennen. In seiner durch die Psychoanalyse beeinflußte Analyse der Trilogie betrachtet Georges Hartmeier Anselm im *Einhorn* als einen Mann, der in seine Kindheit zurück will:

»Er flüchtet sich nicht vorwärts in die utopische Synthese aller Widersprüche wie in *Halbzeit*, sondern rückwärts. Er leugnet seine Identität als erwachsener Mann ... wendet sich der Vergangenheit zu, in der er Kind war« (Hartmeier 1983, S. 28); und weiter: »Als Kind ist er erlöst von der ›Dividualität‹ des erwachsenen Mannes« (S. 35).

Walsers satirische Darstellung der Künstler, der Intellektuellen und des Kulturbetriebs im allgemeinen erlebt im *Einhorn* auch eine Steigerung. Immer wieder im Roman – auf dem Fest bei Beumann, während der öffentlichen Diskussionen und auf dem Sommerfest bei Blomich –, im Privaten und vor einem größeren Publikum also, erscheinen die Künstler geradezu als Karikaturen ihrer selbst. Sie sind arrogant, egozentrisch, streitsüchtig, all- oder besserwissend. Dazu kommt noch, daß viele Bürger, auch Großbürger, ihnen – unverdienter- und unkritischerweise – eine Sonderstellung in der Gesellschaft gewähren. Über sich selbst als »Schriftsteller« und über seine damit zusammenhängende Rolle sagt Anselm z.B.:

»Da ihn die Fragenden für einen Schriftsteller halten und Schriftsteller Schicksalsfragen offenbar ohne Zögern beantworten können, gibt er sich Mühe. Es gibt zwar welche, die als eine Art Oberschriftsteller nicht nur auf sich und die Zeit, sondern auch noch auf die anderen Schriftsteller aufpassen und jeden heftig anstubbsen, der einen Augenblick in der Wachsamkeit nachläßt; aber dieses Aufgewecktwerden ist eher peinlich; die Oberschriftsteller benützen dazu nämlich Zeitungsartikel; deshalb will Anselm sich lieber selber anstrengen und alles Öffentliche dauernd bespähen: Kataloge von Versandhäusern (ob sie geschmackvoll sind), Wahljahre (ob auch alle Schriftsteller sich nicht zu fein sind für die Politik), die Heimatvertriebenen (ob sie nicht zu radikal sind), die SPD (ob sie nicht zu wenig radikal ist), die Goethe-Institute (ob sie nicht zu weit nach rechts rutschen), die Studentenverbände (ob sie nicht zu weit nach links rutschen), die Preisjurys (ob sie nicht zu sehr in der Mitte kleben) ... Man nennt das »das Engagement« (S. 78-79).

Daß die Intellektuellen, die Künstler, trotz ihrer gespielten Kritik, auf der Seite der Mächtigen stehen, d.h. »affirmativ« sind, beweisen u.a. ihre Anwesenheit bei den Festen, die von den Wirtschaftskapitänen veranstaltet werden, und die gesellschaftlichen Abhängigkeiten dieser zwei Gruppen voneinander. Walser gibt besonders die Sprache dieser Künstler und Intellektuellen sehr gelungen wieder, z.B.:

»mit Martin Buber das Wesen der Existenz, wie in Quadrogesimo Anno gesagt, die Volkswirtschaft ist nicht nur, mag Marx zwar jeden nach seinen Fähigkeiten und jeden nach seinen Bedürfnissen, es gibt ein islamisches Wort es ist eine Gnade Gottes daß es verschiedene Meinungen gibt, würde ich dann gegen Stirner sagen ich hab mein Sach nicht auf nichts gestellt, möchte ich gerne noch Professor Bayer zitieren der vom mittleren personengeprägten Unternehmen als Wirtschaftsstabilisator spricht ...« (S. 101-102).

In dem Aufsatz »Freiübungen« behandelt Walser das Thema der ›affirmativen‹ Kunst auf folgende Weise:

»So wie diese Literatur jetzt ist, gehört sie zum Großbürgertum. Dazu gehören übrigens sehr viele Leute, die wirtschaftlich gar nicht großbürgerlich fundiert sind. Leute, die geradezu stolz sind auf ihr wirtschaftliches Ungeschick. Zu Stützen großbürgerlicher Gesellschaft werden sie durch ihre Ta-

lente, die in dieser Gesellschaft besonders erwünscht sind. Sie denken an
sich, also denken sie liberal; sie haben Geschmack, oder produzieren ihn sogar; sie sind phantasievolle Gesellschafter, geistreich und entspannt, sie rie-
chen nicht muffig, kurzum: man kann Staat machen mit ihnen. Hofstaat,
Narren, Vergolder, Beichtväter, Hofprediger und Kammersänger, aus ihnen
läßt sich's rekrutieren. Aus uns also. Aus allem, was schreibt, oder Noten
setzt, oder sonst auf unterhaltende Weise seinen Schmerz schön zu Markte
trägt ...« (*Erfahrungen*, S. 96-97).

Mit wachsendem Ruhm ist sich Walser also der Gefahr bewußt geblieben, als Künstler, als Intellektueller, von der Macht und von denen, die sie ausüben, eingenommen zu werden. Denjenigen, die dieser Gefahr erliegen, steht er, wie in seinen früheren Werken, kritisch
gegenüber. Ohne Zweifel kennt er diese Gefahr aus erster Hand.

Das Einhorn ist Walsers persönliche, inzwischen kritische Auseinandersetzung mit Proust, zumindest mit dessen Vertrauen in die
Erinnerung. Anselm gelangt zu der unbequemen Einsicht, daß er
sich auf sein Gedächtnis kaum verlassen kann. Daß dies eine verstörende Wirkung auf seine Identität(en) und auf seine Beziehung zur
Realität mit sich bringt, wird ebenfalls klar. Das Motto des Romans
stammt vom Augustinus: »Ich bin mein Erinnern«. Doch um das Erinnern Anselms ist es schlecht bestellt. Beim ersten »Anlaß« versucht
er, seine Erinnerungen an das Beumann-Fest zu wecken, kommt aber
(»Ach-Du-Lieber-Proust«, S. 49) zu dem enttäuschenden Schluß, daß
er kaum etwas zustandebringt. »Im Augenblick glaube ich, daß die
Erinnerung so hoch notiert wird, ist ein Schwindel. Mir kommt vor,
als wäre, was war, wie nicht gewesen. Hätte ich jetzt von jenem Fest
weniger, wenn ich es kennen würde nur vom Hörensagen« (ebd., S.
50)? Diese für ihn beunruhigende Einsicht wird im Laufe seiner vielen Versuche, sich zu erinnern, noch gestärkt:

»ENTSINNEN, ja. Von REMEMBERN keine Spur. ... Erinnerung, obwohl erregt
vom Vergangenen, ist ein ganz anderes als das Vergangene. Das ist nicht
leicht einzusehen. Wegen der Größe unseres Gedächtnisses. Uns steht ein
Riese auf der Brust, heißt Vergangenheit, wenn er das Standbein wechselt,
schwärmen wir. ... Und dieser Überfluß, der uns religiös macht und krank,
heißt Einbildungskraft, Phantasie, Seele usw., damit kann man sogar den
monströsen Versuch machen, Vergangenheit herzustellen. Aber auch rech-
tens ist unser Großes Gedächtnis keine Anlage für Wiederauferstehungsfei-
ern, sondern bloß ein Instrument zur Ermessung der Verluste. Ja. Eine
Waage ist unser Gedächtnis nur für Verluste« (ebd. S. 373).

Der scheiternde Versuch, sich zu erinnern, führt unumgänglich zum
Gebrauch der Einbildungskraft, was unvermeidlich also dazu führt,
daß das gesuchte Vergangene fiktionalisiert wird.

Erzählen, bei Anselm und bei Walser, ist also eine Mischung aus wirklich Erlebtem und reiner Fiktion, aus Vergangenheitsfragmenten und Phantasieprodukten. In einem Kommentar zum Werk werden Anselms Einsichten wie folgt beschrieben: »Das Erzählen ist nicht ... ›Vergegenwärtigung‹, sondern Aufzeichnung des Vergangenen als eines im Aufzeichnen noch weiter Entgleitenden« (Thomas/ van der Will 1968, S. 121-122). Warum also trotz dieser Einsicht erzählen? Eine mögliche Antwort darauf gibt Georges Hartmeier, wenn er behauptet: »Im Erzählen hofft Anselm die Wirklichkeit – als vergangene, gegenwärtige und zukünftige – so umgestalten zu können, daß er in ihr leben und glücklich sein kann...« (Hartmeier 1983, S. 52). Walsers eigene Antwort lautet immer wieder, er schreibe »nicht aus Überfluß ..., sondern weil ein Mangel herrscht und man sich gegen diesen Mangel zur Wehr setzen muß« (Roscher Interview 1991, S. 9).

Die ersten Rezensenten, die sich zu diesem dritten Walser-Roman meldeten, setzten die schon bekannte, widersprüchliche Rezeption seiner Werke fort. In der *Zeit* kam es Anfang September 1966 zu einem regelrechten Kritikerstreit, ausgelöst von der vorwiegend negativen Kritik Marcel Reich-Ranickis. Es folgten dann die eher positiven Stimmen von Rudolf Walter Leonhardt und Uwe Nettelbeck. Diese Auseinandersetzung ist für die allgemeine Rezeption von Walsers Werken typisch und aufschlußreich. Reich-Ranicki leitet seine Besprechung mit den folgenden Sätzen ein:

»Jedermann weiß, daß Martin Walser außerordentlich viel kann. Doch kaum etwas will ihm glücken. Einen Mißerfolg nach dem anderen muß er hinnehmen. Nur daß ihm diese Fehlschläge mit der Zeit fast zu einem Erfolgsschriftsteller gemacht haben. In der Tat verdankt er sein Ansehen vor allem seinen Niederlagen: Ob dieser Autor ganz oder teilweise scheitert – sein Ruhm wächst. Denn er schreibt mißlungene Bücher und schlechte Stücke, die ihn gleichwohl als einen der originellsten Schreiber seiner Generation ausweisen. Er ist ein erstaunlicher Künstler und ein miserabler Handwerker« (In: Reich-Ranicki 1994, S. 45).

Im großen und ganzen wiederholt Reich-Ranicki seine Kritik über den Roman *Halbzeit*: Obwohl die Sprache und viele Details imponierend seien, mache das Ganze keinen Roman aus. Im neuen Roman konstatiert er Stärken neben Schwächen, aber die Art und Weise wie er das tut, unterstreicht die vermeintlichen Schwächen umso mehr: »Auf Höhepunkte folgen bei Walser unvermittelt schauderhafte Entgleisungen«. ... »Lediglich das Mediokre weiß er zu umgehen. Und das will schon etwas heißen« (ebd., S. 46). Echte Begeisterung kann er nur für die »nichtepischen Einschübe«, d.h. für die

»Glossen und Feuilletons, ...[für]... Parodien und kulturkritische Kommentare, ...[für]... Skizzen, Aphorismen und Impressionen« (ebd., S. 51) empfinden. Indem er dann schließlich *Das Einhorn* als »ein gallertartiges Gebilde« aburteilt, zeigt er wieder ganz deutlich, daß er die Romane Walsers, weil sie seinen an Lukács geschulten Erwartungen für den realistischen Roman nicht entsprechen, für mißglückt halten muß. Er empfiehlt Walser deshalb mehr »Disziplin« und »Selbstkontrolle«.

Leonhardt entgegnet: Wenn sich Walsers Roman »in einzelne Bestandteile« auflöse, wie Reich-Ranicki behauptet, »dann hat er das gemeinsam, z.B., mit Lawrence Sternes *Tristram Shandy*«, oder mit Joyce und Proust: »... wer sehr feste Vorstellungen davon hat, was ein Roman sein sollte ... mag wohl sagen, dies seien alle gar keine *richtigen* Romane« (Leonhardt 1970, S. 65). Er unterscheidet zwei Grundtypen des realistischen Romans, wobei er *Das Einhorn* gegen Reich-Ranickis kritische Behauptungen in Schutz nimmt:

»Es ist ein Roman, bei dem es nicht – wie bei Dickens oder Balzac – um die Abbildung und Durchleuchtung gesellschaftlicher Wirklichkeiten geht. Die Wirklichkeit dieses Romans ist – wie in den großen Romanen von Sterne, Joyce und Proust – weiter und enger zugleich. Es geht um die Wirklichkeit des menschlichen Bewußtseins, um die Qual zwischen Erinnerung und Vergessen, um die vergebliche Suche nach Gehabtem, um die uralte und immer neue Klage ›où sont les neiges d'antan!‹. Es geht um Liebe und Tod« (ebd., S. 70-71).

Rudolf Hartung, der Reich-Ranicki eher in seiner negativen Beurteilung des Romans zustimmt, präzisiert eine zentrale Kritik, die man nicht nur bei Reich-Ranicki finden kann, nämlich, daß die Sprachvirtuosität Walsers ihn oft aufs Glatteis führe:

»Kluge Gedanken, kein Zweifel; an ihnen fehlt es dem Roman ... nicht. Auch nicht an gelungenen Episoden, an Bravourstückchen, kabarettistischen Sondereinlagen; der Umzug von Stuttgart nach München; die häusliche Szene wegen des von Anselm unterschriebenen Kaufvertrags über einen gebrauchten Jaguar; das Protokoll eines Bettgeflüsters in Bernerdeutsch. Daß Martin Walser ein Könner hohen Grades ist bedarf keines Beweises. Aber eben diese Könnerschaft wird ihm zum Verhängnis« (ebd., S. 671; vgl. u.a. K. Sello 1970, S. 78).

Alexander Mathäs faßt sehr gut zusammen, welche Widersprüche und welche Meinungsunterschiede es unter den Rezensenten und Kritikern dieses Romans gab und z.T. noch gibt. Er resümiert: »Ursache des Mißfallens bei der Kritik ist also die Enttäuschung ihrer Erwartungshaltung« (Mathäs 1994, S. 80). Mathäs sieht zu Recht in der Auseinandersetzung der westdeutschen Kritiker ein deutliches Zeichen für das politische Auseinanderklaffen in Literatur und Literaturkritik, das gerade in den frühen 60er Jahren zum Vorschein kam.

Bei den Kritiken von Sello und Laureillard, z.B., werden Walsers Ironie und Humor hervorgehoben. Sello findet:

»Der Vorwurf, daß Walsers sprachlicher Aufwand in keinem Verhältnis zum Vorgeführten steht, wird im Kontext einer Poetik des ironischen Erzählens hinfällig – man erinnere sich nur an Jean Pauls Definition des Humors. Gerade die ›Unangemessenheit‹ der Herstellung ist ein legitimes und traditionelles Mittel aller großen Humoristen« (Sello 1970, S. 83).

In den späteren Abhandlungen zum *Einhorn* geht es weniger um Beurteilungen als um Analysen. Thomas und van der Will versuchen, Walsers Sprachgebrauch zu verstehen und zu erläutern: »Die Sprachartistik Walsers ... hat ihren Sinn in der Analyse der beobachteten Welt und des beobachtenden Bewußtseins bis ins genaueste, noch formulierbare Detail« (Thomas/van der Will 1968, S. 118). Sie stellen fest, daß das Detail »den Vorrang vor der harmonischen Komposition des Erzählganzen« hat (ebd., S. 118), was aber kein Vorwurf gegen das Werk als Roman ausmachen sollte.

In dieser zweiten »Anselmiade« (Werth 1970, S. 242) findet man wiederum Walsers Antwort auf die Frage: Warum schreiben? Ohne eine bestimmte ideologische Linie zu vertreten, geht es Walser auch hier darum, »den Prozeß des politischen Bewußtwerdens« auszulösen (Doane 1978, S. 118). Ob Walser das mit diesem Buch gelungen ist, ist schwer zu sagen. Daß der Roman jedoch bei vielen Lesern Gefallen gefunden hat, beweist die Tatsache, daß er wochenlang nach seiner Erscheinung auf der Bestsellerliste stand.

3.2.3 *Der Sturz*

Diesmal waren es sieben Jahre bis Walser den nächsten Teil der Anselm-Kristlein-Trilogie vorlegte. Wie lange konnte Anselm noch im Bett liegen? Während dieser sich versteckt hielt, erlebte Walser, und viele andere bundesdeutsche Schriftsteller, eine sozial und politisch engagierte Zeitspanne. Er war, wie Anselm im *Einhorn*, fast ununterbrochen auf Reisen, um Vorträge, Reden und Lesungen zu halten, an öffentlichen Diskussionen zu Fragen der Zeit teilzunehmen und hatte zudem seine schriftstellerische Produktivität auch fleißig fortgesetzt. Sein bis zu diesem Zeitpunkt erfolgreichstes Theaterstück *Die Zimmerschlacht* kam 1967 zur Uraufführung; seine zweite

Sammlung von Reden und Aufsätzen erschien unter dem Titel *Heimatkunde* im selben Jahr; zwei weitere Stücke kamen auf die Bühne: *Wir werden schon noch handeln* (1968) und *Ein Kinderspiel* (1970); sein kurzer Prosaband *Fiction* erschien auch 1970; und 1972 veröffentlichte Walser den Roman *Die Gallistl'sche Krankheit.*

Während der späten 60er und frühen 70er Jahre wurde Walser zu einem der bedeutendsten Wortführern der politischen und kulturellen Linken in der BRD; er stand der Studenten- und Arbeiterbewegung zeitweise sehr nahe, er schrieb, sprach und protestierte gegen den Vietnam-Krieg, besonders gegen die bundesdeutsche Duldung der amerikanischen Kriegspolitik, und er näherte sich sogar der DKP an. Es gab in den späten 60er und frühen 70er Jahren eine lebhafte Diskussion, ja Auseinandersetzung, unter den ›Literaten‹ über die tatsächliche und mögliche Rolle der Literatur in der politischen Kultur. Diese Debatte wurde in Deutschland, wo traditionell eine schärfere Trennung zwischen den Bereichen Literatur und Politik herrschte, strenger geführt als in Frankreich oder den USA. Man sprach einerseits nicht selten vom Tod der Literatur; andererseits behauptete man, daß nur ›engagierte‹ Literatur, die direkt auf Veränderung der Gesellschaft ziele, akzeptabel und relevant sei. Es gab zwar nicht wenige Kritiker und Schriftsteller, die die traditionelle apolitische Qualität der – deutschen – Literatur betonten und weiter für eine klare Trennung zwischen Literatur und Politik plädierten. Fast alle namhaften westdeutschen Schriftsteller meldeten sich zu Wort (Böll, Grass, Enzensberger, Weiss, Wallraff u.a.m.), und auch die meisten Kritiker. Walser, wie wir schon wissen, hatte seit den frühen 50er Jahren literarische Texte verfaßt, die gesellschaftskritische Elemente aufwiesen, aber keiner klar umrissenen politischen Ideologie oder Richtung verpflichtet waren. *Die Gallistl'sche Krankheit* war das erste und letzte literarische Werk Walsers, das ein solches Engagement zeigte.

Walser schien während dieser Jahre seines aktivsten politischen Engagements ziemlich skeptisch gegenüber der Effektivität von literarischen Werken als Mittel zur gesellschaftlichen Veränderung. Daher nutzte er seinen bekannten Namen und unterstützte eine Reihe von ›authentischen‹, ›dokumentarischen‹ Texten. Er gab das Buch einer im Zuchthaus sitzenden Mörderin, Ursula Trauberg *Vorleben* (1968) heraus, sowie die Schrift eines weiteren zum Gefängnis Verurteilten, Wolfgang Werners *Vom Waisenhaus ins Zuchthaus* (1969). Walser schrieb auch für den berühmt gewordenen Band von Erika Runge, *Bottroper Protokolle* (1968), das inzwischen vielzitierte Vorwort.

In seinen frühen Theaterstücken, besonders *Eiche und Angora* und *Der schwarze Schwan*, hatte Walser politische, soziale und nationale Themen entschiedener aufgegriffen als in den Romanen. Im Theater meinte er, die Öffentlichkeit mit diesen zeitpolitischen Angelegenheiten direkter ansprechen zu können: »Es sind Fragen der politischen Auseinandersetzung, und da empfiehlt es sich fast unmittelbar, und ganz von selbst, daß man das als Dialog schreibt« (Sauter Interview 1965, S. 26).

All diese Reden, Aufsätze, politische Aktivitäten und Theaterstücke hatten zur Folge, daß sich der »Erwartungshorizont« (Jauß) für seine literarischen Werke verschob (manche Kritiker hätten gesagt, stark nach links verschob). Entsprechend zeigte sich auch eine deutliche Politisierung in der Kritik der Walserschen Werke in diesen Jahren (vgl. Mäthas 1994, S. 97f.).

Im *Sturz*, diesem letzten Teil der Trilogie, sind Form und Erzählstruktur wesentlich einfacher als in den zwei früheren Anselm-Kristlein Romanen. In diesem dreiteiligen Werk bezieht sich je ein Teil auf eine der drei Zeitebenen: Vergangenheit, Gegenwart und Zukunft. Anselm, immer noch der Erzähler seiner eigenen Geschichte, befindet sich in der Gegenwart, wo Erzählzeit und ein Teil der erzählten Zeit zusammentreffen. Von dieser Gegenwart aus erzählt er einerseits rückwärts blickend – und erfindend – über sein Leben und seine Abenteuer in der nicht weit zurückliegenden Vergangenheit, nämlich, über seine alptraumhafte und mythologisch anmutende Odysee zu Fuß von München durch das Allgäu zum Bodensee; andererseits erzählt er vorwärts phantasierend über sein und Alissas mögliches Ende in der nächsten Zukunft auf einer Fluchtfahrt mit Auto und Segelboot über einen verschneiten Alpenpaß. Die Art und Weise, wie er die drei Zeitebenen benutzt, ist zwar eigenartig, aber sie erlaubt es ihm, die kreisartige Form der ersten zwei Romane in der Trilogie zu durchbrechen, wo Anselm am Ende immer wieder dorthin gelangt, wo er begonnen hat, nämlich im Bett; diesmal wird dagegen das Ende offen gelassen. Und die offene Frage lautet: Werden Anselm und Alissa tatsächlich in den Alpen durch einen Sturz ums Leben kommen oder ist das nur eine Phantasievorstellung von Anselm, der in der Gegenwart sein zukünftiges Leben zu Ende ›schreibt‹?

Nach dem vielfachen Scheitern Anselms sowohl im beruflich-gesellschaftlichen als auch im privaten Leben im *Einhorn*, kann man sich jetzt nur schwer vorstellen, daß er noch einmal aufstehen und versuchen würde, sich mit der äußeren Welt und der bundesdeutschen Gesellschaft zu arrangieren. Ihm scheint die dafür notwendige Tatkraft zu fehlen. Waine schreibt richtig dazu: »*Der Sturz* verfolgt schonungslos die soziale Abwärtsentwicklung Anselms, der inzwischen 50 Jahre alt geworden ist« (Waine 1980, S. 88). Anselm gewinnt zwar im Laufe des Romans und seiner Schreibtätigkeit ab und zu neue Einsicht in seine miserable Lage und deren Ursachen, vermag aber nichts zu unternehmen, was diese ändern könnte.

Im ersten Teil dieses 356 Seiten langen Romans begleitet der Leser Anselm auf seiner seltsamen Fußwanderung von München zum Bodensee. Kaum eine romantische Wanderung übers Land in der Nachfolge von Eichendorff, obwohl romantische Anklänge zu spüren sind, besteht Anselms »Horror-Trip« (Waine 1980, S. 91) aus surrealistischen, alptraumhaften Ereignissen, Begegnungen und Begebenheiten. Einerseits entsprechen seine phantastischen Erlebnisse seinen den Lesern schon bekannten ›Sünden‹ und charakterlichen Schwächen, andererseits scheinen sie seine berechtigten Ängste bezüglich seiner Lebenslage zu widerspiegeln. Im Laufe dieser zeitlosen Wanderung stolpert er von einer bedrohlichen Situation in die nächste. Die Figuren, denen Anselm begegnet, sind der bundesdeutschen Realität entliehen, aber gleichzeitig dieser historischen Nachkriegswirklichkeit ziemlich weit entrückt.

Was Anselm wiederholt auf seiner Odysee vor Augen geführt wird, ist seine vollkommene Abhängigkeit, sein Ausgeliefertsein an Kräfte und Wesen, die er ständig falsch einschätzt. Waine meint zu Recht, Anselm sei hier »... zum Spielball von Menschen und Mächten, denen er weder körperlich noch psychologisch noch wirtschaftlich zu widerstehen vermag« (ebd., S. 89-90). Auf seiner Wanderung gerät Anselm unter Figuren, deren Denkweisen und Verhalten aus der Nazizeit zu stammen scheinen. Damit wiederholt Walser eine Kritik, die er auch in den Theaterstücken zum Ausdruck bringt. Anselm begegnet einem zwölfjährigen Natur-Mädchen, das gerade aus einem Heim entflohen war, und, in einer unbequemen Mischung aus Idyll und Perversion, erlebt er bei ihr ein kurzes sexuelles und seelisches Glück. Anschließend findet Anselm Unterkunft und Aufnahme bei einer religiösen Kommune, die in der Natur ein ideales und idyllisches Leben zu versprechen scheint, die sich aber als Kult entpuppt, der soziales Unrecht verbreitet: »... die Frauen dieser Sekte werden wie Sklaven behandelt, die Männer werden zu Parasiten der weiblichen Arbeitskraft« (ebd., S. 126). Anselm trifft auch auf eine zweite Kommune, typisch für die utopischen Hoffnungen vieler während der 60er Jahre, wo das Gemeinschaftsideal tatsächlich verwirklicht wird. Aber Anselm kann diesem Ideal nicht folgen, er kann sein Konkurrenzdenken und seine Besitzansprüche nicht abschütteln und er wird hinausgeworfen. Dann kommt er auch zu einem Arbeitertrupp in einer Fabrik, wo er Arbeit annimmt; er schließt sich den Arbeitern an, kann sich jedoch in eine Solidarität mit ihnen nicht hineinfinden, obgleich er ganz klar erkennt, daß sie vom Arbeitgeber ausgebeutet werden. Zuletzt wird er eines Mordes verdächtigt, verhaftet, ins Gefängnis gesteckt, und kann während seines surrealistischen, an Kafka erinnernden Prozesses nur durch Alissas Hilfe und Aussagen freigesprochen werden.

Georges Hartmeier betont aus seiner psychoanalytischen Sicht die archetypischen, mythologischen Aspekte dieser Wanderschaft, und er erkennt die Verpflichtung Walsers dem Homerischen Epos gegenüber. Seine Reise wird dadurch, daß er Ziel und Weg verliert, zur echten Irrfahrt. Hartmeier deutet diese Reise sogar als »Selbstmordversuch« (Hartmeier 1983, S. 81). Diese und ähnliche Überlegungen zu mythologischen Vorbildern des Romans bieten interessante Annäherungsmöglichkeiten an das Werk. Doane behauptet: »Anselms Heimweg beschreibt einen Kreis. Dieser Irrfahrt entsprechen seine bisherigen Erfahrungen in der Gesellschaft, die ihn immer wieder auf den Ausgangspunkt seiner Bemühungen zurückwarfen« (Doane 1978, S. 131). Anselm erlebt den traumatischen Versuch, verschiedene Alternativen und Lebensmöglichkeiten, die die bundesdeutsche Wirklichkeit während der 60er und frühen 70er Jahre aufbietet, außerhalb der ›normalen‹ Gesellschaft auszuprobieren. Die Unfähigkeit Anselms, sich auch nur in eine dieser Situationen auf Dauer einzufinden, ist Ausdruck seiner Angst vor dem Verlust des bürgerlichen Lebens. Obwohl er die verschiedenen Rufe »zurück zur Natur« einladend findet, bei den zwei Kommunen etwa, oder obgleich er das Ideal der Gemeinschaft und Solidarität unter den Arbeitern intellektuell befürwortet, ist sein Verhalten, seine Denkweise so durch den erlebten Konkurrenzkampf deformiert und sein Festhalten an seinem Individualismus so ausgeprägt, daß er diese alternativen Lebensweisen nicht annehmen kann. Das schafft erst eine spätere Figur Walsers: Josef Georg Gallistl.

Alle Ereignisse auf der Wanderung, ob imaginiert oder erlebt, »... werden nicht als bloße Erinnerungen dargestellt. Sie ... erscheinen als zwanghafte Bilder und Gedankenfetzen« (Waine 1980, S. 90). Waine deutet die Reise aus psychologischer Sicht: »Die oft und wohl absichtlich an Alpträume erinnernden Situationen ... sind elementare Symbole seines Un- und Unterbewußtseins. ... Sie bringen überlebensgroß seine Angst- und Schuldgefühle zum Ausdruck, weil er Alissas Geld verloren hat ... weil er sozial und wirtschaftlich versagt hat« (ebd., S. 91). Schließlich beschreibt Waine das Märchenhafte, bzw. Anti-Märchenhafte dieser Wanderung: »Die Geschichte der Wanderung und die darin vorkommenden Charaktere wie Mägde, Meister, Knechte, Bauern und hexenartige Frauen, die Mischung aus Realem und Phantastischem, rufen die literarische Form des Märchens ins Gedächtnis« (ebd., S. 92).

Der zweite Teil vom *Sturz* trägt den Titel »Geldverdienen. Phantasie des Angestellten«; er spielt in der gegenwärtigen Erzählzeit, in der Anselm sich erinnernd und frei erfindend Vergangenheit zur Erzählung formt. Der Leser erfährt im 2. Kapitel, daß Anselm eine Angestelltenstelle als Heimleiter am Bodensee angenommen hat. Daneben schreibt er über sich und seine Lage. Obwohl er nicht mehr beruflich als Schriftsteller tätig ist, nicht mehr dadurch Geld verdient, scheint Schreiben die einzige Tätigkeit zu sein, auch wenn sie manchmal nur vorgetäuscht ist, die seinem Leben ein bißchen Sinn zu verleihen vermag.

Ein deutliches Zeichen vom Nachlassen der Lebenkräfte bei Anselm und seiner steigenden Isolierung, ist darin zu sehen, daß dieser vormals wortgewaltige und redselige Mensch »... einem Verstummungsprozeß zum Opfer gefallen« ist (Waine 1980, S. 95). Es gibt auch wenig sprachliche Verständigung zwischen Anselm und Alissa, und sehr wenig zwischen diesem Elternpaar und ihren vier Kindern, die alle an merkwürdigen Neurosen und Psychosen leiden. In diesem zweiten Teil ereignen sich auffällig viele Todes- und Selbstmordfällen. Wir hören z.B. vom Selbstmord Hans Beumanns, der aus seinen Anpassungs- und Aufstiegserfolgen kein sinnvolles Leben entwickeln konnte, sowie vom Tode zahlreicher Nebenfiguren.

Am Ende des zweiten Kapitels stehen auch einige Einschübe aus dem Tagebuch von Alissa, das Anselm in die Hände gerät. Darin zeichnet Alissa den Gang und ihr Bewußtwerden des langsamen aber sicheren Abgleitens, das sie mit Anselm und ihren Kindern teilt:

»*Eine ununterbrochene Abwärtsbewegung seit? Unterhalten können wir uns nur noch über das Datum. Ich glaube, es war ... Es kann auch schon früher angefangen haben. Wir achteten nicht darauf. Wir dachten, das hört wieder auf. Es wird auch wieder aufwärts gehen, dachten wir. Auch fielen wir, von heute aus gesehen, anfangs sanft. Das Tempo nahm dann immer mehr zu. Jetzt ist nicht mehr daran zu zweifeln, daß es ein Sturz ist. Und er bemerkt es nicht*« (S. 308).

Direkt nach diesem Tagebuch-Zitat fängt das kurze dritte Kapitel an: »Mit dem Segelschiff über die Alpen«. Anselm entwirft darin die Zukunftsvision ihres gemeinsamen Sturzes auf einem Alpenpaß. Er stellt sich diesen Sturz als eine Befreiung vor, eine Befreiung u.a. von dem »Gegentyp«, dem anonymen Vertreter aller Erfolgreichen:

»Ich kann mich gerade noch von diesem Gegentyp emanzipieren... Aber ich kann nicht leugnen, daß ich, wenn ich ihn negiere, auch mich selbst negiere. Ich habe mich ihm während all dieses Hinstarrens angeglichen. Insofern bin ich nicht leicht zu retten. Offenbar hänge ich an ihm wie an mir selbst... Ich werde den Absprung finden. Das wird aussehen wie eine Art Selbstmord oder Auferstehung« (S. 324-325).

Während Anselm diese Zukunftsvision ihres Endes, bzw. ihres Neuanfangs zurechtphantasiert, scheint er sich endlich im klaren darüber zu sein, was mit ihm/ihnen passiert ist und warum. Viel zu spät bringt er es, zumindest in seiner Erzählung, über sich, Alissa zu sagen, daß er sie liebe. Er scheint auch endlich darunter zu leiden, daß die zum größten Teil von ihm verursachte Entfremdung von Alissa – »Sie ist schon wie nicht mehr da« (S. 336) – unwiderruflich ist. Schließlich stellt er sich vor: »Wir kippen. Wir sind nicht mehr auf der Straße. Es geht hangabwärts mit uns« (S. 352). Aber ob es tatsächlich zu diesem phantasierten Sturz und dem Tod des Ehepaars Kristlein kommt, bleibt offen, und der Roman schließt mit den Zeilen:

»Es sei jetzt geradezu Zeit für uns, uns zu verändern, und das und nichts anderes sei unser Ziel. Ich empfände natürlich auch Angst. Aber ich sei doch froh über die Unmißverständlichkeit der Umstände. Es fielen jetzt Glück und Ende zusammen wie Ober- und Unterkiefer beim Biß« (S. 356).

Endgültiger Sturz in den Abgrund, in den Tod? Oder die Möglichkeit eines neuen Anfangs? 1981 schrieb Walser in der *Zeit* einen kleinen Essay, »Abschied von Anselm Kristlein«, in dem er behauptet, er hätte im vorigen Sommer, in einem kleinen Dorf hoch in den Savoyen, einen Mann in der Sonne gesehen:

»Auf einer Steinbank. Das muß er gewesen sein. Von diesem Ort zweigt nämlich das Seitental ab, das hinaufführt zur Grande Chartreuse, zu dem Kloster der Verstummten. Da saß er, so ruhig wie ich ihn nie zuvor gesehen hatte. Offenbar überlegte er noch. Er hatte nämlich auf seinem Schoß eine Katze. Am liebsten würde ich sagen, die sah Alissa gleich. Aber sicher bin ich nicht. Ich konnte ja nicht halten. Ich habe nicht soviel Zeit wie ein Verstummter« (*Die Zeit* 20.3.1981).

Verstummt vielleicht, aber noch am Leben also. 1973 in einem Gespräch mit Dieter Zimmer erklärte Walser:

»Die Gallistl-Figur ist ja entstanden, weil die Kristlein-Figur sich sträubte ... Kristlein konnte erst stürzen, als Gallistl leben konnte. Dialektik führt vom einen zum anderen. Kristlein ist mehr leidens- als entwicklungsfähig. Ich hänge an ihm. Er ist jetzt im Gallistl aufgehoben. Ich hoffe, das sei ihm recht« (Zimmer Interview 1973).

In dem Vergleich zwischen Kristlein und Gallistl läßt sich die Entwicklung Walsers vielleicht am besten verdeutlichen. Anselm leidet, sieht letzten Endes einiges Wichtiges ein, kann aber nicht über sein egozentrisches Ich hinausspringen. Gallistl leidet, sieht viel ein und kann die Verbindung zu anderen Menschen vollziehen. Walser führt diesen Vergleich weiter:

»Das ›Gallistl‹-Ich ist ja noch ein anderes als das ›Kristlein‹-Ich. ... eben dieses ›Gallistl‹-Ich, das ist schon verbindlicher bezogen auf Realität als der Kristlein, der einfach ein Spieler ist und der deswegen etwas quecksilbrig ist. Er ist nicht faßbar. Er ist jemand, der versucht, unter allen Umständen bis zum Schluß durchzuhalten. Aber er ist völlig unverbindlich. Er glaubt es gibt eine Richtung für ihn alleine, und das macht ihn ja zu einer richtigen Ich-Figur, während der Gallistl ist ja schon angewiesener auf andere Leute von Anfang an« (Gespräch mit Hick in Hick 1983, S. 95).

Nicht nur Anselm und Alissa waren bereit, sich zu verändern, sondern auch Walser, und das hat er schon mit dem ein Jahr früher erschienen Roman *Die Gallistl'sche Krankheit* angekündigt.

Die frühe Rezeption dieses dritten Teils der Trilogie war gespalten, zeigte aber eine gesteigerte Enttäuschung bei vielen Kritikern. Peter Laemmle, auf den Mathäs hinweist, »führte den Sinneswandel der Kritik auf Walsers neues Image eines politischen Schriftstellers zurück, von dem man eine Stellungnahme zu sozialen Fragen erwartete« (Mathäs 1994, S. 103). Das mag wohl der Grund dafür sein, daß die linksorientierten Kritiker wenig Begeisterung für den Roman aufbringen konnten. Die konservativeren Kritiker, die eher mit ästhetischen Maßstäben an das Werk herangingen, kamen oft zu dem Schluß, das Werk sei kein richtiger Roman. Im Vergleich mit *Gallistl* bemängeln die Kritiker am *Sturz* wiederholt das Negative, das Endzeithafte des Buches: »Nach der *Gallistl'schen Krankheit* (einem optimistischen Buch) ist *Der Sturz* (pessimistisch und deshalb wohl auch verschlagen) ein Knick« (Aurel Schmidt 1973). Einige, wie Karl Heinz Bohrer, finden im Roman zu wenig bundesdeutsche Wirklichkeit und zu viel »Phantasie« und halten den Roman daher für einen Rückschritt (vgl. Bohrer *FAZ* 28.4.1973). Viele Rezensenten finden Anselms Niederlage, seinen Sturz, als Ergebnis seiner Abhängigkeiten im Kapitalismus nicht überzeugend. Peter Wapnewski schreibt: »Die große Lösung kommt allzu wohlfeil...: Die Gesellschaft ist schuld« (Wapnewski 1973, S. 158). Und Joachim Kaiser will überhaupt keinen Zusammenhang zwischen Kristleins Sturz und der Gesellschaft sehen:

»Da zog einer aus, die Bundesrepublik zu durchleuchten, und er fand sich selbst in Beckettscher Urlandschaft, umgeben von streitsüchtigen Kindern und einer Frau, die er liebt, aber nicht erträgt. Das hat mit der Verfassung der Bundesrepublik soviel zu tun wie mit der chinesischen Mauer« (Kaiser 1973, S. 783).

Kaiser streitet die Bedeutung des Politischen im Werk einfach ab: »... wenn man vollständig an dem Roman vorbeilesen will, dann braucht man nur dem Klappentext zu glauben. Diesem zufolge will Walser zeigen, wie ein einzelner, wirtschaftlich abhängiger Geldverdiener scheitert, weil sein Chef die Firma verkauft und den Angestellten kündigt« (ebd., S. 781).

Manche Kritiker wissen mit dem surrealistischen ersten Kapitel nicht anzufangen und sehen keinen Zusammenhang mit den beiden folgenden. Andere Kritiker sehen die Sache jedoch ganz anders. Laemmle weist z.B. die Kritik zurück, Walsers Buch sei nicht »realistisch« genug: »Walser hat hier jedoch nicht die Gegenwart ›beschrieben‹ ... , sondern reagiert mit seiner Phantasie auf die Gegenwart« (Laemmle 1981, S. 208). Und damit ist er tatsächlich vielen anderen Kritikern, die bei Walser den traditionellen Realismus vermissen, einen weiten Schritt voraus. Die einsichtsvollste Analyse dieses besonderen Realismus stammt von Rainer Nägele, der ganz zu Recht den Begriff Realismus »... zu den komplexesten in der Literaturtheorie« zählt. In der Walserschen Variation wird das Bewußtsein

»zum Kernpunkt seines Realismus; Realität ist immer die durch das Bewußtsein vermittelte Realität. Gleichzeitig aber ist das Bewußtsein geformt von der Realität außer ihm. Diese dialektische Beziehung läßt den subjektiven Ausgangspunkt Objektives zur Sprache bringen. Von daher wendet sich Walser gegen den traditionellen Realismusbegriff als ein Perzeptionsmodell, das die vielfältigen Realitätserfahrungen verhindert, das gerade durch seine Vertrautheit Erfahrungsrealitäten verdeckt« (Nägele 1968, S. 331).

Doane und Oskar Neumann sind überzeugt, die Gesellschaftskritik im Buch, seine antikapitalistische Kritik also, sei nicht nur ein sehr wichtiger Bestandteil, sondern auch berechtigt und gelungen. Darin unterscheiden sie sich von den meisten DDR-Kritikern, die eine deutlichere politische Aussage im Werk vermissen. Neumann meint, der Roman werfe, zumindest in der Kritik gespiegelt, eine ›Gretchenfrage‹ auf, nämlich: ist dieser Sturz, von Anselm und allen anderen, die im Werk zugrunde gehen, durch die kapitalistische Gesellschaft verschuldet oder nicht? Er antwortet mit einem klaren ›Ja‹: »So sehr hat ihn der Zwang zum Geldverdienen ..., der Leistungsdruck, das Wolfsgesetz der kapitalistischen Gesellschaft kaputtgemacht« (Neumann 1973, S. 787-88).

Mit diesem Buch, wie Alexander Mathäs betont, ist nicht nur Walser, sondern auch die Kritik, in eine neue Phase getreten, und

Walser wird es zumindest bis zum *Fliehenden Pferd* (1978) sogar noch schwieriger haben, den veränderten Erwartungen der Kritiker im Westen wie im Osten gerecht zu werden:

»Den Erwartungen der Kritik konnte der *Sturz* in keinem der beiden deutschen Staaten genügen. Im Westen hielten die konservativen Rezensenten den Roman für unglaubwürdig, formlos und detailüberladen. Die Linken dagegen zeigten sich nach der *Gallistl'schen Krankheit* von der pessimistischen Lösung enttäuscht und werteten deshalb den Roman als politischen Rückschritt. In der DDR wurde der Roman aus diesem Grund zunächst nicht besprochen. Es ist wohl Walsers Ruf als einer linken Galionsfigur zu verdanken, daß der Roman nachträglich als Absage an den Kapitalismus gedeutet wurde und so als Beweis für den Radikalisierungsprozeß des Autors dienen konnte« (Mathäs 1992, S. 105).

4. Die Theaterstücke der 60er Jahre

Um das zeitgenössische deutsche Drama der ersten fünfzehn Nachkriegsjahre schien es schlecht bestellt zu sein, zumindest im deutschen Westen. Man spielte in den wiedereröffneten und neugebauten Theatern vor allem Klassiker – die Griechen, Shakespeare, Goethe und Schiller etwa –, die von den Nationalsozialisten geschmähten und jetzt verspätet entdeckten Amerikaner – Wilder, Williams und Miller z.B. – oder aber die existentialistischen oder absurden Franzosen – Sartre, Beckett, Ionesco. Carl Zuckmayer, fast der einzige von allen Erfolgsdramatikern der Vor-Nazizeit, genoß mit seinem noch im Exil geschriebenen Stück *Des Teufels General* eine große Popularität; Brechts epische Stücke, oder besser: die Aufführungen dieser Stücke, waren sehr umstritten, d.h. umstritten war insbesondere, ob man sie wegen der im antikommunistischen Westen verdächtigen politischen Tendenz ihres Autors überhaupt aufführen sollte. Brecht stand an manchen Orten sogar zeitweise unter Aufführungsverbot, weil er den DDR-Osten dem demokratischen Westen vorgezogen hat. Nur aus der Schweiz, mit den aufregenden und bühnenwirksamen Theaterstücken von Frisch und Dürrenmatt, kam frische Luft in das zeitgenössische deutschsprachige Theater der späten 40er und 50er Jahre.

Mit der Wende zu den 60er Jahren kam jedoch auch eine aufregende Wieder- und Neugeburt des Theaters im Westen, und bald sprach man mit Begeisterung nicht nur in der Bundesrepublik von dem neuen deutschen Drama. Die Stücke dieser neuen Generation von experimentierfreudigen bundesdeutschen Theatermachern wurden bald über die Grenze hinaus bekannt. In den fünf Jahren zwischen 1960 und 1965 lernten nicht nur Theaterfreunde die Namen Dorst, Kipphardt, Weiss, Grass, Hochhuth und Walser kennen. Jeder von ihnen brachte auf seine Weise etwas Neues, etwas Gewagtes, aber auch etwas anscheinend Erwünschtes und Zeitgemäßes in die westdeutsche Theaterszene. Mit ihren offenen Formen, ihrer neuen dramatischen Sprache, ihrer Direktheit und politischer Aggressivität, eroberten sie die Bühnen und das Theaterpublikum. Der Schatten vom Meister Brecht, dem fast alle unter ihnen Anregungen und Einfälle verdankten, war häufig zu spüren, aber diese Bühnenautoren waren keine Brecht-Epigonen.

Geschult an den Extremen des modernen Theaters, Beckett und Brecht, lernten diese jungen Dramatiker von beiden. Sie schüttelten zwar die Philosophie des Absurden ab, ohne aber den Sinn für das Absurde im Leben, auch im gesellschaftlichen Leben, zu verlieren. Von Brecht erbten sie eine kritische Einstellung zur Geschichte und zur Gegenwart, setzten sich auch mit beiden auseinander und fanden ziemlich viel Nützliches in seinem epischen Theater. Sie lehnten aber im großen und ganzen sein Vertrauen in die Parabel ab. Sie wollten sich mit der Wirklichkeit auseinandersetzen, wollten Wirklichkeit auf die Bühne bringen, auch wenn diese eine exemplarische, d.h. eine für das Theater leicht oder kräftig durch Phantasie bearbeitete, Realität war. Besonders Hochhuth, Weiss und Kipphardt waren sehr angetan von Fakten, von Dokumenten, vom Authentischen, und verwandelten demnach eine dokumentierbare und dokumentierte Wirklichkeit in Szenen für das Theater.

Walser, der nie zu diesen Dokumentardramatikern zählte, war der erste dieser Generation, der eine neue Richtung ins westdeutsche Theater brachte. Seine ersten Stücke, *Der Abstecher* (uraufgeführt 1961) und *Eiche und Angora* (uraufgeführt 1962), brachten eine kritisch politisierte bundesdeutsche Gegenwart und eine aggressive Vergangenheitsbewältigung vor das Publikum. Man kann sich wohl fragen, warum die Stücke Walsers die weltweite Wirkung von Hochhuths *Stellvertreter* (1963), Weiss' *Marat/Sade* (1964) und *Die Ermittlung* (1965) oder Kipphardts *In der Sache J. Robert Oppenheimer* (1964) nicht erreichten, aber die Bedeutung dieser frühesten Walser-Stücke für die Entwicklung des zeitgenössischen deutschen Dramas sollte nicht unterschätzt werden. Es galt zu dieser Zeit nicht nur im deutschen Osten, was ein DDR-Kritiker über Walser schrieb: »Unter den Namen, die als erste ins Bewußtsein treten, wenn von kritisch-oppositionellen Strömungen in der westdeutschen Literatur die Rede ist, befindet sich unfehlbar der von Martin Walser« (Keisch 1966, S. 175).

Wir wissen, daß Walser nicht wenig Erfahrung mit Studentenbühnen und Hörspielen besaß, daß er viel mit Dialog-Literatur gearbeitet hatte. Es sollte also nicht verwundern, daß er diese Erfahrung in seinen neuen Werken fürs Theater verwendete. Man kann sogar Themen, Motive und Situationen aus seinen früheren Hörspielen in diesen Stücken wiederfinden, und es ist nicht zu übersehen, daß er Themen, Motive und Situationen aus den ersten Romanen für die Bühne überahm und überarbeitete.

Über die verschiedenen Gründe dafür, daß Walser sich zu diesem Zeitpunkt dem Theater zuwandte, gibt er in etlichen Aussagen Auskunft:

»Ich habe jahrelang Prosa geschrieben und in den kleinsten Schreibpausen immer wieder den Wunsch gehabt, einmal ein Theaterstück zu verfassen.

Nach der ›Halbzeit‹ raffte ich mich dann dazu auf und hatte großen Spaß daran, diese Kurzstreckigkeit, die das Theater verlangt, zu bewältigen« (Mennel Interview 1962, S. 18).

Zum anderen fühlte er sich gereizt und herausgefordert durch die vielen negativen Bemerkungen der Kritiker zum zeitgenössischen deutschen Drama: »... weil das Geklage, es gebe keine deutschen Stücke, auch einen Mehlsack zum Dramatiker machen muß« (zit. Waine 1978, S. 115). Nicht wenige Kritiker haben eine enge Beziehung zwischen dem zu dieser Zeit erwachten politischen Engagement Walsers und seinem neuen Interesse fürs Theater gesehen. Frank Trommler behauptete z.B.: »Walsers Hinwendung zum Theater ist nachdrücklich von diesem politischen Engagement motiviert« (Trommler 1980, S. 130). Walser selber bestätigte, es seien die Stoffe »zeitgeschichtlicher Art« gewesen, die ihn zum Drama hinzogen:

»Als ich mich mit diesen Stoffen ein bißchen beschäftigte, hatte ich das Empfinden, daß es sich dabei um Probleme handelte, die man besser im Dialog darstellen könnte als in der Prosa. Es sind Fragen der politischen Auseinandersetzung, und da empfiehlt es sich fast unmittelbar und ganz von selbst, daß man das als Dialog schreibt« (Sauter Interview 1982, S. 25).

Walser hat häufig die Meinung vertreten, man könne im Theater im Gegensatz zum Roman, in dieser öffentlichen Anstalt also, politisch direkter sein, d.h. unmittelbar politische Themen und Fragen behandeln. Monika Totten gegenüber erklärte er: »Ja, die öffentliche Situation des Theaters lädt natürlich ein, das auf der Bühne darzustellen, was nur gemeinsam, und zwar wirklich in physischer, psychischer, örtlicher, zeitlicher Gegenwärtigkeit diskutiert werden kann oder sollte« (Totten Interview 1981, S. 38). Den von ihm verstandenen Unterschied zwischen Theater und Roman beschrieb Walser so:

»Der Roman ist letzten Endes doch eine Unterhaltung mit sich selbst, nämlich mit meinen Kristleins; während der Dialog unmittelbar auf das Gesellschaftliche angewendet werden kann, weil er auch abends vor Leuten exekutiert werden muß, und die Sätze müssen sich hörbar in der Luft halten, diese Sätze müssen Anlaß sein für Schauspieler, sich zu bewegen« (Rudolph Interview 1971, S. 137).

Schließlich ist es auch der Wunsch, mit anderen kreativen Menschen etwas Gemeinsames zu machen, der ihn zum Theater treibt: »Die Unselbständigkeit des Theatertextes führt dazu, daß man mit anderen viel enger zusammenarbeitet als bei jeder anderen Schreiberei. Die Gesellschaft, in die man als Theater- oder Hörspielautor ge-

rät, ist eine Art Kur nach der total isolierenden Romanschreiberei«
(Kaes Interview 1984, S. 443).

Vom ersten Stück an unternimmt Walser eine echte Gratwande-
rung, weil er das traditionelle realistische Theater, gleichzeitig aber
auch das Theater des Absurden ablehnt. Er glaubt einerseits nicht
mehr an die Möglichkeit einer mimetischen Abbildung der Wirklichkeit, kann also nichts mit dem traditionellen oder auch dem sozialistischen Realismus anfangen. Er denkt aber andererseits zu historisch, zu
konkret gesellschaftlich, zu wenig zeitlos existentialistisch, als daß er
einem absurden Theater beipflichten kann. Er sucht etwas Neues:

»Die Wirklichkeit wimmelt nach wie vor von Fabeln, aber das sind keine
Dramafabeln mehr. Die Antinomien liegen nicht mehr auf der Straße. Die
gesellschaftlichen Brutalitäten sind auf eine Weise verfeinert, daß das Drama bei deren Abbildung zugrunde gehen muß. Also wird eine neue Abbildungsmethode nötig« (»Vom erwarteten Theater« in *Erfahrungen und Leseerfahrungen* 1965, S. 60).

Was er mit dieser neuen »Abbildungsmethode« im Sinne hat, hat
aber wenig mit dem Dokumentardrama zu tun; er schlägt vielmehr
einen erfundenen Stoff vor, der aber »deutlich Auskunft über die
Beziehung zur Wirklichkeit« geben kann (ebd., S. 60). Was er hier
theoretisch ausführt und mindestens in den Stücken *Eiche und Angora* und *Der schwarze Schwan* tatsächlich umsetzt, erinnert doch
ziemlich stark an Brecht. Noch 1974 schreibt Walser diesbezüglich:

»Beckett und Brecht – durch diese beiden wird das Mögliche vollkommen
deutlich. Beckett wird, ob er will oder nicht, zum Verewiger des Zustands,
zum Argument gegen die Veränderung, zur Absage an die Geschichte.
Brecht ist, auch da, wo er scheinbar folgenlos zelebriert wird, negative
Kraft, also aufklärerisch, also verändernd, also ein Mitarbeiter an dem größten Projekt, das Menschen haben können: an der Geschichte« (*Wer ist ein
Schriftsteller* 1974, S. 43).

Der DDR-Kritiker Ernst Schuhmacher beschreibt Walsers »Ringen
mit der Wirklichkeit« mit folgenden Sätzen, deutet aber auch damit
auf die in dieser Hinsicht ersichtliche Nähe zu Brecht:

»Walser hält also die direkte Abbildung von gesellschaftlich-geschichtlichen
Vorgängen für nicht mehr geeignet, das Wesen dieser Wirklichkeit zur Anschauung und zum Verständnis zu bringen. Der ›fürchterliche Stoff‹, den
die deutsche Wirklichkeit für den Dramatiker darstellt, würde auf diese
Weise gleichsam verharmlost. Der Dramatiker muß nach Anschauungsmit-
teln sinnen, um ihn ›auffällig‹ zu machen. Auffälligmachen ist bei Brecht
ein Synonym für den Begriff Verfremdung« (Schuhmacher 1963, S. 22).

Walser hat neben den Stücken, die wir hier besprechen, zwei weitere geschrieben. Sein Stück *Wir werden schon noch handeln* wurde 1968 unter dem Titel *Der schwarze Flügel* in Paris uraufgeführt. Es ist ein spielerischer Versuch, seine theoretischen Überlegungen zum zeitgemäßen Theater durch Rollenspielen auf die Bühne zu bringen. Es ist ein Schauspiel, in dem auf eine Handlung im traditionellen Sinne nicht nur verzichtet wird, sondern auch über diesen Verzicht ausführlich geredet wird: Es ist also als Metadrama zu bezeichnen. Sein 1961 geschriebenes Stück *Das Sofa*, eine Farce, wurde erst 1992 veröffentlicht und dann 1994 in Braunschweig uraufgeführt. Obwohl mindestens ein Kritiker meinte, das Stück verdiene weitere Inszenierungen (Cornelia Ueding in *Neue Züricher Zeitung*, 21. 4. 1994), waren die meisten Kritiken deutlich negativ. Den späteren Dramen Walsers ist unser Kapitel 6 gewidmet.

4.1 Der Abstecher

Trotz dieser in mancher Hinsicht deutlichen Nähe zu Brecht, schlägt Walser während der 60er Jahre eine Nachfolge aus, da er seine Stoffe nicht historisiert und da er der bundesdeutschen Wirklichkeit verbunden bleibt. Überdies scheint sein allererstes Stück, *Der Abstecher*, Beckett und dem Theater des Absurden mehr zu verdanken als Brecht und seinem politisch-epischen Theater. Aber schon hier ist der Versuch Walsers zu konstatieren, seine eigene Mischform zu realisieren. Das relativ kurze Stück besteht aus drei Teilen: einem Prolog, dem Hauptteil und einem Epilog. Prolog und Epilog bilden einen thematischen und dramatischen Rahmen für die eigentliche Bühnenhandlung des Hauptteils. Den Inhalt dieses Rahmens bilden Gespräche zwischen der Hauptfigur Hubert Meckel und seinem untertänigen Chauffeur Berthold. Besser gesagt: Inhalt bilden die Monologe Huberts, denn Berthold wagt es nicht, ein richtiger Gesprächspartner zu sein, er sagt fast leitmotivisch immer wieder nur: »Ich bin ganz Ihrer Meinung, Herr Direktor« (*Der Abstecher* S.9. Alle Zitate aus den in diesem Kapitel besprochenen Theaterstücken entstammen dem Band *Martin Walser Stücke*. Frankfurt 1987). Auf der Autobahn in der Nähe von Ulm, von einer Dienstreise zurückfahrend, entscheidet sich der erfolgreiche Geschäftsmann Hubert ganz spontan und nur zu seinem Vergnügen unangemeldet eine ehemalige Geliebte in Ulm aufzusuchen. Vor einigen Jahren ist diese Frieda von ihm schwanger geworden und, obwohl er die Kosten für eine Abtreibung aufbrachte, hat er sie gleich danach schmählich sitzen lassen. Er befiehlt Berthold, in die Stadt hineinzufahren.

Am Anfang des Hauptteils des Stückes findet er Frieda, inzwischen verheiratet, allein zu Hause. Sie reagiert auf sein überraschendes Auftauchen und seinen Flirt ziemlich heftig, tadelt ihn wegen der schlechten Behandlung, die sie von ihm erfahren und unter der sie sehr gelitten hat. Die ganze Stimmung bei der Wiederbegegnung ist ernster, als sich Hubert das vorgestellt hatte. Die Spannung steigt deutlich, nachdem der Mann von Frieda, Erich, von seiner Arbeit als Lokführer nach Hause kommt. Er ergreift sofort Partei für seine Frau, und die Lage wird rasch beängstigend für Hubert: Erich macht den Vorschlag, Hubert sollte wegen seines damaligen Vergehens an Frieda den Prozeß gemacht werden. Das Spiel verliert alle Heiterkeit und beginnt, grotesk und bedrohlich zu werden, als Erich und Frieda ihr Urteil fällen: Hubert sollte sterben. Sie binden ihn in einem Stuhl fest, zwingen ihn, die Füsse in einen Eimer voll Wasser zu stecken und machen weitere Vorbereitungen dazu, ihn mit einem Stromschlag zu töten.

Der kleinbürgerlich erzogene Erich zögert jedoch etwas und überlegt, daß sie vielleicht dem akzeptierten juristischen Verfahren bei diesem Todesurteil nicht genau folgen. Schwitzend, voller Angst und Entsetzen, erkennt Hubert mindestens teilweise seine Schuld, aber er nimmt die Gelegenheit dieses Zögerns wahr und fängt an zu reden. Durch seinen Redeschwall vermag er sogar etwas Erstaunliches zu bewirken: Erich beginnt sich mit Hubert zu identifizieren, und es bildet sich allmählich eine ›Männersolidarität‹ gegen Frieda. Der surrealistisch anmutende Prozeß wird aufgelöst, das Entsetzen und die Spannung auch, und der ›normale‹ Alltag stellt sich wieder ein. Hubert und Erich, fast verbrüdert, verlassen das Haus zusammen, um das nächste Gasthaus aufzusuchen.

Die surrealistische Stimmung des ›Prozesses‹ wird am Ende des Hauptteils durch die bittere Ironie der grotesken Männersolidarität ersetzt, die gegen die Frau gerichtet ist. Frieda, wütend und geschlagen, ruft ihnen sarkastisch nach: »Ihr gleicht euch wie zwei Chinesen« (ebd., S.40).

Hubert vermag Erich zu überzeugen, trotz der großen Klassenunterschiede und -interessen zwischen ihnen, die sehr deutlich im Laufe der Gespräche zutage kommen, daß er sich mit ihm verbünden sollte. Genau wie im Falle Anselm Kristlein, der sich später mit seinem »Gegentyp« Blomich identifizieren wird, identifiziert sich Erich, der gesellschaftlich Abhängige, mit diesem Ausbeuter seiner eigenen Frau. Durch das schöne Reden Huberts wird der Auflehnungsversuch gegen den »Zurichter« entschärft, und alles tritt in die bekannte Bahn zurück. Hubert darf seine Maske der großzügigen Freundlichkeit wieder aufsetzen.

Im Epilog wird das (ewig?) andauernde Monolog-Gespräch zwischen Hubert und Berthold, Herrn und Knecht also, im Auto fortgesetzt. Hubert kann jetzt das Erlebnis als Witz oder Gaudi abtun und in seine Wirtschaftswunderrealität zurückfahren. Aber auch im Epilog werden die sozialen Haltungen verdeutlicht, die durch beide Gruppen, Ausbeuter und Opfer, Chefs und Chauffeure, unterstützt werden.

Wo sich die Handlung aus der Alltagsrealität ins Groteske steigert, erinnert sie stark an das absurde Theater. Im Gegensatz zu diesem kehrt aber alles am Ende in die Alltagsrealität zurück. Durch den grotesk-surrealistischen Prozeß wird dem Vertreter der führenden Gesellschaftsschicht im Kapitalismus, dem Herrn Direktor, die Maske abgerissen; seine reine Ichbezogenheit und seine Bereitschaft, alle anderen auszubeuten, werden entlarvt. Daß solche Eigenschaften, daß diese kapitalistische Ethik, im privaten wie auch im öffentlichen Bereich Deformationen verursachen, wird im Stück unterstrichen: ein wiederkehrendes Hauptthema bei Walser. Aber auch in diesem Stück, das zwischen Entsetzen und Komik, tiefem Ernst und satirischem Humor wechselt, befand sich Walser zwischen, d.h. entfernt von, den kritischen Erwartungen, denen er wieder nicht gerecht werden konnte. Einige westdeutsche Kritiker fanden z.B. seine Kapitalismuskritik zu übertrieben, manche DDR-Kritiker dagegen zu pessimistisch und inkonsequent (vgl. André Müller 1961, S. 52).

Die stilistische Mischung, die Walser hier ausprobiert, mag aber trotzdem dazu beigetragen haben, daß das Stück zu einem relativ großen Theatererfolg wurde und daß es in den nächsten Jahren auf mehr als fünfzig Bühnen aufgeführt wurde. Gleichzeitig haben jedoch einige Rezensenten genau diese Mischung kritisiert. Joachim Kaiser bezeichnete die Uraufführung als ein »heitere(s), oft sehr geistreiche(s) Mißlingen«, ein Mißlingen als »Folge des abstrusen Mißverhältnisses zwischen dem Thema und seiner dramatischen Behandlung. Unerfindlich, warum allenthalben die Krücken des absurden Theaters benutzt werden mußten, um einem so wenig absurden Inhalt Gestalt zu verleihen« (Kaiser 1961, S. 90). Von einer positiveren, aber noch gespaltenen Reaktion des Uraufführungspublikums in den Münchener Kammerspielen berichtete Rudolf Goldschmitt: »Die einen mögen sich irritiert gefühlt haben durch Walsers Mischung von absurden Scherzen, Eheproblemen und sprachlichen Grotesk-Ornamenten ... Die anderen fanden wohl einfach das, was auf der Bühne geredet wurde, drollig erdacht und witzig formuliert« (Goldschmitt 1961, S. 92). Bei diesem Zeit-Kritiker begegnet man auch der uns schon bekannten Enttäuschung darüber, »daß bei Walser der Lust zum Fabulieren nicht immer die Kraft zum Konstruieren entspricht, daß die Disposition großer Formen nicht die gleiche Meisterschaft verrät wie der einzelne Einfall« (ebd., S. 93). Für ihn besteht nach dieser Aufführung immer noch die Frage, »ob Walser sich die Bühne wirklich erobern wird ...« (ebd., S. 94).

Walser zeigt auch im ersten Theaterstück, daß er mit seiner Thematik, die er doch ständig erweitert, konsequent bleibt: Eheproblematik, Deformation durch Abhängigkeit im privaten wie im öffentlichen Leben, Kapitalismuskritik – das sind alle Themen, die in den Hörspielen und in den Romanen *Ehen in Philippsburg* und *Halbzeit* schon vorkommen. Nur die Verpackung, der dramatisierte Stil also, ist hier neu. In einigen Kritiken zu verschiedenen Aufführungen vom *Abstecher* wurde auf die Ähnlichkeit der Herr-Knecht-Thematik im Stück zu Brechts *Puntila und sein Knecht Matti* hingewiesen, und man hat auch zu Recht eine Nähe zu den Dramen von Frisch und Dürrenmatt erwähnt: vor allem in der tragi-komischen Stimmung und in der Mischung von Realem und Absurden. Der Prozeß gegen Hubert erinnert sehr stark an den gegen Alfred Ill in Dürrenmatts *Besuch der alten Dame*, obwohl das Ergebnis bei Walser ganz anders, d.h. harmloser ist. Diese Ähnlichkeiten dürfen aber Zufälle des literarischen oder theatralischen Zeitgeistes sein und nicht das Resultat einer bewußten Übernahme. Was mit diesem ersten Stück Walsers deutlich wird, ist u.a. die Tatsache, daß er sich auf die Suche nach einem dramatischen Stil begeben hat, der neue Möglichkeiten der »Wirklichkeitsabbildung« anstrebt, nicht aber unbedingt nach neuen Themen. Ausführlichere Analysen des Dramas im Kontext des ganzen Walserschen Werkes als auch des deutschsprachigen Dramas der Zeit liefern z.B. Kautz; Riewoldt; Mennemeier; Buddecke; Greif; Mittenzwei.

4.2 *Eiche und Angora*

In Walsers zweitem Stück, *Eiche und Angora* (1962), wählte er wiederum ein Thema, das man schon aus den ersten beiden Romanen kennt, obwohl es dort eher an der Peripherie stand: die unmittelbare deutsche Vergangenheit im Dritten Reich und deren Folgen und Kontinuitäten in der bundesrepublikanischen Gegenwart. Wo er dieses Thema in den Romanen behandelte, zeigte er, wie diese unbequeme Vergangenheit von vielen (den meisten?) Bundesbürgern im Wirtschaftswunderland verschwiegen, ausgeklammert oder verdrängt wurde. Walser interessiert sich zu diesem Zeitpunkt sehr für die Art und Weise, wie die sogenannte ›Vergangenheitsbewältigung‹

betrieben oder aber vernachlässigt wird. Es ist die Zeit des für viele Deutsche beunruhigenden Prozesses gegen Eichmann in Jerusalem, der es schwer machte, die Hauptakteure des Schreckens zu verteufeln und sich dadurch zu distanzieren. Hannah Arendts heftig umstrittener aber überzeugender Bericht darüber, *Die Banalität des Bösen*, schien die Ausrede vieler Deutscher zu entkräften und in Zweifel darüber zu ziehen, daß Hitler und die höchsten Nazifunktionäre die alleinigen Täter gewesen seien und die deswegen die ganze Verantwortung und Schuld für das Schrecken tragen sollten. Die damaligen, sogenannten Auschwitz-Prozesse in Frankfurt a.M. führten ebenfalls zu dem wachsenden Bewußtsein, daß man in Deutschland noch sehr viel Vergangenheitsbewältigung zu leisten habe.

In seinem ersten Essay das Theater betreffend äußert sich Walser 1964 sehr deutlich zu der Notwendigkeit, dieses Thema literarisch zu bearbeiten. In diesem Essay, »Vom erwarteten Theater«, vertritt Walser folgende Meinung:

»Ein deutscher Autor hat heute ausschließlich mit Figuren zu handeln, die die Zeit von 33 bis 45 entweder verschweigen oder zum Ausdruck bringen. Die die deutsche Ost-West-Lage verschweigen oder zum Ausdruck bringen. Jeder Satz eines deutschen Autors, der von dieser geschichtlichen Wirklichkeit schweigt, verschweigt etwas« (1962, in: *Erfahrungen und Leseerfahrungen* 1965, S. 64).

Das erinnert deutlich an Brechts berühmte Äußerung während der Zeit des Dritten Reiches, ein Gedicht über Bäume in einer solchen Zeit verschweige etwas Fürchterliches.

Walser setzt sich in diesem Essay ferner mit einer Kritik auseinander, die jede Abweichung von den Kategorien des »absurden Theaters« einerseits oder des »realistischen Theaters« andererseits zum Mißerfolg verurteile:

»Aus eigener Erfahrung weiß ich, daß Kritiker einen Prozeß, der im Justizpalast um die Ecke nicht stattfinden könnte, bloß seiner Ungewöhnlichkeit wegen gern absurd oder wenigstens grotesk nennen ... Die Funktion der ins Unwirkliche katapultierten Fabel, damit sie aktiv werden kann für die Wirklichkeit, darauf kommt es an. Es genügt nicht, sie als absurd oder grotesk zu bezeichnen« (ebd., S. 63).

Und wiederum führt er aus, warum er eine andersartige Fabel im Dienst seiner Wirklichkeitsabbildung vorzieht: »Die freischwebende Fabel, dieser absurde Vogel, ist entstanden aus der Einsicht in die Unbrauchbarkeit überlieferter Abbildungsverhältnisse. Das aufklärerische Quantum des bürgerlichen Dramas wie des gleichnamigen Romans ist aufgezehrt« (ebd., S. 62). Walser plädiert jedoch nicht für eine lineare, chronologisch, psychologisch oder stilistisch ununterbrochene Handlung oder Fabel im Drama. Er schreibt einige Jahre später:

»Und jetzt muß man die mangelnde Gesamtform ersetzen durch pointillistische Mittel, so daß jede Szene wie für sich erscheint und nicht gehalten ist durch einen Fabelablauf, Parabelablauf. Jede Szene erledigt für sich einen gewissen Zusammenhang. Von Szene zu Szene führt also nicht der rotschwarze Fabelfaden; von Szene zu Szene werden nur Anlaß und Tendenz deutlicher, und der Ausdruck und die Deutlichkeit sollten zunehmen« (Rudolph Interview 1971, S. 138-139).

Der Einfluß Brechts ist bei solchen Formulierungen unübersehbar, aber auch die Entfernung von ihm. In Walsers Text »Vom erwarteten Theater« sind die Hauptelemente und Hauptschwierigkeiten der Walserschen Literaturtheorie und -strategie erkennen.

In dem abendfüllenden Theaterstück *Eiche und Angora* geht Walser sein Thema wesentlich direkter an, diesmal das Verschweigen und die Verdrängung der Verwicklungen der ›normalen‹ Deutschen in die Untaten der Nazizeit, als im *Abstecher*. Das Stück folgt der Hauptfigur Alois Grübel durch seine unglücklichen, weil zur falschen Zeit vollzogenen politischen Wandlungen. Die drei Teile des Stücks zeigen ihn und seine Umgebung in einer Kleinstadt im Schwarzwald, jeweils in den Jahren 1945, dann 1950 und schließlich 1960. Wir erfahren, daß der etwas einfältige Alois, weil er damals immer noch Kommunist war, von den Nazis in einen KZ geschickt worden war, wo er als medizinisches Versuchskaninchen kastriert wurde. Daraufhin wurde er auf grotesk-ironische Weise zum überzeugten Nationalsozialisten. Beim Anrücken der Alliierten gegen Ende des Krieges, nachdem die klägliche ›Heimatverteidigung‹ scheiterte, rettet Alois das Städtchen, indem er veranlaßt, daß die weißen Felle seiner Angorahasen in Fenster gehängt werden, als Zeichen der Kapitulation. Aber vorher versuchen seine Nachbarn, alle Zeichen ihrer nationalsozialistischen Haltung zu verstecken. Walser führt vor, wie diese Kleinbürger, die keine schlechten oder bösen Menschen sind, ihre Sprache und ihr Tun verändern, um sich auf die neuen Umstände umzustellen. Sie sind keine Nazi-Verbrecher, aber sie verkörpern, durch ihre frühere untertänige Anpassung an die Nazi-Herrschaft, durch ihre Leichtgläubigkeit und durch ihren kleinlichen Opportunismus, die »Banalität des Bösen«. Alois Grübel kann aber den notwendigen Wandel nicht so schnell vollziehen wie seine Nachbarn, und 1950 sind bei ihm noch Reste von nationalsozialistischem Gedankengut anzutreffen. Man hört zwar gern seine schöne, durch die Operation »gewonnene« hohe Stimme, aber er singt unklugerweise noch Gesänge aus dem Nazi-Liedgut. Vor seinem Gesangsverein hält er eine kleine Rede und gerät leider in Schwärmerei über den Geburtstag des Führers. Für seine Nachbarn und Bekannten aus Brezgenburg, die ihr Bestes tun, die Vergangenheit zu vertuschen und umzuschreiben, sind Alois' »Rückfälle« sehr peinlich, und sie liefern ihn an die Behörden, die ihn in eine Irrenanstalt, eine katholische Klinik, zur Heilung bringen. Hier wird er wieder ›umverwandelt‹, diesmal in einen gläubigen Anhänger und Befürworter der Freien Marktwirtschaft.

Im dritten Teil, jetzt schreibt man das Jahr 1960, sind Alois und seine Frau in einem Schwarzwaldhöhenrestaurant angestellt, wo er auch seinem Hobby nachgeht: er züchtet immer noch Angorahasen, denen er jüdische Namen gibt. Dieses Hobby betreibt er schon seit seiner Zeit im KZ. Gerade vor einem großen Sängerfest im Restaurant klagen die Gäste wieder über Alois, dieses Mal weil sie sich wegen seiner »unechten« hohen Stimme genieren: sie erinnert zu stark an »die unmenschlichen Jahre« (*Eiche und Angora*, S.130), die sie alle lieber vergessen wollen. Alois erkennt, daß er unter diesen Umständen nicht mitsingen darf. Zur Vorbereitung für das Sängerfest hatte Alois aber seine Hasen getötet, weil man ihn überzeugt hatte, der Hasengeruch würde alle Gäste ekeln. Während des Festes kommt es schließlich zu seinem dritten »Rückfall«, als er blutige Angorafelle an die Fahnen der verschiedenen Gesangvereine hängt; aber zum ersten Mal findet dieser »Rückfall« vielleicht bewußt statt. Alois wird wieder in die katholische Klinik abgeschoben, und seine Frau kommt in eine Anstalt für Alkoholiker.

Grübel ist eine traurige Gestalt, machtlos und leicht manipulierbar, durch die verschiedenen politischen Ideologien und durch Menschen, die stärker sind als er und die wissen, wie man andere ausbeutet und zu Untertanen macht. Seine politischen Haltungen und Äußerungen, die er zur falschen Zeit vertritt oder zum Ausdruck bringt, legt nahe, daß die politische Wandlung vieler Bundesbürger nur eine vorgetäuschte sei. Walser scheint das zu suggerieren, indem er um Alois Menschen darstellt, die sich nicht wesentlich verändert haben; die sich aber viel besser als der einfältige Alois an die jeweiligen politischen und gesellschaftlichen Umstände anzupassen und ihr Verhalten, ihre Erscheinung und ihre Sprache dementsprechend umgestalten können.

1975 bezeichnete der Kritiker F.N. Mennemeier in seinem Buch über das moderne deutsche Drama Walsers *Eiche und Angora* als »einer der interessantesten Versuche, das deutsche Nachkriegsphänomen Restauration auf der Bühne zu behandeln« (Mennemeier 1975, S. 275). Von der Uraufführung im Berliner Schillertheater berichteten manche Kritiker mit großer Begeisterung. Hellmuth Karasek rühmte Walsers zweites Bühnenwerk, weil es eine Reihe nationaler Mythen durchbreche und die enge Beziehung der bundesdeutschen Gegenwart zur nationalsozialistischen Vergangenheit auf eine nicht leicht zu leugnende Weise entlarve:

»*Eiche und Angora* ist das erste Stück, das mit der Tatsache rechnet, daß KZ-Ärzte gleichzeitig experimentierten oder vergasten und bei »Wer hat dich du schöner Wald« in Tränen ausbrachen. Oder – daß Himmler nicht nur Millionen in den Tod schickten, sondern auch eine Schwäche für Heilkräuter hatte. In Walsers Stück kommt das »Dritte Reich« nicht mehr als eine Art Naturkatastrophe, alles fügt sich auf dem Weg des geringsten Widerstandes. Die Satire kommt ohne den schwarzen Mann aus, sie kann sich mit der Wirklichkeit begnügen« (Karasek 1962, S. 97-98).

Walser bringe mit diesem Stück, so Karasek weiter, die provozierenden aber wichtigen Einsichten von Hannah Arendt auf die Bühne, verbiete es dadurch den Zuschauern, der Verstrickung in die Schuld durch eine Verteufelung der ›großen‹ Täter zu entkommen oder sich durch ihre fleißige Beschäftigung mit der Gegenwart von der unmittelbaren Vergangenheit auf gemütliche Weise zu distanzieren:

»Hier wurde mit dem Entsetzen Scherz getrieben, die Nazis, die auftraten, hatten wenig Ähnlichkeit mit Frankenstein, waren vielmehr persiflierter nationaler Durchschnitt, niemand forderte tragische Entscheidungen auf die Bühne, kurzum: deutsches Schicksal wurde nicht als Götterdämmerung, sondern als schäbiger Schwank vorgeführt ... *Eiche und Angora* duldet keine nationale Dämonie« (ebd., S. 97).

Obwohl Karasek nicht ganz überzeugt war, daß Walser alle Strukturprobleme des Stückes gelöst hätte (er meint sogar, »es schießt ins erzählerische Unkraut«, ebd., S. 100), behauptete er: »Das neue Thema, das hier dem Theater gewonnen wird, ›erledigt‹ Dutzende von Nachkriegsstücken. Die Satire gewinnt eine Schärfe, wie sie seit Brechts Stücken nicht mehr zu hören war« (ebd., S. 99).

Der Theaterkritiker Johannes Jacobi würdigte *Eiche und Angora* als »Walsers erster großer Versuch« auf dem Theater, war aber noch weniger überzeugt vom Gesamtkonzept als Karasek:

»Bei der Durchführung seiner Figuren, die nur zeitliche Weiterführung bedeutet, ruft Walser die dramaturgischen Ahnen des Naturalismus von Gerhart Hauptmann bis Carl Zuckmayer zu Hilfe. Es entsteht aber keine Chronik wie *Die Weber*, auch kein deutsches Märchen wie *Der Hauptmann von Köpenick*. Der dialogisierende Epiker setzt immer von neuem an, sagt alles drei- bis fünfmal und findet doch nicht die Formel für fünfzehn Nachkriegsjahre, so nahe er manchmal auch dran ist« (Jacobi 1962, S. 103).

Jacobi schreibt weiter, das Stück leide daran, daß Walser alles zu sehr auf die Anti-Schwejk-Hauptfigur Alois Grübel setze, wobei die anderen Figuren zu flach und ziemlich uninteressant würden.

Das Uraufführungspublikum schien wie beim *Abstecher* ein Jahr früher in München gespaltener Meinung über das Stück zu sein. Diesmal war es jedoch vermutlich nicht der Stil, der zu einigen Buhrufen führte, sondern das unangenehme Gefühl des Angegriffenseins (vgl. Karasek, Jacobi usw.). In der DDR sah man das alles natürlich ganz anders: Ernst Schuhmacher, hier stellvertretend für die DDR-Kritiker, freute sich, selbstverständlich z.T. aus erkennbaren ideologischen Gründen, über jede Entlarvung der andauernden »faschistischen Tendenzen« in der BRD. Er schloß seine Kritik mit folgender Bemerkung ab: »Das Bild, das Walser von der restaurierten Gesellschaft der Bundesrepublik entwirft, ist von einer bösen Wahrhaftigkeit. Nur die wahrhafte Bosheit wird von einer Verzerrung sprechen« (Schuhmacher 1962, S. 106). Ob diese Beurteilung richtig war oder nicht sei dahingestellt, jedenfalls stieg Walsers Popularität im Osten nach diesem Stück bemerkbar an.

In den Abhandlungen und Analysen zu diesem Stück aus späteren Jahren weist man häufig auf Ähnlichkeiten zwischen Alois und Schwejk hin, obwohl mit verkehrtem Vorzeichen, oder zwischen Alois und Woyzeck. Dies mag aber das Resultat einer geistig-politischen Verwandtschaft sein – Walsers mit Brecht und Büchner – und weniger die Übernahme eines Modells bedeuten. In seinen Ausführungen zum Stück hebt Anthony Waine das Thema der Klassenunterschiede hervor, die sich in den militärischen, später in der gesellschaftlichen Rangordnung und auch in der Sprache der verschiedenen Gestalten zeigt. Alois ist fast der ideale Untertan – er ist ja sogar kastriert –, der sich seinem Vorgesetzten, dem Kreisleiter und späterem Restaurantinhaber Gorbach, so verbunden fühlt und, zumindest bis kurz vor dem Ende, gehorsam bleibt. Es zeigt sich in diesem Herr-Knecht Verhältnis bei Walser noch einmal die noch nicht überwundene Kluft zwischen dem Feudalismus und der angehenden Demokratie. Die Möglichkeit, daß sich Alois am Ende doch vielleicht auflehnt, zurückschlägt, egal mit welchem Ergebnis, darf als Zeichen der Hoffnung gelten, daß seine Situation veränderbar wäre. Diesbezüglich meint Wolfgang Böth:

»Der dritte Rückfall ist daher ein geplanter und selbstbewußter Rückfall, der das zum Vorschein bringt, was an Selbstbewußtsein im Vergleich zum gebilligten und angepaßten Bewußtsein überschießt. Daher ist dieser Rückfall ein Akt der Befreiung und des Widerstandes gegen die von Gorbach und Helfershelfern gefälschte und vernebelte Wirklichkeit der Tradition und der Gegenwart« (Böth 1983, S. 136).

Waine betont auch zu Recht das Ende des Stückes, wo die Handlung – und die dahinter stehende deutsche Geschichte – zum Stillstand kommt: alles bleibt ziemlich beim Alten, nur die Uniformen, die beruflichen Positionen, die Sprache, aber nicht die Menschen, haben sich wirklich verändert. Aus der Entfernung einiger Jahre kommt Waine zu dem Schluß, daß Walser mit diesem Theaterstück, dem ersten in einer geplanten aber nur zu zweidrittel ausgeführten Trilogie mit dem Untertitel »Eine deutsche Chronik«, einen echten Erfolg verbucht hat: »In *Eiche und Angora* gelingt Walser, was in *Der Abstecher* nicht ganz geglückt war: die vollkommene Verschmelzung von Tragik und Komik« (ebd., S. 142). Auch Böth bietet eine positive Beurteilung des Stückes an:

»Walser zeigt keine Helden, kein tragisches Untergehen, sondern die Bedingungen des Bewußtseins in der Gesellschaft. Hierbei konzentriert er in *Eiche und Angora* sein Augenmerk auf die historische Wirklichkeit der BRD und stellt jener in den sechziger Jahren umgehenden Formel der unbewältigten Vergangenheit einen Bewußtseinsprozeß gegenüber, der das Hier und Jetzt als uneingelöste Gegenwart erfahren läßt« (Böth 1983, S. 139).

Zusätzlich zu der positiven Beurteilung des Stückes am Anfang der 60er Jahre bekam Walser für *Eiche und Angora* den Gerhart-Hauptmann-Preis verliehen. Das Stück wurde in den nächsten Monaten und Jahren häufig inszeniert, an vielen Bühnen in Deutschland Ost und West aber auch in Wien, Zürich, Edinburgh, Paris und Rotterdam.

Nicht alle späteren Literaturwissenschaftler hielten das Stück jedoch für gänzlich gelungen. Obgleich kein zeitgenössischer Dramatiker in seinen Augen den Vergleich mit dem hochgeschätzten Meister des epischen Theaters, Brecht, bestehen könnte, und trotz seines Lobes für manche Züge dieses Walserschen Theaterspiels, kommt Rainer Taëni z.B. zum folgenden Schluß: »So muß Walsers Werk letztlich als dem epischen eng verwandtes, doch im Grunde fehlgeschlagenes Theater erscheinen« (Taëni 1968, S. 88). Solch ein Urteil entstammt der Überzeugung, die Taëni mit einigen anderen Kritikern in bezug auf Walser teilt, daß seine Stücke gar nicht gelingen können, weil sie zu viel Neues versuchen, weil sie die vorgeschriebenen Erwartungen (hier: des Brechtschen epischen Theaters) nicht erfüllen. Bei Taëni liest man auch weiter eine schon oft ausgesprochene Kritik der Werke Walsers:

»Es scheint ... als suche Walser die seinem Werk fehlende Realität durch eine Überbetonung des Sprachlichen auszugleichen. Dem Theater, nicht nur in der epischen oder traditionell dramatischen, sondern in überhaupt jeder seiner möglichen Formen, bleibt ein solches Bestreben immer unangemessen« (ebd., S. 95).

Eiche und Angora ist das erste deutsche Theaterstück, das »den Blick auf die Kontinuitäten zwischen NS-Vergangenheit und westdeutscher Gegenwart« (Trommler 1980, S. 132) lenkt. Als solches ist es der unmittelbare Vorgänger von so verschiedener Schauspiele wie Hochhuths *Stellvertreter*, Weiss, *Die Ermittlung* und Kipphardts *Bruder Eichmann*. Das allein wäre als große Leistung und als wichtiger Beitrag zum deutschsprachigen Theater der Nachkriegszeit zu bewerten.

4.3 Überlebensgroß Herr Krott

Walsers drittes Stück, das zur Aufführung gelangt, bringt eine sehr direkte Satire auf den Spätkapitalismus auf die Bühne. *Überlebensgroß Herr Krott*, mit dem Untertitel »Requiem für einen Unsterblichen«, richtet sich nicht nur gegen den Kapitalisten, sondern auch gegen all diejenigen, die ihm dienen, die ihm untertänig sind, die ihn unterhalten, im doppelten Sinn des Wortes. Walsers Kritik gilt auch der Arbeiterbewegung, hier vertreten durch den Gewerkschaftsfunktionär Strick, weil auch sie es nicht fertig bringt, den Kapitalismus zu erledigen und ihn durch etwas Menschlicheres zu ersetzen. Die Hauptfiguren im Stück, Krott, seine Frau, seine Schwägerin – die gleichzeitig seine Geliebte ist – und der Kellner Ludwig sind alle hochstilisierte Gestalten, Kunstfiguren also, die keiner Realität entstammen, sondern diese höchstens allegorisch repräsentieren. Sie erinnern sehr stark an die verwandten, erstarrten Kunstfiguren aus den frühen Geschichten »Der Umzug« oder »Die letzte Matinee« etwa. Die stillstehende Handlung spielt in und vor einem etwas surrealistischen Alpenhotel, wo der superreiche Großunternehmer Krott ungeduldig aber vergeblich auf sein Sterben wartet.

Dieses »Anti-Drama« (Waine 1980, S. 143) kehrt auch am Ende dorthin zurück, wo es anfängt, weist also die kreisartige Struktur auf, die zu einer Art Kennzeichen der Walserschen Werke wird. In der Schlußszene werden Krott und den zwei Damen auf der Terrasse Frühstück serviert, genau wie in der Anfangsszene. Nichts hat sich verändert. Oder doch: auf der Terrasse liegen die Särge, die Krott dort ansammelt, von den Bergsteigern, z.B., die zum Vergnügen der Hotelgäste und vor ihren Augen verunglücken und abstürzen, aber nicht der Sarg von Krott. Wir sehen im Stück, wie Krott und seine kleine Gesellschaft ohne jede Lust ihren erstarrten Ritualen nachgehen. Krott ist seit langem zur Einsicht gekommen, daß er niemandem mehr nützt und daß er sich überlebt hat. Er wartet auf jemanden, der ihn umbringt, aber es kommt niemand. Fast alle Nebenfiguren sind von Krott und dem *status quo* abhängig oder meinen es zu sein. Sie sind nicht an Veränderungen interessiert oder am Tod Krotts. Sie unterstützen und verteidigen treu und bieder den Kapitalisten, der sie zu Knechten macht. Auch die ›natürliche‹ Opposition ist keine echte mehr, da sie schließlich mit den Kapitalisten, trotz mancher Rhetorik, kooperiert. Der Gewerkschaftsführer Strick gelangt auf die Terrasse, erhält sogar eine Pistole, aber auch er macht vor Krott den Kotau und verschwindet, ohne ihn zu töten.

Das Stück erzielte bei und nach der Uraufführung wenig Begeisterung aber heftige Kritik. Rolf Michaelis beurteilte: »Herr Walser schießt ins Blaue« (Michaelis 1963); Ingrid Kreuzer bemängelte den »Selbstwiderspruch« und die »Selbstauflösung« dieses »Nestroyanische(n) Pferd(es)« (Kreuzer 1963); Clara Menck fand das Stück unzeitgemäß mit seiner für ihren Geschmack zu einfachen Kapitalismuskritik; und Helmut Heißenbüttel konnte die Figur Krott nur als eine Art Selbstparodie oder Selbstporträt des Autors verstehen. Menck vertrat die Ansicht, die Kritik im Stück hätte besser zum Kapitalismus der 20er Jahre gepaßt als zu dem der 60er, und sie nahm weiter Anstoß daran, daß Walser weder der Anleihe beim absurden Theater und Beckett noch bei Brecht konsequent gerecht werde. Zum Vergleich mit Brecht bemerkte sie z.B.: »Brecht schrieb aus einer bestimmten, auf das Jahr zu bestimmenden Situation. Hier aber wird munter fortgebrechtelt, so als ob einem nicht ganz andere Dinge auf den Nägeln brennten als der altgewordene Herr Puntila, der ewige Wirtschaftsautokrat« (Menck 1963). Und Heißenbüttels Bemerkungen kommen einem Verriß nahe. Er meinte u.a., die Kapitalismuskritik im Stück sei überholt:

»Das Zeremoniell verkörpert die Langeweile und Lebensangst der kapitalistischen Gesellschaft? Leidet sie nicht eher unter allzu großer Betriebsamkeit? Das Frühstück verkörpert das Schlemmertum dieser Gesellschaft? Ist das nicht altmodischer Simplizissimus und längst überholt durch Witze von Vitaminpillen und Fachingerorgien?« (Heißenbüttel 1963).

Ingrid Kreuzer war weder von der Analyse noch von der allegorischen Repräsentation des Spätkapitalismus überzeugt und behauptete, »Walsers Tendenz läuft leer wie Krott« (Kreuzer 1964, in *Über Martin Walser*, S. 119). Sie fand weiter, das Stück leide daran, daß das Objekt der Walserschen Kritik so »entaktualisiert« sei und daß

die von Walser bevorzugte Methode des »permanenten Kreisens«
hier Langeweile auslöse. Was sie aber letzten Endes noch mehr störte, war ihr Eindruck, daß Walser, der »ein starkes und redliches Talent« sei, »sich hier auf ein Spiel mit Spiegelungen beschränkt, die
das angezielte Phänomen so ins Groteske ›verfremden‹, daß es sich
wirklich fremd und jedermann gleichgültig wird« (ebd., S. 120-
121). Weitere Kommentatoren bemängelten, daß sich das Stück allzu weit von der Realität entferne, z.B. Jörg Wehmeier:

»Wenn sie (die Figur Krott) auch eine ganze Reihe von realistischen Merk-
malen aufweist, so ist sie doch eine Abstraktion, eine überzogene Figur, deren karikaturistische und kabarettistische Züge, deren absurde Äußerungen
und Handlungen ihr die Glaubwürdigkeit entziehen ... Das Einfließen von
Elementen des absurden und grotesken Theaters nimmt der realistischen
Fabel die Schlagkraft (Wehmeier 1964, in: *Über Martin Walser*, S. 113).

Auch wenn der DDR-Kritiker Werner Mittenzwei die politische
Tendenz des Stückes zu rühmen wußte, mußte er Walsers theatrali-
sche Methode hier ablehnen (vgl. Mittenzwei 1964, S. 894 ff.). Das
Interesse an diesem Stück bleibt bei den Literaturwissenschaftlern in
späteren Jahren auch gering, und neue Inszenierungen vom *Überlebensgroß Herr Krott* sind sehr selten unternommen worden.

4.4 Der schwarze Schwan

Walsers zweites Stück in der geplanten Trilogie »Eine deutsche
Chronik«, nach *Eiche und Angora*, wurde 1964 in Stuttgart uraufgeführt. *Der schwarze Schwan* greift die Thematik der Vergangenheits-
verdrängung wieder auf, erweitert den Themenkreis jedoch, indem
er die Frage der Schuld in den Mittelpunkt rückt und diese dann in
bezug auf ihre Wirkung auf die nächste Generation untersucht.
Walser schreibt das Stück zu einer Zeit, als die erste Nachkriegsge-
neration, die 1945 entweder sehr jung oder noch nicht geboren war,
heranwächst und anfängt, unbequeme Fragen zu stellen. Der Titel
eines Buches von Heinrich Böll – *Wo warst du, Adam?* – darf als
Gretchen-Frage dieser damaligen jungen Generation gelten. Weil ihr
in Schule und zu Hause sehr viel verschwiegen wurde, fingen sie in
diesem kritischen Alter an, ihre Eltern und Großelten über die Vergangenheit zu befragen, und da ihnen häufig eine Antwort verweigert wurde, entstand eine Kluft zwischen den Generationen, die
während der späten 60er Jahre zu einem echten Generationskampf
ausarten wird.

1964 war diese Generation junger Menschen noch ziemlich ideologiefrei, wurde immer kritischer und wollte immer genauer wissen, was in Deutschland zwischen 1933 und 1945 stattgefunden hat und welche Rollen darin, ihre Eltern und Großeltern, Lehrer und Professoren, die Politiker und Industriellen dabei gespielt haben mögen. Trotz des Wirtschaftswunders, trotz wachsenden Wohlstands und trotz der Tatsache, daß sie 1945 nicht dabei waren, empfanden diese jungen Leute nicht selten, daß sie auch als Deutsche, als Kinder ihrer Eltern, in den schrecklichen Taten und Ereignissen des Dritten Reiches verwickelt waren; es lastete auf ihnen eine Art Erbsünde, mit der sie sich jetzt psychisch und gesellschaftlich auseinandersetzen mußten.

Walser schreibt das Stück vor dem Hintergrund der Frankfurter Auschwitz-Prozesse, die vielen Deutschen deutlich machten, daß sie sich den Fragen der Verantwortung und der Schuld noch stellen mußten: ihre Vergangenheit war bei weitem noch nicht ›bewältigt‹. Direkter Anlaß dürfte auch der Fall von vier KZ-Ärzten gewesen sein, von denen zwei den Selbstmord einem Prozeß vorgezogen hatten (vgl. Müller in: *Über Martin Walser* 1970, S. 133).

Die Handlung des Stücks, und hier darf man noch mehr als bei den vorangegangenen Stücken von einer Handlung reden, spielt sich in einer Nervenheilanstalt ab, die von dem ehemaligen KZ-Arzt Leibniz, der sich aber jetzt bemerkenswerterweise Liberé nennt, geleitet wird. Der Strafe und gar der Entdeckung nach dem Kriegsende entkommen, hat sich Leibniz/Liberé aus zweierlei Gründen in diese Anstalt zurückgezogen: erstens, um dort ganz privat seine Schuld für die im KZ ausgeführten medizinischen Experimente an Häftlingen zu verbüßen; und zweitens, um in Verborgenheit, die Lüge eines – erfundenen – Lebens in der Vergangenheit in Indien, weit vom Dritten Reich, für sich und seine Familie aufrechterhalten zu können. Diese schizophrene Art, sich seiner wirklichen Vergangenheit zu entledigen und für diese auch zu büßen, scheint für Walser repräsentativ zu sein für viele Deutsche und für die bundesdeutsche Gesellschaft im allgemeinen.

Soweit der Hintergrund der Handlung, die mit der Einlieferung des 18jährigen Rudi Gootheins in die Anstalt beginnt. Sein Vater, der auch Rudi Goothein heißt und der Arzt und Mitarbeiter von Leibniz/Liberé im selben KZ war, bringt seinen Sohn in die Anstalt, weil dieser der Wahnidee verfallen ist, er wäre selber bei der SS gewesen und müßte jetzt deshalb vors Gericht. Der Vater hofft darauf, daß sein ehemaliger Kollege ihn heilen kann. Es wird nie ganz klar, inwieweit Rudi verrückt spielt oder tatsächlich verrückt ist, denn er kann doch bewußt und gezielt handeln. Monate früher hat er in einem alten Buch einen Brief aus dem Jahr 1942 entdeckt, der an die Verwaltung eines KZs adressiert und von »Rudi Goothein« unterschrieben war. Der Inhalt des Briefes macht den Unterzeichneten deutlich zum Komplizen des organisierten Todes von unzähligen Häftlingen. Diese Einsicht erschüttert den Sohn, der sich mit der Möglichkeit konfrontiert sieht, er hätte wahrscheinlich dasselbe getan wie sein Vater, wäre er dort gewesen: »Könnte ich's gewesen sein? ... Wer nicht hier war zu der Zeit, weiß nicht, wozu er imstand gewesen wäre« (*Der schwarze Schwan*, S. 226). Von dort ist es dann nur ein Schritt weiter, zu glauben, man wäre tatsächlich der Rudi Goothein, der den Brief unterzeichnet und dadurch so viel Schuld auf sich gezogen hat: »Was ein Vater tut, das hätte der Sohn getan« (ebd., S. 265).

Auf jeden Fall ist der junge Rudi von dieser Möglichkeit besessen und kann nicht mehr in Schule oder im Alltag funktionieren. Seine ständig ausgesprochene Behauptung, er wäre bei der SS gewesen, bietet den Anlaß zur Einlieferung in die Anstalt. Rudis Vater hatte nach dem Krieg drei Jahre für seine Mittäterschaft im Gefängnis gesessen, und seitdem scheint die Sache für ihn erledigt, die Schuld und Verantwortung getilgt zu sein. Nach seiner Entlassung hat er auch kein weiteres Wort darüber verloren. Obwohl Rudi seinem Vater sehr nahe steht und diesen mit dem Brief nicht direkt konfrontieren kann, will er dies nicht einfach hinnehmen.

In der Anstalt, wobei eine Ähnlichkeit zum Weißschen *Marat/Sade* Stück aus demselben Jahr unübersehbar ist, will Rudi Liberé und seinen Vater durch eine dramatische Aufführung zum Bekenntnis zwingen. Dafür hat er Liberés Tochter Irm, mit der er im KZ als Kind gespielt hat, und die sich in ihn jetzt verliebt hat (weil er die Wahrheit vertritt?), (halb) gewonnen. Zusammen mit einigen wahnsinnigen Patienten führt er eine Art Erinnyen-Stück-im-Stück auf, in dem er den zwei ehemaligen KZ-Ärzten einen Spiegel vorhält. Sie reagieren betroffen darauf, sind aber nicht bereit, irgendetwas in ihrem Leben zu ändern. Rudi erschießt sich, vermutlich, weil er wegen eines fehlenden Schuldbekenntnisses seines Vaters (wie auch Liberés) und ihrer »Unfähigkeit zu trauern« (vgl. Mitscherlich: *Unfähigkeit zu trauern* 1967) keine Zukunft für sich sieht; Irm flieht mit ihrer Mutter, die mit der Lebenslüge ihres Mannes nicht weiter leben will, in die Stadt.

Hellmuth Karasek, der das Stück recht positiv rezipierte, bezeichnete es als »ein Stück um die nationale Amnesie« und schrieb, *Der schwarze Schwan* handle von der Kluft zwischen der bewältigten Vergangenheit als offizielles Programm und der »Gedächtnis-Willfährigkeit der ... mit [diesem] Programm Berieselten« (Karasek

1964). Er hält es Walser zu Gute, daß dieser im Stück zeigt, Auschwitz sei »nicht mit Dämonie beizukommen«: »Schuld wird nicht als distanziertes, schauererregendes Schauspiel abgehandelt, sondern als ständig lauernde Möglichkeit« (ebd.). Wie in den Romanen sieht Walser auch in diesem Stück eine enge Verbindung zwischen Wirtschaftswunder einerseits und Amnesie andererseits: denn Wiederaufbau und Wirtschaftswunder werden in diesen Werken häufig als Mittel und Versuchung zur Geschichtsvergessenheit und Geschichtsfälschung entlarvt. Man ist zu sehr beschäftigt, man lebt zu sehr in der aufregenden und fortschrittlichen Gegenwart, als daß man auch Zeit – oder Lust – hätte, sich auch noch mit der Vergangenheit zu beschäftigen.

Die Rezeption des Stückes nach der Uraufführung und den weiteren Aufführungen in Ost und West war weitgehend gemischt. Wie Ernst Wendt 1964 resümierte: »Das Stück hat ... Betroffenheit, Verwirrung, Ratlosigkeit hinterlassen« (Wendt in: *Über Martin Walser* 1970, S. 123). Er berichtete weiter, das Stück erschien den meisten Kritikern als bühnenwirksames Drama problematisch, aber »die Unerbittlichkeit, mit der Walser sein ›Thema‹ umkreist, die Ernsthaftigkeit, mit der er es von allen denkbaren Aspekten her ›durchspielt‹, und schließlich die schamvolle Beklemmung, die der *Schwarze Schwan* auslöst – das ist doch durchweg anerkennend vermerkt worden« (ebd., S. 123). Die Kritiker bemäkelten immer wieder stilistische und dramatische Schwächen, wie etwa in der Behauptung André Müllers, Walser könne »keine Fabel organisieren. Er kann nicht szenisch umsetzen. Seine Personen reden und reden. Sie erzählen von Ereignissen und Vorgängen, aber sie stellen sie nicht dar« (Müller 1964, S. 25). Joachim Kaiser schrieb in seiner Theaterkritik, es komme im gelungenen Theaterstück darauf an, »ob der Autor erfolgreich den Versuch macht, dem Bühnenplot auch Bühnenlebendigkeit zu verleihen. Da bleibt Walser passiv« (Kaiser in: *Über Martin Walser* 1970, S. 130).

Einige Jahre später, im Gespräch mit W.J. Schwarz, scheint Walser diesen Kritikern, zumindest in bezug auf dieses Stück, recht zu geben. Auf die Frage, welches er als sein mißlungenstes Werk betrachte, antwortete er:

»*Der schwarze Schwan* ist mein schlechtestes Stück. Das Problem lag vor, ich habe lediglich eine Verschärfung der Bewußtseinslage versucht. Beim Schreiben war schon alles klar. Das ist aber der Weg des Wissenschaftlers, während für den Autor das Schreiben ein Mittel ist, die Realität erkennen zu können. Andernfalls schreibt man schon besser einen Vortrag« (Schwarz Interview 1970, in: Schwarz 1977, S. 74).

Den damaligen Kritikern jedoch schien das Stück inhaltlich zumindest sehr wichtig. Kaiser z.B. schrieb:

»Die Stärke dieses mißlungenen Theaterstückes liegt anderswo. Nicht Gefühle, Vorgänge, Schicksalsentwicklungen vermag Walser in Wortleibhaftigkeit zu übersetzen – wohl aber Attitüden, Auswege, falsche Reue. Dinge, die der Inhalt eines grandiosen Essays sein könnten, gewinnen, wenn Walser sie dialogisierend niederschreibt, wenn er sie in den Ozean seiner Metaphern versenkt, plötzlich eine erhabene Konkretion« (Kaiser in: *Über Martin Walser* 1970, S. 130-131).

Die Kritiker lobten an dem Stück, daß Walser etwas Wichtiges wagt, was trotz aller dramatischen Schwächen, Betroffenheit auszulösen vermag und zur Bewußtseinsentwicklung verhilft. Ernst Wendt stellt diese Qualität des Stücks am deutlichsten dar, indem er eine Art Gebrauchsanweisung liefert:

»Man muß sich, denke ich, diesem Stück persönlich stellen. Man muß sich – will man seine Qualitäten bemessen – von ihm verletzen lassen, man muß eintauchen in die Bedrückungen, die es heraufwirbelt, und sich getrost auch umstellen lassen von den schlimmen Bildern, die es beschwört. Denn was wiegt, sind – meine ich – zuallererst jene über das Stück hin verteilten Augenblicke, in denen Schuld und Gewissen und die Verstrickung unser aller Gegenwart mit jener >Vergangenheit< sich unausweichlich konkretisieren« (Wendt in: *Über Martin Walser* 1970, S. 124).

Spätere Kommentare und Analysen des Stücks greifen andere Themen auf. Hans-Jürgen Greif kritisiert, daß dieses Stück Typen und nicht Menschen vorführt; daß die Gestalten deshalb »unwirklich, hölzern und marionettenhaft« blieben; und daß alle zu »reflektiert« reden und also »für die Bühne ungeeignet« seien (Greif 1973, S. 19). Rainer Taëni findet, daß zu viel im Stück »unglaubwürdig« sei, daß Rudi »keineswegs überzeugend als individuelle Persönlichkeit entwickelt« werde. Er kritisiert an dem Stück ferner, daß Walser keinen echten Konflikt zwischen Vater und Sohn entstehen lasse und dadurch das dramatische Potential des Werkes verringere. Was sein Urteil zum Stück jedoch am meisten bestimmt, ist einerseits die Erwartung eines psychologischen Realismus, die er dem Werk entgegenbringt, die aber nicht erfüllt wird; andererseits beurteilt er Walsers Drama mit den Maßstäben eines Brechtkenners und -liebhabers, und er vermißt folglich das Brechtsche Epische, das seiner Ansicht nach die einzige Möglichkeit wäre, dieser heiklen Thematik beizukommen.

In einem interessanten und provokativen Aufsatz aus dem Jahr 1980 hat Werner Brändle die These vertreten, daß Walser sein

Theater als Falle für die Kritik konzipiert habe und daß er »das Theater als Falle« mit dem *Schwarzen Schwan* »in gelungener Weise inszeniert« habe (Brändle 1980, S. 192). Er schreibt z.b., daß, weil Walser – bewußt und konsequent – in seinen Stücken auf das, was traditionelle Kritiker wie Reich-Ranicki erwarten, nämlich: »einprägsame Figuren«, »mitreißende Dramatik«, »szenische Visionen« und »Sinnbilder des wahrhaftigen Lebens«, verzichtet, sie diese Kritiker immer wieder enttäuschen müssen. Aber, und das ist seine Hauptthese, »das vielbeklagte ›Nichthandeln der Figuren auf Walsers Bühne‹ ... [ist]... nicht der Unfähigkeit des Autors oder seiner albernen Laune zuzuschreiben, sondern bewußtes und ästhetisches Mittel, um das Theater als Falle für alle sichtbar zu machen« (ebd., S. 191).

»Walser hat Schuld nicht objektiviert, sondern Figuren im ›Gehege der Schuld‹ (*Der schwarze Schwan*, S. 259) inszeniert, in das eben auch der scheinbar so gebildete Kritiker verflochten ist ... Rudi alias der Schwarze Schwan ist mit seinem existentialistischen Engagement von Walser zugleich als Schwanengesang auf solch ethisches Heldentum im Schillerschen Sinne dargestellt worden. Denn was traditionellerweise unter Tragik verstanden wird, greift hier nicht mehr an« (ebd. S. 194).

Die Problematik der Rezeption der Walserschen Werke aufgreifend, äußert sich auch Frank Trommler. Er schätzt die unkonventionellen Werke Walsers u.a. deswegen, weil diese »sogar Auslöser vieler interessanten Diskussionen unter Literaturwissenschaftlern und Kritikern ...[sind]..., gerade weil seine Werke die konventionellen Kategorien sprengen« (Trommler 1980, S. 128). Und bei diesem Autor Walser, der »durchaus zu den bevorzugten Objekten von Literaturkritik und -wissenschaft« gehöre (ebd., S. 127), »drängt sich die Überlegung auf, ob man ihm nicht eher gerecht wird, wenn man die Offenheit und repräsentative Erkennbarkeit im Austausch mit Kritik und Publikum als spezielles Ingredienz seines Werkes zu sehen lernt« (ebd., S. 128). Das heißt praktisch, daß, wie viele Kritiker und Rezensenten direkt und indirekt zum Ausdruck gebracht haben, Walsers Werke das übliche interpretatorische, hermeneutische Verfahren häufig überfordern und deshalb oft zu problematischen Besprechungen und Analysen führen.

Walser erkannte die enormen Schwierigkeiten, sich Auschwitz und dessen Folgen literarisch oder dramatisch zu nähern. In seinem zu dieser Zeit verfaßten Aufsatz »Unser Auschwitz«, mit einem Titel, der unmißverständlich auf die Mitverantwortung seines bundesdeutschen Publikums hinweist, gesteht Walser ein, »daß das Ausmaß des Geschehenen es schwierig macht, sich dieser Mitverantwortlich-

keit gegenüber Auschwitz bewußt zu werden« (Waine 1980, S. 148).
Angesichts der Offenbarungen des Auschwitz-Prozesses schreibt er:
»So ist unser Gedächtnis jetzt angefüllt mit Furchtbarem. Und je
furchtbarer die Auschwitz-Zitate sind, desto deutlicher wird ganz
von selbst unsere Distanz zu Auschwitz« (*Heimatkunde* 1968, S.8).
Waine hebt in seiner vorwiegend positiven Analyse des Stückes hervor, daß hier deutlich gemacht wird, Vergangenheitsbewältigung sei
letzten Endes »eine leere Floskel« (Waine 1980, S. 152). Er hält den
Schwarzen Schwan für gelungener als Stücke von Siegfried Lenz
(*Zeit der Schuldlosen*), Peter Weiss (*Die Ermittlung*) oder gar Rolf
Hochhuth *(Der Stellvertreter)*, die ihrerseits Versuche darstellen, dieser schwierigen Thematik beizukommen. Ob man ihm darin völlig
recht geben kann oder nicht, sei dahingestellt. In diesem Stück jedoch sieht Waine zu Recht einen wichtigen Schritt Walsers in Richtung »Bewußtseinstheater, in dem menschliches Verhalten als eine
Symbiose von gesellschaftlichen und psychologischen Faktoren dargestellt werden soll. Somit sollte die individuelle Figur wieder berücksichtigt werden« (ebd., S. 154).

4.5 Die Zimmerschlacht

Obwohl viele Bühnen in Deutschland Ost und West und einige im
Ausland, vor allem in Frankreich und in England, diese ersten Stük-
ke Walsers zu zahlreichen Aufführungen brachten, konnte man trotz
allen Theoretisierens über angebrachte Maßstäbe und Erwartungen
den Eindruck nicht völlig abweisen, sie würden inhaltlich wichtige
Halberfolge bleiben. Dieses Schicksal teilten sie mit den meisten zeitgenössischen deutschen Theaterstücken, von wenigen Ausnahmen abgesehen (Weiss' *Marat/Sade* etwa). Mit dem nächsten Stück, *Die Zimmerschlacht* (1967), »Walser's most successful drama« (Doane 1992b,
S. 409), wurde das anders, obwohl Vorbehalte in der Kritik auch diesmal keine Ausnahmen waren. Das Stück wurde in ganz Europa auf
zahlreichen Bühnen inszeniert, war in den nächsten zehn Jahren das
dritthäufigst aufgeführte Stück in der BRD und brachte dem Autor
Walser finanzielle Sicherheit. Danach bezeichnete er sogar sein Haus
am Bodensee als »Villa Zimmerschlacht« (ebd., S. 410).
Walser schrieb den ersten Akt des Stückes 1962/63 als Hörspiel
unter dem Titel »Erdkunde«, das 1966 zur Sendung kam. In der er-
weiterten Fassung für die Bühne, angeregt von Fritz Kortner, wurde
es als *Die Zimmerschlacht* erst 1967 veröffentlicht und uraufgeführt.
In der Thematik des Ehedramas ist *Die Zimmerschlacht* ebenfalls ei-

nigen anderen früheren Werke ähnlich. Man denke etwa an das Hörspiel »Ein grenzenloser Nachmittag« (1955), an den Roman *Ehen in Philippsburg* oder auch an wichtige Teile der ersten zwei Kristlein-Romane. Ein Vergleich sowohl mit dem zwei Jahre früher geschriebenen Stück des amerikanischen Dramatikers Edward Albee, *Who's Afraid of Virginia Woolf,* als auch mit den Ehedramen Strindbergs und Ibsens wäre auch angebracht. Dieses Kammerstück spielt sich in der Enge einer bürgerlichen Ehe ab. Die zwei Figuren des Stücks, das Ehepaar Felix und Trude Fürst, sind seit 19 Jahren verheiratet. Die Kinder sind nicht mehr zu Hause und, da beide ihre wahren Gefühle, Erwartungen und Hoffnungen verschweigen oder verdrängen, leben sie bis zum Abend der Handlung verhältnismäßig harmonisch zusammen. An diesem Abend jedoch, und nachdem sie viel Alkohol getrunken haben, reißen sie sich die Masken vom Gesicht, fallen aus ihren geübten Rollen und reden unverblümte Wahrheit. Das Ergebnis ist kurzfristig katastrophal, da beide erkennen müssen, daß die Harmonie in ihrer Ehe eine völlig falsche ist, die nur benutzt wird, um die Lüge und die Leere in ihrer Beziehung und in ihrem Leben zu verstecken.

Im ersten Akt ziehen sich Trude und Felix für eine Party um, die für einen Freund veranstaltet wird, der sich gerade mit einer viel jüngeren Frau verlobt hat. Felix fürchtet aber, daß die Party und die Verlobung sein allgemeines Versagen als Lehrer und Mann nur unterstreichen werde; außerdem hat er Angst, er werde sich dort blamieren, weil er selber von diesem »enorme[n] Weibsbild« (*Zimmerschlacht,* S. 122) angetan ist. Er will Trude deswegen überzeugen, daß sie lieber zu Hause bleiben sollten, und er versucht, unter den anderen eingeladenen Kollegen zu einem kleinen Boykott der Party aufzurufen, um dem frisch verlobten und beneideten Benno eine Lehre zu erteilen. Er versucht, Trude ein paar Mal ins Bett, bzw. auf den Boden zu locken, aber nur halbherzig, und allmählich beginnt er seine wirklichen Ängste ihr gegenüber zu äußern, nämlich: daß er sich seinen eigenen und den Erwartungen anderer nicht gewachsen fühlt, daß er sich als Versager betrachtet. Er spricht auch seine Befürchtung aus, Trude werde den Vergleich mit der jüngeren Verlobten seines Kollegen nicht bestehen können, hauptsächlich weil sie, wie er selber, gealtert ist. Trude hält aber ihre Fassung der Wahrheit auch nicht zurück, drückt ihre aufgestaute Enttäuschung über Felix als Mann und Ehepartner aus, und der Ehekampf, geschürt von dem Alkoholgenuß, wird solange ausgetragen, bis die Illusion einer harmonischen Ehe völlig zerstört ist.

Felix sieht anfänglich in seiner kleinen Rebellion gegen Benno, durch die er seine gewöhnliche Rolle des braven Bürgers aufgibt, einen Schritt in Richtung ›Freiheit‹: »Wir sind allein. Du und ich. Ein Mann und eine Frau. Wir dürfen, was wir wollen. ... Wir können auf den Zehenspitzen gehen. Die Arme durch die Luft schleudern, verrückt gewordene Windmühlen spielen, oder einfach alle Tische, Stühle, Sessel umwerfen« (ebd., S. 125). Die Lächerlichkeit seines Freiheitsbegriffes wird dadurch ausgedrückt, daß er mit seiner Frau tatsächlich und metaphorisch in der engen, bürgerlichen Wohnung eingesperrt ist. Trude greift ihn dann gerade dort an, wo er am verletzlichsten ist. Wenn er zögert, eine Maus zu töten, die vor ihnen durchs Zimmer läuft, sagt sie: »Du solltest dich sehen, wie du dastehst jetzt, zitternd, nichts als ein Schuppenregen. Von Kopf bis Fuß ein ... ein ... ein Erdkundenlehrer!« (S. 138); oder sie sagt ihm ins Gesicht, er habe »einen Mundgeruch, daß man sich die Nase an den Hinterkopf wünscht« (S. 139). Am verletzendsten aber ist es, wenn sie seine Männlichkeit direkt attakkiert: »Ich bin verheiratet mit einer komischen kleinen spießigen Nummer. Auf Lebenszeit. Felix, wie krieg ich dich jetzt wieder zusammen. Daß du was bist. Zum Beispiel ein Mann« (S. 142). Und Felix faßt die bis jetzt verdrängte Wahrheit ihrer Ehe, vielleicht aller Ehen, wenn die Rollen und Masken wegfallen, so zusammen: »Die Ehe ist nun mal eine seriöse Schlacht. Nein, nein, eine Operation. Zwei Chirurgen operieren einander andauernd. Ohne Narkose. Aber andauernd. Und lernen immer besser, was weh tut« (ebd., S. 144).

Das Hineinblicken in diesen Abgrund ist jedoch letzten Endes zu erschreckend, und sie versuchen sich abzulenken, ausgerechnet mit einer Fernsehproduktion von Goethes Drama *Iphigenie*, einem Symbol und Ikon des deutschen Bildungsbürgertums. Sie können sich aber nicht darauf konzentrieren und entschließen sich, trotz allem, doch zur Party zu gehen und dort, bemerkenswerterweise, eine Art Maskerade zu spielen. Sie treten also in ihr bekanntes Leben zurück. Damit schließt sich der bekannte Kreis bei Walser, wo der Stillstand des Anfangs auch am Ende wieder eintritt.

Um diesen Zustand noch weiter zu unterstreichen, zeigt Walser auf Anraten Kortners dasselbe Ehepaar fünfzehn Jahre später im II. Akt. Jetzt sind sie schon knapp über sechzig und nähern sich der Pensionierung, aber alles wiederholt sich ziemlich genau. Es wird noch deutlicher, daß ihr Leben zum reinen Rollenspielen verkümmert ist. Sie erkennen weiter, daß die Misere ihrer Ehe z.T. das Resultat der gesellschaftlichen Konkurrenz ist, in der sie leben und leiden, wie auch der deformierenden Abhängigkeiten, im öffentlichen und im privaten Bereich, die es unmöglich machen, offen, ehrlich und großzügig miteinander und mit anderen zu leben.

Das Stück erscheint zunächst als reine private Angelegenheit, als reines Ehedrama, und erweist sich erst allmählich als ein Stück, daß die Verzahnung von Privatem und Öffentlichem, von Individuellem und Gesellschaftlichem beleuchtet. *Die Zimmerschlacht* zeigt u.a. die deformierende Isolierung des Menschen in der kleinbürgerlichen Ehe und die verstörenden Wirkungen des gesellschaftlichen Konkurrenzkampfes auf die Beteiligten. Es stimmt, daß die Thematik des Stückes, wie schon im *Abstecher*, nicht unmittelbar mit dem Politischen verbunden ist, aber man braucht kein Marxist zu sein, um Werner Brändle zuzustimmen, wenn er behauptet:

»Von Handlung und Entscheidung des Einzelnen kann eigentlich nicht mehr geredet werden, weil dem Zuschauer erkenntlich wird, daß sogar die Lüge und Heuchelei im Privaten des Studienrats nichts anderes ist als Imitation alltäglicher Praktiken der Gesellschaft, die Konflikte vortäuschen, wo längst schon Verdinglichung herrscht. Walser sieht und gestaltet – trotz der vordergründig privaten Handlungsführung – nicht das Versagen des Einzelnen, sondern das Versagen einer Gesellschaftsform und die Lebensbedingungen dieser Gesellschaft« (Brändle 1978, S. 156).

So gesehen, muß man die Kritik André Müllers zurückweisen, der behauptet, das Stück bedeute für Walser einen »Abschied von der Politik« (Müller 1968, S. 30), obwohl Walser selber, nach den unmittelbar politischen Stücken, *Die Zimmerschlacht* als verhältnismäßig »privat« bezeichnete (Karasek Interview 1967, S. 6). Das Stück zeigt meines Erachtens keinen Abschied von politischen oder gesellschaftlichen Fragen, nur eine Verlagerung der Betonung, besonders im Vergleich zu *Eiche und Angora* und *Der schwarze Schwan*. Wenn in den frühen Romanen die Ehe als Spiegel der Gesellschaft gelten konnte (vgl. Nägele 1975, S. 325: »Die Ehe ist der Mikrokosmos der Gesellschaft, ihre Krise reflektiert eine gesellschaftliche Krise«), dann ist sie es auch hier.

Nicht alle Kritiker waren von der Uraufführung begeistert. Reich-Ranicki fand das Stück »langweilig« und wiederholte viele seiner früheren Einwände gegen Walsers Werke in seiner Kritik, die er bezeichnenderweise später in sein Buch *Lauter Verrisse* aufnahm. Noch einmal formulierte er diese Kritik auf witzige Art: »In den Münchener Kammerspielen hat also in Anwesenheit vieler illustrer Trauergäste ein Leichenbegängnis erster Klasse stattgefunden. Zu klären bleibt, ob hier das Stück ... systematisch ermordet wurde oder ob man nur eine Leiche auf die Bühne gezerrt hat« (Reich-Ranicki 1967). Wieder behauptete er, Walser sei viel besser mit Dialogen und mit der Sprache als mit Bildern und Szenen, und daß er hier »eine Mischung mit Ingredienzen von sehr unterschiedlicher

Qualität« produziert habe: »Die Skala reicht vom unbedarften und primitiven Schwank bis zum subtilen psychologischen Drama, das freilich über beachtliche Ansätze nicht hinauskommt« (ebd.).

Die Tatsache, daß *Die Zimmerschlacht* so häufig inszeniert wurde, scheint jedoch den positiveren Beurteilungen dieses Theaterstükkes Gewicht zu verleihen. Mennemeier meint 1975, das Stück überzeuge

»durch die feine psychologische Realistik. Der Autor läßt den Zuschauer einen tiefen Blick in die seelische Malaise tun, die der Ehestand zumal dann leicht erzeugt, wenn er sich mit sozialer Unzufriedenheit verbindet und wenn seine besondere Problematik durch die allgemeine des Altwerdens ... verschärft wird« (Mennemeier 1975, S. 277).

4.6 Ein Kinderspiel

Das letzte Theaterstück von Walser in dieser Periode, *Ein Kinderspiel*, 1970 veröffentlicht und ein Jahr später uraufgeführt, ist zwar ein ›Spiel‹, stellt auch im ersten Akt ein ›Spiel‹ innerhalb eines ›Spieles‹ dar, ist aber vom Inhalt her alles andere als ein ›Kinder‹-Spiel. Obwohl das Stück sich wieder im ›Privaten‹ abspielt, im Bereich einer deformierten Familie, basiert es deutlich auf den Erfahrungen Walsers während der vorangegangenen Jahre seines politischen Engagements und seiner Berührung mit den Protestbewegungen u.a. der Studenten. Das Stück besteht aus zwei Akten, die beide das Ferienhäuschen der Familie Spohr zum Schauplatz haben. Walser schrieb das Stück in der ersten Fassung 1969, vollendete aber eine zweite Fassung mit Veränderungen vor allem im zweiten Akt schon vor der Uraufführung. Diese Veränderungen spiegeln z.T. die Entwicklung in Walsers politischer Tätigkeit und gesellschaftlicher Hoffnung, wie etwa auch in der Entwicklung von den pessimistisch endenden Kristlein-Romanen zum eher utopischen Potential des *Gallistl*-Romans.

Im ersten Akt ist das Geschwisterpaar, Bille und Asti Spohr, im Häuschen allein: sie, Studentin, mit reformistischen Gedanken, er »Dropout« mit revolutionärer Rhetorik. In diesem ersten Teil des Stückes spielen sie ein Spiel, in dem sie die Erschießung ihres bürgerlichen Vaters planen und diese unter sich zu rechtfertigen versuchen. Der Plan stammt von Asti, dem 20jährigen Sohn, aber seine Schwester, 23jährig, lenkt ein. Man erfährt sowohl durch ihr ›Spiel‹ – ASTI: Hallo, Bille, sagte er./BILLE: Hallo, Asti, erwiderte sie (S. 309) –, in dem sie sich selbst zitieren, als auch durch ihre ›wirkli-

99

chen‹ Gespräche, daß sie einer deformierten Familie entstammen und, jeder auf seine Art, darunter leiden. Die Mutter der beiden, vom Vater schon geschieden, ist vor kurzem gestorben, aber zu ihr hatten sie, besonders Asti, keine gute Beziehung. Der Vater Gerold, Professor, 58 Jahre alt, hat vor kurzer Zeit eine junge Frau geheiratet, mit 27 Jahren nicht viel älter als die Tochter Bille. Für seine Kinder vertritt dieser Vater die ältere, verlogene, angepaßte, auf den Materialismus hin orientierte Generation, die durch ihr Benehmen, durch ihre Werte und Erziehungsmethoden die jüngere Generation entfremdet und zynisch gemacht hat. Sie wollen ihn also (und hier ist das Nachleben des Expressionismus – Wedekind, der junge Brecht, Lasker-Schüler usw. – deutlich sichtbar, aber in parodierter Form) umbringen. Der Konflikt ist psychologisch, ein Familienkonflikt, der jedoch auch gesellschaftlich und historisch bedingt ist: ein politischer Konflikt also.

Beide Kinder reden von der ›Dressur‹, von dem Druck, sich anzupassen, sich brav und bürgerlich zu verhalten, der aus ihrer Perspektive gesehen ihre Kindheit und Erziehung gekennzeichnet hat. Sie sehen darin die Ursache ihrer – unterschiedlichen – Deformierungen als junge Erwachsene, besonders ihrer Selbstentfremdung. Beide sind trotz dieser Erziehung Nonkonformisten (vgl. Waine 1980, S. 161), aber Bille sieht über sich und ihre Probleme hinaus, denkt progressiv und setzt sich »dafür ein, die von ihr für falsch gehaltenen Verhältnisse zu ändern« (ebd., S. 161). Im Gegensatz zu ihr scheint Asti nicht imstande oder gewillt über seinen Schatten zu springen: er redet zwar »revolutionär«, zeigt sich aber in seiner Art der ›Verweigerung‹ als narzißtisch und nihilistisch. Walser zeichnet mit diesem Geschwisterpaar die zwei Haupttendenzen der Studentenbewegung dieser Jahre: Asti und Bille werden zu Repräsentanten ihrer protestwilligen Generation. Die Darstellung dieser beiden Tendenzen bleibt jedoch nicht eindimensional, denn Walser zeigt, daß Asti seine Schwester Bille beeinflussen kann und beeinflußt, sie jedoch auch.

In seiner ausführlichen Abhandlung zum Stück, in der er die Bezüge zwischen diesem Werk Walsers und den gesellschaftlich-politischen Hintergründen überzeugend darstellt, beschreibt Werner Brändle die Eigenschaften der zwei Geschwister so: »Asti bleibt – immanent gesehen – der Typus für eine theorielose Praxis der Weigerung, der seine Ohnmacht fetischisiert und sich zum Revolutionär stilisiert. ... Sein geplanter Vatermord ist die letzte ... Konsequenz seiner anarchistischen Haltung« (Brändle 1978, S. 202-203). Seine Schwester Bille dagegen, die Studentin, vertrete »den fortschrittlicheren Typus der jugendlichen Protesthaltung, der darum weiß, daß die Ursachen dessen, daß ›wir eben wahnsinnig verkorkst‹ sind, nicht individualethischen, sondern im gesellschaftlich-ökonomischen Bereich zu suchen sind« (Brändle 1978, S. 199-200). Brändle weist aber weiter darauf hin, wie Walser sogar Asti deutlich kritisiert, der immer wieder die »allgemeine Beschissenheit« (*Ein Kinderspiel,* S. 329) der Gesellschaft feststellt, und seine Haltung einerseits differenziert betrachten kann: »Astis Weigerung ist programmlos, doch gerade darin besteht die Provokation gegenüber der ›falsch programmierten‹ Gesellschaft« (Brändle 1978, S. 197).

In diesem ersten Akt experimentiert Walser noch weiter, wie schon in der *Zimmerschlacht,* mit dem Darstellen des Rollenspielens und des Rollenverhaltens auf der Bühne. Damit verbunden ist eine bestimmte Sprachphilosophie, die auf den ersten Blick der von Peter Handke in seinem Stück *Kaspar* für die Bühne ausgearbeiteten Sprachauffassung ähnelt. Es gibt jedoch, wie Brändle zu Recht bemerkt, einen wichtigen Unterschied. Obwohl Walsers Figuren auch eine Rollensprache sprechen, bleibt diese gelernte Sprache »nicht einfach vorgegebenes Schicksal ... sondern vorgegebenes Instrumentarium, das veränderbar ist« (ebd., S. 194). Ein Zitat Walsers aus dem Aufsatz »Über die neueste Stimmung im Westen« unterstreicht dies:

»Diese [d.h. Handkes] Methode ist eine noch unreflektierte Mischung aus Wiener Positivismus und deutscher Phänomenologie, aus Wittgenstein und Heidegger, also aus zwei Denktraditionen, die einander, als sie noch beide im Schwunge waren, eher ausschlossen als ergänzten, die aber doch etwas gemeinsam haben: die weitgehende Vernachlässigung der Tatsache, daß der Mensch ein gesellschaftliches Wesen ist« (*Wie und wovon handelt Literatur* 1974, S. 25).

Man kann auch hinzufügen, »ein gesellschaftliches Wesen«, das veränderbar ist. Denn hier geht Walser ebenfalls dialektisch vor: »Sprache bildet danach nicht nur Wirklichkeit ab, sondern der Sprecher produziert mit ihr gleichzeitig auch eine neue Wirklichkeit« (Brändle 1978, S. 194).

In diesem ersten Akt sind die Rollenspiele, die ›Kinderspiele‹ also, »Reproduktionen von Erwachsenem-Verhalten; elterliche Erziehungsohnmacht und deren sprachlich ebenso ohnmächtige Ausdrucksmittel werden von den Kindern nachgeäfft, albern aufgespießt« (Wendt 1971, S. 23). Indem Bille und Asti die elterliche Generation so gut nachahmen und parodieren können, d.h. ihr Verhalten und ihre Sprache so genau beherrschen, zeigt Walser wie schwierig es für die jüngere Generation in Wirklichkeit ist, sich von diesen allzu gut gelernten, obwohl verhaßten, Verhaltensmustern und Parolen zu befreien. Der erste Akt endet mit dem Eintritt des Vaters und seiner neuen Frau, worauf Asti die zwei mit Beleidigungen überhäuft und seinem Vater mit der Pistole droht.

Im zweiten Akt, und jetzt reden wir hauptsächlich von der zweiten Fassung des Stückes, zeigt sich die Wirklichkeit nicht mehr nur als Spiel oder als Bewußtseinsbilder: diese Wirklichkeit wird durch die Konfrontation zwischen Kindern und Vater konkreter. Bei seinem ersten Auftritt erscheint der Vater als Gesellschaftstypus: Als Professor und Manager in einem großen Konzern hat er viele Gemeinsamkeiten mit den »Gegentyp-Typen« aus den Kristlein-Romanen. Er vertritt das kapitalistische Bewußtsein und das Leistungsprinzip der damaligen bundesdeutschen Gesellschaft. Angepaßt und erfolgreich, ist er ein Mensch, der »identisch mit der Gesellschaft – versucht, das Beste aus seiner Lage zu machen« (ebd., S. 204), d.h. er verdrängt die großen historischen und gegenwärtigen Probleme, konsumiert und jagt seinem eigenem Glück nach. Brändle meint, Walser führe mit dem Vater »jene Cleverness der Leistungsgesellschaft vor, deren Realismus jedoch das Bekenntnis zur Trivialität ... ist, deren Diskussion zum unterhaltenden Gedankenaustausch, der ›Spaß macht‹, degeneriert ist und deren Toleranz nicht nur Narrenfreiheit, sondern sadomasochistische Spielerei ... zuläßt« (Brändle 1978, S. 205).

Zum Erschießen kommt es letzten Endes nicht, doch der Vater wird ganz böse vor seiner Frau erniedrigt. Die Impotenz seiner Liberalität und Toleranz wird entlarvt und seine Machtlosigkeit deutlich gemacht, indem Asti mit seiner Stiefmutter »die sexuellen Spezialitäten seines Vaters pantomimisch« vorführt (Hensel 1983, S. 75). Das Stück endet mit einer gespielten Versöhnung, wobei Asti und Bille jetzt ganz andere Namen tragen. Der letzte Dialog deutet darauf hin, daß Asti sich seiner Schwester in ihrem politischen Engagement vielleicht anschließen wird, daß es also einen möglichen Ausweg aus dem nihilistischen Haß und Selbsthaß geben könnte.

Die verhältnismäßig große und allgemeine Begeisterung, die der *Zimmerschlacht* ein paar Jahre vorher zuteil wurde, war in den Kritiken zum *Kinderspiel* nicht ablesbar. Ernst Wendt befand, daß das Stück »vor lauter Verbalkraft nicht laufen kann« und weiter: »Was an Walsers Stück gerade traurig stimmt: es hat weder eine ästhetische noch eine politische Perspektive« (Wendt 1971, S. 23). Er benutzte seine Kritik zur Uraufführung auch dazu, eine allgemeine kritische Beurteilung des Walserschen Theaters zu liefern:

»Walsers Figuren sind, wie immer Fiktionen: zusammengehalten von Sprachwut, lebend nur in der Phantasie ihres Erfinders, nicht auf der Bühne; ihre Realität ist, letzten Endes, die der politischen Denunziation. Sie reden in einer geborgten Sprache, die zur Hälfte die Sprache vorgestanzter Dummheiten, zur andern Hälfte der Ausdruck walserscher Formulierlust und Pointensucht ist. Walsers Witzigkeit erweist sich da als zutiefst bürgerliches Laster: sie verbaut, auf der Jagd nach den jeweils effektvollsten Wörtern, die Einsicht in Zusammenhänge. Walsers Theater bleibt szenischer Feuilletonismus, der Autor erweist sich als ein Opfer genau jener Schreibweisen, deren beschwichtigenden, liberalistischen Charakter er zu verachten vorgibt« (ebd., S. 23).

Das hier ausgesprochene Urteil zu den frühen Stücken Walsers darf als repräsentativ für die kritische Aufnahme dieser Werke bei nicht wenigen Kommentatoren gelten. Wendt resümiert mit dieser Aussage die häufig wiederholten Hauptpunkte der zahlreichen Kritiker, die im großen und ganzen von den Dramen Walsers nicht überzeugt waren, trotz ihrer Anerkennung vieler lobenswerten Qualitäten dieser Werke. *Ein Kinderspiel* blieb vorerst während der nächsten fünf Jahre, in denen er sich wieder der Prosa widmete, das letzte Stück Walsers.

5. Prosa nach der *Kristlein-Trilogie*

In den Jahren nach dem Abschluß der *Kristlein-Trilogie* wurde Walser zum allgemein anerkannten Erfolgsautor, von dem jedes Werk in jeder wichtigen Zeitung rezensiert wurde und auch große Verbreitung fand. Vor allem die Prosawerke trugen zu Walsers Ruf als einer der wichtigsten deutschsprachigen Schriftsteller der Nachkriegszeit bei. Besonders nach dem enormen Erfolg von seiner Novelle *Ein fliehendes Pferd* (1978) erreichten seine Prosabücher hohe Auflagenzahlen und standen fast ohne Ausnahme mehrere Wochen auf den verschiedenen Bestsellerlisten. Überdies hat Walser während dieser Zeit fast alle Literaturpreise erhalten, die für einen deutschsprachigen Schriftsteller in Frage kommen.

Trotz dieser großen Erfolge, trotz der wachsenden Anhänger- und Leserschaft, sorgte fast jedes neue Werk für Streit unter den Rezensenten. Die Rezeption seiner Bücher, z.T. nach der politischen Einstellung des jeweiligen Rezensenten bestimmt, wie Alexander Mathäs überzeugend argumentiert (Mathäs 1992), blieb sehr gespalten. Daß die Werke nach der *Kristlein-Trilogie*, trotz aller Kontinuitäten, einige Wandlungen des Autors aufzeigen, ist unleugbar. Aber ob sich Walser von einem Kommunisten (vgl. Rezensionen zu *Die Gallistl'sche Krankheit*, 1972) zu einem »CSU-Festredner zur nationalen Einheit«, also zu einem Reaktionär (Schmitter 1996), verwandelt hat, ist sehr fraglich.

Während der 13jährigen Entstehungszeit der *Kristlein-Trilogie* hat Walser drei weitere Prosabücher veröffentlicht; nämlich, den Erzählungsband *Lügengeschichten* (1964), den kurzen Prosatext *Fiction* (1970) und den Roman *Die Gallistl'sche Krankheit*. Die ersten zwei dieser Texte gehören kaum zu den wichtigsten Werken Walsers und sind für unsere Zwecke nur in ihrer jeweiligen Beziehung zu anderen Texten von Belang.

Über die *Lügengeschichten* gestand Walser selbst in einem Interview, er habe während dieser Zeit der intensiven Beschäftigung mit dem Theater »das Prosaschreiben sozusagen warm gehalten, und um die Übung nicht ganz verderben zu lassen, habe ich immer wieder Geschichten geschrieben, und das waren eben diese ›Lügengeschichten‹« (Sauter Interview 1982, S.15-26). Obwohl er Jahre später drei dieser Geschichten in einen neuen Erzählungsband, *Fingerübungen eines Mörders* (1994) einbezog, bleiben sie alle kaum mehr als »Fingerübungen« eines Schriftstellers, der zur Zeit mit wichtigerem beschäftigt war.

Durch seine Aufsätze, Reden, Herausgeberarbeit und anderen öffentlichen Stellungnahmen zu politischen and gesellschaftlichen Fragen war Walser in den Ruf eines ›linken‹ Schriftstellers gekommen, als 1970 das Prosawerk *Fiction* erschien. Dort versucht er stilistisch etwas ganz Neues, was anscheinend wenig mit seinen früheren Werken gemeinsam hat. In *Fiction* steht z.B.: »Ich. Es gibt. Ich gehe. In die Stadt. Eine Menge Menschen. Es gibt immer. Wo ich hinkomme. Eine Menge Bilder. Ich folge...« (S.7). Wolfgang Weerth nennt das Buch damals zu Recht bloß »ein Walserchen, und das nicht nur wegen seines geringen Umfangs« (Weerth 1970, S.107). *Fiction* stellt eine radikale Bewußtseinserforschung des Ich-Erzählers dar, und ist vielleicht ein wichtiges Buch für den Autor, der nach einer neuen Sprache sucht, die seiner neuen Bewußtseinslage, Anfang der 70er Jahre, entsprechen würde und dem Erzähler-Ich ermöglicht, über sich auf eine neue, äußerst subjektive Art zu reden. Walser hat selbst über *Fiction* gesagt: »In dieser Arbeit wollte ich nur ›ich‹ sein. Sie war vor allem als eine Probe für meinen nächsten Roman gedacht« (W.J. Schwarz Interview 1977, S.72).

5.1 Die Gallistl'sche Krankheit

Dieser nächste Roman heißt *Die Gallistl'sche Krankheit* (1972). Im Kapitel 3.3 haben wir auf die Gemeinsamkeiten zwischen diesem Roman und dem ein Jahr später erschienenen Schlußband zur *Kristlein-Trilogie*, *Der Sturz*, hingewiesen. In bezug auf ihr jeweiliges Ende schlagen sie aber ganz verschiedene Wege ein. Nachdem man in *Die Gallistl'sche Krankheit* eine Genesung der Hauptfigur, und damit die Andeutung einer Überwindung seiner selbstzerstörerischen Isolierung und Ichsucht erlebt hatte, war man über das negative tödliche Ende im *Sturz* überrascht und z.T. enttäuscht. Nach *Gallistl* sah man im Ende vom *Sturz* eine Rückkehr in Stoffe, die überwunden schienen. Dies war besonders der Fall bei linken Kritikern aus West und Ost, die eine konsequentere Wandlung Walsers in Richtung Marxismus, die im *Gallistl* angekündigt zu sein schien, erhofften und erwarteten. Das hätte auch der Entwicklung entsprochen, die aus Walsers öffentlichen Essays, Reden und weiteren Äußerungen hervorging.

Dieser scheinbare Widerspruch erklärt sich durch die Tatsache, daß, obwohl *Der Sturz* ein volles Jahr nach *Gallistl* veröffentlicht

wurde, die Weichen für das jähe Ende der Hauptfigur Anselm Kristlein schon nach dem *Einhorn* gestellt waren. Trotz aller Ähnlichkeiten zwischen Kristlein und Gallistl, war Kristlein dort so vollkommen isoliert, so verbraucht, so sehr in einer Sackgasse, daß eine
positive Wendung kaum noch möglich gewesen wäre. Gallistl ist
zwar von einem ähnlichen Leiden befallen, zumindest sind viele der
Symptome und deren Ursachen die gleichen, aber mit Hilfe von einem neuen, kommunistischen Freundeskreis und seiner Frau, findet
er einen möglichen Ausweg aus seiner Isolierung und Selbstentfremdung. Es ist für die Genesung nicht unwichtig, daß er viel Einsicht
in seine Krankheit erlangt und daß er sie im Gegensatz zu Kristlein
bewußt angeht.

Daß Gallistl einem aller Wahrscheinlichkeit nach tödlichen Ende
entgeht und den Weg zurück ins Leben ertastet, darf als etwas Neues bei Walser gelten. Nun gelingt es seinen Figuren, nur durch ein
bißchen Solidarität mit anderen, durch Gemeinschaft, sei es auch
bloß zu zweit, etwas existentielle Stabilität im Leben zu erlangen.
Das Neue hier, wie Anthony Waine bemerkt, ist die Tatsache, daß
Gallistl »the first of Walser's heroes to break out of the Beumann-
Kristlein syndrome« ist (Waine 1989, S.348).

In *Gallistl* trifft man auf eine ganze Reihe von bekannten Walserschen Hauptthemen (vgl. Ullrich 1979, S. 62): die deformierende
Wirkung der Konkurrenz im kapitalistischen System; die teilweise
daraus wachsende Obsession der Hauptfigur mit sich selbst und seinem Versagen sowie seinen neurotischen Rückzug von Freunden
und Familie in die Isolierung; das Leiden des Protagonisten, hier
wieder eines Schriftstellers, an seiner Nutzlosigkeit und an seiner
Abhängigkeit von anderen; die Einsicht in die Sinnlosigkeit des Lebens, das nur aus der Notwendigkeit des Geldverdienens zum Über-
leben zu bestehen scheint, usw. Der Roman beinhaltet jedoch weitere Aspekte (z.B. neue Themen, Motive und Wandlungen und, durch
den optimistischeren Schluß, eine neue Sprache), die als Beweise für
eine wesentliche Wende im literarischen Schaffen Walsers gelten
können (vgl. P.K. Kurz 1972, S.182).

Die Gallistl'sche Krankheit ist sehr knapp, fast minimalistisch geschrieben. Es gibt keine gewaltige Sprache, keine »Detailfreudigkeit«, keine Höhenflüge der Phantasie. Statt dessen ist die Sprache
auf die Bewußtseinslage des Ich-Erzählers konzentriert. Ein Beispiel:

»Wenn ich allein im Zimmer bin, sage ich immer: Bitte, wohin wollen Sie
mich haben? Hör ich draußen Schritte, geh ich in Socken nach dem Tritt
der fremden Schritte im Zimmer herum, bis ich die Schritte nicht mehr
höre. Hör ich die Schritte nicht mehr, erlischt sofort alle Lust zu gehen. Ich
schaff es grade noch bis zum Stuhl. Dann sitz ich wieder. Bis wieder Schrit-

te kommen. Es ist ein richtiges Kommen und Gehen. Dem Gefühl des Ge-
storbenseins kann man auch durch das Essen eines frischen Apfels entgegenwirken« (S. 47).

Keine Außenwelt ist zu entdecken, nur noch Innenwelt. Die Sprache erinnert deutlich an Handke, die Situation und deren Beschreibung an Kafkas *Verwandlung*. Der Ich-Erzähler Gallistl – auch Walser? – steckt in einer Sprachkrise und sucht nach einer neuen
Sprache, durch die er seine Gefühle und seine ihm nicht ganz ver-
ständliche Bewußtseinslage – wenn auch nur für sich – erfassen und
beschreiben kann. In Walsers bemerkenswertem Aphorismenbuch,
Meßmers Gedanken (1985), liest man: »Im Zusammensinken ist man
natürlich ganz auf sich selber konzentriert« (S.78). Gallistl scheint
allmählich eine dieser höchsten Konzentration gemäße Sprache zu
finden, die dem Leser an einigen Stellen jedoch nur schwer zugänglich ist.

Nicht nur die Sprache ist knapp, sondern der ganze Roman (128
Seiten). Er besteht hauptsächlich aus sehr lose zusammenhängenden
Bewußtseinserforschungen und ist in vier relativ kurze Abschnitte
eingeteilt: 1) »Mißempfindungen. Krankheitsempfindungen«; 2)
»Symbiose«; 3) »Zuspitzung«; und 4) »Es wird einmal«. Was Walser
durch seinen Ich-Erzähler anbietet, ist eine radikale Beobachtung
des Bewußtseinszustandes eines Menschen, der sich im Auflösungs-
prozeß befindet, der sich aber dann fängt und langsam beginnt,
über Strategien nachzudenken, die ihn zurück ins Leben führen
könnten. Bis in den dritten Teil hinein liest man, welche Symptome
diese Krankheit aufweist, und diese werden bei fast völliger Aus-
schaltung der äußeren Welt und bei äußerster gedanklicher und er-
zählerischer Konzentrierung deutlich beschrieben. »Anamnese«: so
heißt diese Art »Krankheitsbericht«, wie Walser uns mit dem kurz
zitierten Text, den er dem Roman voranstellt, zu wissen gibt: »Es
handelt sich um einen Eigenbericht des Kranken über seine Krankheit« (S.5).

Wichtig für Gallistl, und eine notwendige Voraussetzung für eine
Genesung von dieser Krankheit, ist die Einsicht, daß er gegen ›seine‹
Krankheit kämpfen muß, um zu einem befriedigenderen Leben zu
gelangen. Es leuchtet ihm ein, daß es genug Ursachen dafür in der
äußeren Welt, in der Gesellschaft gibt: »Ich bin überfordert, das ist
klar. Ich war immer überfordert. In der Schule mußte ich mit unge-
heurer Kaltblütigkeit operieren, um weder meine Mitschüler noch
die Lehrer merken zu lassen, daß ich nicht das leistete, was ich zu
leisten vorgab« (S.9). Später leidet Gallistl an einem kranken Ehrgeiz, unter dem Konkurrenzkampf, dem er überall begegnet, und

dem Gefühl der Nutzlosigkeit. Er fühlt, daß er in jedem Bereich seines Lebens Fremderwartungen ausgesetzt ist, die er sich dann z.T. ironischerweise zu eigen macht, die er aber nie erfüllen kann. Er ist verwirrt: »Ich weiß, was ich verschweige. Ich weiß nicht mehr, was ich verschweige. Ich möchte wissen, was ich verschweige. Ich möchte nicht mehr wissen, was ich verschweige« (S.18). Er findet kein Vertrauen mehr zu sich selbst, zu seiner Sprache, zu seiner Wahrnehmung der Wirklichkeit.

Schließlich, entfremdet von allen und allem, erreicht er den Punkt, wo er sagt: »Ich interessiere mich nur noch für mich selbst« (S.38) und zieht sich zurück. Der Vergleich mit Gregor Samsa liegt auf der Hand. In seinem Zimmer, nur mit sich selbst beschäftigt, mit dem Versuch, ›seine‹ Krankheit für sich zu beschreiben, diese zu verstehen, überzeugt sich Gallistl von der Aussichtslosigkeit dieses Unterfangens und verzweifelt über seine Existenz: »wenn ich ohne Zwang an mich selbst denke, komme ich auf den Tod. ... Es ist, als rutschte man abwärts. Man kann zwar noch alles mögliche denken, aber alles treibt in diese Scheiß-Richtung« (S.49). Daß er die Orientierung fast völlig verliert, wird durch eine surrealistische Vision verdeutlicht:

»Ich verschwand hinter einem Essigbaum. Es trieb. Ich bemächtigte mich seiner. So entkam ich. Nachts zündete ich Lampions an. Als ich beschossen wurde, löschte ich die Lampions wieder. Seitdem treib ich im Dunkeln. Am Tag treib ich an kleineren Booten vorbei, in denen Leute sitzen, Lesebücher in den Händen« (S.60).

Gallistl kann wieder einen Realitätsbezug herstellen: »Ich bin noch nicht zurück. Aber ich kenne mich wieder aus. Es ist Herbst« (S.69).

Es folgen Gespräche mit seinen neuen Freunden über die Politik, über den Kommunismus, über Marx und Engels, über all das, worüber man in den späten 60er und 70er Jahren eifrig geredet hat. Die Freunde erteilen ihm Unterricht über die Klassengesellschaft, über die Partei, über die Möglichkeiten und die Notwendigkeit, sich dem »Leistungsspiel« (S.104) zu entziehen. Er hört interessiert aber z.T. skeptisch zu. Er kann sich ihrer unkritischen Haltung der DDR oder Moskau gegenüber nicht anschließen, aber er redet, setzt sich mit ihnen auseinander, stellt schwierige Fragen und interessiert sich für etwas außer seiner eigenen Person und seiner Krankheit. Siblewski schreibt dazu: »In der Gemeinschaft lernt er seine lähmenden Selbstfixierungen zu überwinden und langsam die Überzeugung zurückzugewinnen, daß er sich für ein sinnvolles Ziel einsetzen kann« (Siblewski, »Eine Trennung ...« 1981, S.144). Gallistl hat am Ende immer noch ein problematisches Verhältnis zur Partei, aber er kann endlich sagen, daß sein »Interesse an Verzweiflung andauernd abnimmt« und daß er sich verpflichtet fühle, »gesund zu werden« (S.124).

Walser nennt das Werk einmal einen »aufrechten, braven Entwicklungsroman« (Fröhlich Interview, 1972). Zweifellos ist der Roman, der einen möglichen Weg aus einer tiefen Krise aufzeichnet und eine positive Entwicklung des Protagonisten darstellt, bis heute der politischste aller Walser-Romane. Er ist jedoch wahrscheinlich auch das auf lange Strecken introvertierteste und subjektivste seiner Werke, möglicherweise mit der Ausnahme von *Meßmers Gedanken*. In diesem Werk übernimmt Walser sehr viele Überlegungen, sehr viele Fragen, die er in seinen nichtfiktionalen Schriften aus dieser Zeit behandelt. Walser ist nicht Gallistl, aber sie waren damals sicher Leidensgenossen und haben z.T. eine ähnliche Entwicklung durchgemacht und eine ähnliche, obwohl vage bleibende Hoffnung auf die Überwindung des Individualismus, auf die Aufnahme in eine fortschrittliche und menschliche Gemeinschaft und auf das Ende einer (Schreib- und Sprach-) Krise genährt.

Viele Rezensenten zeigten sich sehr skeptisch. Der Germanist P.K. Kurz überschreibt seine Rezension im *Spiegel* »Gesundung in der Partei?« (Kurz 1972, S.182), meint diese Frage jedoch nur rhetorisch, denn er lehnt das Buch – und die Partei – entschieden ab. Er ist nicht bereit, die Einsicht Gallistls zu akzeptieren, die Gesellschaft sei an seiner Krankheit schuld, und kritisiert, daß Gallistl sich »weigert ..., seine Erfahrung als Einzelfall zu betrachten, die Ursache für seinen Selbst- und Menschenhaß nur und zuerst in sich selbst zu suchen« (ebd.). Er konstatiert, das Buch sei »eine Wende«: »Der neue Walser scheint geboren. Kristleins Misere überschritten. Belletristik auch« (ebd.). Günter Blöcker schreibt, Walser habe, »seine schriftstellerischen Frustrationen literarisch mißbraucht« (zit. nach Mathäs 1992, S.97). Blöcker zeigt wenig Verständnis gegenüber der im Buch dargebotenen politischen Thematik und Problematik und behauptet, das Buch sei ein klares »Anzeichen von Walsers künstlerischer Erschöpfung« (ebd., S.98). Werner Ross bezeichnet den Roman als einen »Scherz« (Ross 1972, S.601) und schließt sich Blöcker an: »wenn schon Wendung ... dann bitte keine halbherzige Maskerade, keine Absage an die Literatur, die sich wiederum als Literatur gibt, sondern autobiographischer Klartext!« (ebd., S.600; vgl. auch Baumgart S.172). Die Schwierigkeit, Fiktion von Autobiographie zu unterscheiden, scheint mehr als einen Kritiker zu beschäftigen. Ross rügt Walser dafür, daß er sein Talent an diesen politischen »Karikaturen« verschwende und empfiehlt: »Sollte Walser, der hochbegabte Autor, der kluge Beobachter, der glänzende Stilist, nicht endlich einmal das Hauptgeschäft anfangen: den Angriff auf die Breite, Fülle, Tiefe der Welt, wie sie ist?« (ebd., S.601). Aus ganz anderen Gründen bringen die meisten DDR-Kritiker wenig Begeisterung für diesen Walser-Roman auf, obwohl sie einige Aspekte der darin nachgezeichneten politischen Entwicklung Gallistls loben. Die meisten von ihnen stellen fest, daß Walser »sein sozialistisches Bewußtsein noch nicht zur Sprache bringen konnte« (Mathäs S.102), und sie melden auch Schwierigkeiten mit der »surrealistischen« Sprache des Textes an. Peter Laemmle zeigt sich nicht so voreingenommen gegen die politischen Aspekte des Buches. Die Wandlung im politischen Denken des Protagonisten stört ihn gar nicht und er betont zu Recht, Gallistl »bleibt bis zum Ende skeptisch« (ebd., S.918).

Mit diesem Roman und mit den nichtfiktionalen Schriften und politischen Äußerungen Walsers um diese Zeit scheint seine Hinwendung zum Marxismus den Höhepunkt erreicht zu haben. Mitte der 1970er Jahre distanziert sich Walser von der DKP, obwohl die linksorientierte Gesellschaftskritik weiterhin im Mittelpunkt seiner Werke steht.

5.2 Die Franz-Horn-Romane

Interessant am *Gallistl* und an den zwei darauffolgenden Romanen um Franz Horn, *Jenseits der Liebe* und *Der Brief an Lord Liszt*, ist die Tatsache, daß Walser hier ganz deutlich wieder auf Kafka zurückgreift. Im *Brief an Lord Liszt* erinnert die ganze Situation an Kafka und sein Schreiben: Horn schreibt in einer Nacht einen langen Brief, in dem er mit seinem ›Quäler‹ abrechnen will, zu dem er jedoch in einem sehr komplizierten und ambivalenten Verhältnis steht. Die intensive Schreibwut ähnelt der Beschreibung Kafkas von der Entstehung seiner Erzählung »Das Urteil«, und der nicht abgeschickte Abrechnungsbrief erinnert an Kafkas gleichfalls nicht abgeschickten »Brief an den Vater«. Hier und an weiteren Beispielen läßt sich die anhaltende, produktive Wirkung Kafkas auf sein Schreiben beobachten.

5.2.1 *Jenseits der Liebe*

Das Erscheinen von *Jenseits der Liebe* im Jahre 1976 führte zu einem der berühmtesten Verrisse und einer der heftigsten literaturkritischen Auseinandersetzungen der Nachkriegszeit in Deutschland. Der Aufruhr hatte allerdings weniger mit dem Roman selbst zu tun als mit der Art und Weise, wie er zuerst verrissen, dann in Schutz genommen und, endlich, besprochen wurde. Wieder einmal ist es Marcel Reich-Ranicki, der die Aufregung auslöst. Er beginnt seine Besprechung, die den Titel »Sein Tiefpunkt« trägt, folgendermaßen:

»Ein belangloser, ein schlechter, ein miserabler Roman. Es lohnt sich nicht, auch nur ein Kapitel, auch nur eine einzige Seite dieses Buches zu lesen. Lohnt es sich, darüber zu schreiben? Ja, aber bloß deshalb, weil der Roman von Martin Walser stammt, einem Autor also, der einst, um 1960, als eine der größten Hoffnungen der deutschen Nachkriegsliteratur galt – und dies keineswegs zu Unrecht« (*FAZ* 27.3.1976).

Wo in den ersten Romanen »eine eigentümliche Mischung aus Vitalität und Sterilität bemerkbar« gewesen sei, sei die Vitalität inzwischen geschrumpft: »die Sterilität wurde unerträglich. Die einst erstaunliche Beredsamkeit verwandelte sich in pure Geschwätzigkeit« (ebd.). Und obwohl Reich-Ranicki seine unmäßige Kritik an Walser und seinen Werken sehr deutlich politisch begründet, wirft er Walser vor, kein echtes Interesse für den Kommunismus zu haben:

»Natürlich gibt es in der Bundesrepublik und in anderen westlichen Ländern deutschsprachige Schriftsteller, für die der Kommunismus eine ernste, eine große Sache ist. Aber für Walser, den unermüdlichen Spieler, den liebenswürdigen Wort- und Windmacher, den Jongleur, Showmaster und in der Tat begnadeten Unterhaltungskünstler vom Dritten Programm? Reden wir nicht darüber ...« (ebd.)

Er macht sich lustig über die Kapitalismuskritik im Buch und schreibt über Walsers Sprache: »Von seiner einst rühmlichen Empfänglichkeit für Töne und Zwischentöne ist buchstäblich nichts geblieben. Die Sprache verweigert sich ihm, seine Diktion ist jetzt saft- und kraftlos: in dieser Asche gibt es keinen Funken mehr« (ebd.). Und er schließt seinen Verriß mit dem Versuch ab, den künftigen Verteidigern Walsers den Wind aus den Segeln zu nehmen, indem er auch sie bespöttelt: »Rezensenten, die sich für ›progressiv‹ halten, werden das Buch ausgiebig loben, denn Walser gilt ja als furchtloser Linker. Aber diese Prosa – das sei mit Entschiedenheit gesagt – ist weder links noch rechts. Sie ist nur langweilig« (ebd.).

Ursula Bessen (1981) und Alexander Mathäs (1992) analysieren die Auseinandersetzung unter den Kritikern, die auf Reich-Ranickis Verriß folgte; einige repräsentative Entgegnungen zu Reich-Ranicki seien hier angeführt. Rolf Becker schreibt: »Die garstig apodiktische Art, in der Reich-Ranicki Walsers Buch jeden literarischen Wert abspricht ... – diese befremdlich maßlose und eben dadurch wenig überzeugende Verurteilung könnte mich dazu bringen, das Buch über Gebühr zu schätzen« (1976, S. 204). In seiner gemäßigten Besprechung gelingt es Becker dann doch, über vermeintliche Schwächen, die verschiedenen »Symbol-Spielereien« z.B., und Stärken des Romans, in den »psychologischen Ironien« etwa, zu schreiben. Heinrich Vormweg beginnt seine Kritik mit der Feststellung: »Das Buch, das zur Diskussion steht, hat bereits eine so spektakuläre öffentliche Hinrichtung hinter sich, daß es kaum noch möglich ist, ohne Bezug darauf von ihm zu sprechen« (1976, S.483). Er gelangt zu folgendem Urteil:

»Wer jedenfalls trotz Reich-Ranickis Behauptung, es lohne sich nicht, auch nur eine Seite darin zu lesen, den Roman *Jenseits der Liebe* zur Hand nimmt, der kann sich nur kopfschüttelnd wundern über die hochgeputschte Willkür seines Urteils, kann nur besondere Absicht dahinter vermuten« (ebd.).

Heinz Schafroth fragt sich, warum es so oft passiert, daß bei einem neuem Werk von Walser »mindestens ein deutscher Starkritiker« einen großen Auftritt macht und das Buch oder das Stück »in Fetzen« zerreißt (1976, S.358): »... wird hier seit einiger Zeit der Versuch einer systematischen Autorenzertrümmerung betrieben, die weniger mit der Qualität von Walsers Werk zu tun hat als damit, daß er politisch so quer liegt?« (ebd.). Schafroth drückt sein Besorgnis darüber aus, daß in diesem Verhältnis zwischen einigen Kritikern und Walser

»ein alarmierendes Symptom dafür ist, wie total die Entfremdung zwischen Kritiker und Autor werden kann und wie Kritik auf Grund der Fahrlässigkeit, womit sie dem einzelnen Werk begegnet, in den Verdacht geraten, schon längst nicht mehr dieses zu meinen, sondern einen (aus was immer für Gründen) mißliebig gewordenen Autor« (ebd.).

Sein eigenes Urteil zum Roman – »Walsers stärkstes Buch, von seiner Qualität her nur zu vergleichen mit dem letzten Teil des Romans *Der Sturz*« (ebd.) – kann als Überreaktion auf die unfaire Attacke Reich-Ranickis verstanden werden. Die Diskussion zur Rezeption dieses Walser-Romans ist deswegen aufschlußreich, weil darin die Subjektivität der literarischen Rezeption unverkennbar demonstriert wird.

Franz Horn, seit vielen Jahren Angestellter in einem kleinen Betrieb, der künstliche Gebisse herstellt, kam wie viele seiner Vorgänger bei Walser als uneheliches Kind einer Kellnerin auf die Welt,

wuchs dann mit Mutter und Alkoholiker-Stiefvater in einer kleinbürgerlichen Welt auf, was für sein späteres Selbstbild bestimmend
ist. Nachdem er seinen alternden Vorgänger im Betrieb auf nicht
sehr zimperliche Weise in die Ecke stellt, wird er durch Fleiß und
Verkaufstalent zum engsten Mitarbeiter und Vertrauten des Firmen-
chefs, Thiele. Er bewundert und beneidet Thiele, dem nichts im Leben schiefgeht, der vor Selbstvertrauen strotzt und der bei – besonders jungen – Frauen äußerst erfolgreich scheint. Schließlich, als bei
Horn die Energie und der Verkaufserfolg etwas nachlassen, stellt
Thiele einen jungen ›Volljuristen‹, Horst Liszt, an, und dieser
drängt nun Horn zur Seite. Fünf Jahre später, immer mehr unter
dem Druck des Nicht-mehr-so-wie-früher-Könnens, rennt Horn weg,
als »er bemerkte, daß er imstande war, Hilde und die Kinder zu
schlagen« (S.22). Seitdem lebt er allein.

Soweit die Vorgeschichte. Thiele schickt Horn nun auf eine Ge-
schäftsreise nach England, wo er total versagt: nach einigen Tagen
Versteckspiel in London, wo ihm seine aussichtslose Existenz immer
klarer wird, fährt er in seine Heimat im Allgäu zurück, wo er einen
Selbstmordversuch verübt. Er wird jedoch von Thiele rechtzeitig (?)
in seiner Wohnung gefunden, und er stirbt nicht.

In vieler Hinsicht ist Franz Horn der typische Kleinbürger und
zeigt darin zahlreiche Gemeinsamkeiten mit Beumann, Kristlein,
Gallistl und anderen, späteren Walser-Protagonisten. Walser beschreibt einmal ›den‹ Kleinbürger so: er »ist jemand, der sich selbst
ausbeutet, und auch dazu bereit ist und darin seinen Stolz sieht und
seine Seligkeit und seine Misere« (Reinhold Interview, S.290). Horn
wollte sich über seine Herkunft hinausheben, wollte beruflichen
und finanziellen Erfolg erlangen, auch wenn das zur großen Abhängigkeit von Thiele und zur Unterdrückung seiner eigenen Wünsche,
Ziele und Meinungen führte. Eine Zeitlang schien seine Strategie
aufzugehen; aber Horn wußte, und ihm wurde immer wieder von
Thiele und dann von Liszt auf subtile Art gezeigt, daß er ihnen un-
terlegen war. Sein Frust, seine Selbstzweifel und sein Selbsthaß
wachsen, bis er seine Wut an seiner Frau und seinen Töchtern aus-
läßt. Er wird immer mißtrauischer, isolierter, selbstkritischer, und er
fängt an, viel zu trinken. Er fühlt sich seit langem »verspottet«
(S.12), »verkrampft« (S.14), »versteint« (S.32) und »immer verbisse-
ner« (S.32). Manchmal hat er das Gefühl, »als bestehe er nicht«
(S.35). Er empfindet Thiele und Liszt als seine Folterer, aber er
sucht auch zeitweise ihre Freundschaft.

Aus Angst davor, entblößt zu werden, sucht Horn jedoch auch
intensiver das Alleinsein, denn: »Der Schwache ist am stärksten allein« (S.19) und: »Von mir wird nie jemand etwas erfahren, sagte er

ins dunkle Zimmer hinein« (S.40). In England soll er mit einem Vertreter entweder eine Vertragsverlängerung unter strengeren Bedingungen abschließen oder diesen kündigen. Bei einem alptraumhaften Versuch, den Vertreter aufzutreiben, gerät Horn in einen sumpfigen Wald und verliert alles, was er mit sich trägt. Als er endlich erschöpft und zerrissen ans Ziel kommt, wird das Gespräch mit diesem nun pathetisch-kranken alten Mann zur reinen Absurdität, von der sich Horn geschlagen zurückzieht. Er fühlt sich »dreckig und charakterlos« (S.97) und sieht ein, daß für ihn das Ende unabwendbar ist: »Aber irgendwie hatte Horn ... alles falsch gemacht. Er hatte nicht Schritt gehalten mit seinem Abstieg. Jetzt war es zu spät« (S.108).

Neuere Diskussionen zu *Jenseits der Liebe* stimmen im großen und ganzen mit den positiveren Urteilen von z.B. Schafroth und Becker überein. Einige Literaturwissenschaftler untersuchen das Werk in Zusammenhang mit anderen Walser-Romanen aus diesem Zeitraum, besonders dem Franz-Horn-Folge-Roman, *Brief an Lord Liszt* (1982) und erörtern bislang vernachlässigte Aspekte: z.B. Heike Doanes Erkundung von Walsers Ironiebegriff in *Jenseits der Liebe* sowie in *Seelenarbeit* (1979) und *Schwanenhaus* (1980) und Frank Pilipps Besprechung, die besonders auf die zerstörerischen Auswirkungen des hier dargestellten kapitalistischen Systems eingeht.

5.2.2 *Der Brief an Lord Liszt*

Vor dem Erscheinen des Folge-Romans zu *Jenseits der Liebe* im Jahre 1982 hatte Walser drei weitere, sehr erfolgreiche Prosawerke vorgelegt: die Novelle *Ein fliehendes Pferd* (1978) und die Romane *Seelenarbeit* (1979) und *Das Schwanenhaus* (1980). Walser stand in einer der intensivsten und produktivsten Phasen seines Schaffens. Im *Brief an Lord Liszt* meldet sich Franz Horn noch einmal als Protagonist: wie so oft war Walser mit einer Figur, ihren Mängeln und Schwierigkeiten nicht fertig.

Der neue Franz-Horn-Roman ist ein Briefroman, der aus einem längeren Brief und neunzehn Postskripten besteht. Durch die Rahmenerzählung in der dritten Person erfährt man über das Leben Horns während der vier Jahre seit seinem Selbstmordversuch. Er ist noch im Thiele-Betrieb tätig, aber dort stehen bedeutende Veränderungen bevor: Thiele, wirtschaftlich noch erfolgreicher als früher, ist dabei, die Firma mit einer größeren zusammenzuführen, und Horn wird dadurch völlig überflüssig. Deshalb bewirbt er sich um neue Stellen. Nun geschieht Dr. Horst Liszt genau das, was Horn damals passiert ist. Diesmal braucht die Firma, wegen der Umorganisierung, einen noch stärkeren Manager als Liszt, der, obwohl er bei der Firma bleibt, von einem Dr. Ryynänen ersetzt wird. Liszt verkraftet diesen Schicksalsschlag nur schwer, greift zum Alkohol und verläßt ebenfalls Frau und Kinder.

Für Horn war es wichtig, nach seinem Selbstmordversuch, eine Versöhnung mit seiner Frau Hilde und ihren Töchtern anzustreben, und inzwischen wohnt er wieder mit ihnen zusammen. Das heißt bei weitem nicht, daß er seine Probleme überwunden hätte, denn die meisten Ursachen seiner ›Krankheit‹ bestehen noch. Er leidet nach wie vor an seinen Abhängigkeiten, an seinen kleinbürgerlichdressierten Gefühlen der Nutzlosigkeit, befindet sich noch im Konkurrenzkampf mit Liszt – und vielen anderen –, und in der Ehe ist auch nicht alles in Ordnung: er und Hilde leben zwar zusammen, aber Horn sucht seine sexuelle Befriedigung in einer seltsamen Beziehung zu einer Kellnerin.

Über seinen Gemütszustand zu diesem Zeitpunkt herrscht bei den Kommentatoren zum Roman keine Übereinstimmung. Der damalige DDR-Kritiker Jürgen Grambow beschreibt die Hauptfigur Horn am Anfang des Werkes beispielsweise so:

»Horn ist nur noch Zerknirschung. Er leidet unter Wohlstandsschwermut, der Tatkraft seiner Frau und der eigenen Erschöpfung, unter Errötungsfurcht; Niederlagen verarbeitet er nachts, in Stunden der Schlaflosigkeit, doch selbst in seinen Träumen hat Horn nichts zu sagen« (Grambow 1984, S.433).

Heike Doane dagegen behauptet, Horn scheine sich, »inzwischen mit seiner Unzulänglichkeit abgefunden zu haben« (Doane 1987, S.102). Als Begründung verweist sie auf das Zitat: »Er war mit sich einverstanden« (*Brief an Lord Liszt* 1982, S.23). Der Brief zeigt jedoch, daß er, unter diesen Umständen, nicht auf Dauer »mit sich einverstanden« bleiben kann; zu diesem Punkt aber ist sein Abfinden »mit seiner Unzulänglichkeit« eine erforderliche Überlebensstrategie.

Als Horn keine Hoffnung mehr auf eine neue Stelle hat, zieht er sich in das Schreiben zurück. In äußerster Konzentration artikuliert er in diesem Brief und den vielen Postskripten seinen ganzen Zorn, aber auch seine äußerst ambivalenten Gefühle dem Angeschriebenen Dr. Liszt gegenüber und seine Gefühle über die eigene Situation. Dieser Schreibversuch kommt nicht von ungefähr, da Horn seit Jahren mit unglaublichem Fleiß und Detailbesessenheit jede empfundene Kränkung, die er hinnehmen mußte, in blaue Notizbücher, seinen »Rachekalendar« (S.82), registriert und die daraus entstehenden

Tagebücher und deren Inhalt sorgfältigst geordnet hat. Dies erinnert sehr an Walsers eigene, zahlreiche Notizbücher, in die er jahrelang, in winziger Handschrift, Einfälle, Gedanken, Fragmente aller Art geschrieben und für den späteren Gebrauch geordnet hat. Es handelt sich hier im *Brief* also auch deutlich um Selbstdarstellung und Selbstironie. Frank Pilipp beschreibt den Brief als etwas, in dem »Horn attempts to mitigate the distressing facts and events in his life by writing them down« (Pilipp 1991, S.55). Und: Horns »letter becomes both an act of revenge for and redemption from Liszt's longstanding misjudgements and flawed opinions« (ebd., S.57).

Der Brief bringt Horns Ambivalenz zutage, denn: »Alles, was er dem anderen vorwirft, trifft letztendlich auf ihn selbst zu« (Grambow 1984, S.435). In einer Hinsicht kann man diese große Ambivalenz damit erklären, daß Horn und Liszt Doppelgänger, Spiegelbilder von einander sind. Martina Wagner-Egelhaaf nennt Liszt zu Recht das *alter ego* von Horn (1989, S.58). Horn ist genauso wenig imstande, sich von Liszt zu lösen, wie von sich selbst. »So entsteht in Horn immer wieder der Wunsch nach Nähe und Gemeinsamkeit, der dann von erneuten Trennungsversuchen abgelöst werden muß«, heißt es bei Doane (1987, S.85). Im Brief wie im Leben versucht er, sich gleichzeitig zu entdecken, sich rücksichtslos darzustellen, und sich zu verstecken; er übt sich in der Meßmerschen »Entblößungsverbergungssprache« (*Meßmers Gedanken*, S.9).

Als Horn den Brief beendet hat, kann er zurück ins Leben: »er ging mit frischen Socken in Sandalen auf sein Auto zu und bog, fast schon übermütig vor Gefaßtheit, in die Straße ein. Er fuhr zu einem Fest. Er hatte keine Probleme. Die Leere rauschte interessant. Und drüben das Allgäu trug die Sonne wie einen Kopfschmuck« (S.153). Walser selbst bestätigt, daß für ihn das Schreiben ein Mittel ist, sich zu wehren, sich mit dem jeweiligen Mangel auseinanderzusetzen. Über seine Hauptfiguren, also auch über Franz Horn, erklärte er: »Mit diesen Figuren antworte ich auf das, was mir passiert, so, daß ich das, was passiert ist, erträglicher finde als vor dem Schreiben« (Kaes Interview 1984, S.436). Franz Horn, der sich ebenfalls schreibend wehrt, hat auf ähnliche Weise seine schwierige Situation »etwas erträglicher« gemacht.

Bernd Fischer verweist darauf, daß »die Polemik des nächtlichen Schreibens gegen die Gewalt des Tages [sich] als Therapie« zeigt, und fragt weiter: »aber auch als Wahrheit?« (Fischer 1987, S.109). Horn gibt selber Antwort darauf: »Der helle Wahn, werden Sie sagen. Vielleicht werde ich das, wenn es wieder Tag ist, selber sagen. Aber das ist es doch, daß Tageslicht, Vernunft usw. im Dienst sind. Gekauft, bestochen. Allein der Wahn ist unbestechlich« (S.117).

Ähnliches hat Walser auch über sein Schreiben behauptet: »Also ich schreibe das Leben um. Ich fälsche« (Kaes Interview 1984, S.436).

Wagner-Egelhaaf nennt das Buch ein »Plädoyer für das Schreiben« (1989, S.68) und setzt hinzu:

»Es bedarf der Sprache, um die Dinge, wenn auch nur notdürftig, einzuordnen. Man braucht die Sprache, um ein Verhältnis zur Wirklichkeit zu finden, und d.h. um sie erfahren *und* bewältigen zu können. Ohne Sprache sind auch die Dinge nicht zu haben; eine sprachlose Unmittelbarkeit gibt es nicht« (ebd.).

Zum Teil wegen der drei sehr erfolgreichen Romane, die zwischen *Jenseits der Liebe* und *Brief an Lord Liszt* erschienen und andere Erwartungen auslösten, bereitete dieser zweite Horn-Roman vielen Rezensenten einige Schwierigkeiten, und die meisten erteilten ihm eine schlechte Note. Sie stritten sich sogar darüber, ob er wirklich ein Folge-Roman von *Jenseits* war oder nicht. Joachim Kaisers Kritik darf als repräsentativ für viele Kritikerkollegen gelten; er erklärt, *Der Brief an Lord Liszt* habe wenig Bestechendes an sich. Er vermisse im Buch Ordnung und Steigerung, finde statt dessen bloß Besäufnis und Enthemmtheit. Es gebe wohl im langen Monolog einige »wunderbare Stellen«, aber der ganze Brief wirke »nur wie eine Fingerübung der Leidenschaft« (Kaiser 1982). Ruprecht Skasa-Weiß nennt das Buch einfach »einen Flachroman (Skasa-Weiß 1982). Peter Demetz bringt seine Bedenken zum Ausdruck, indem er schreibt, Walser habe die Figur Horn einerseits als »Firmenkrüppel« und andererseits als »einsichtiger Autor« gezeichnet, aber diese »beiden Idiome« klafften zu weit auseinander, um überzeugend zu sein. Martin Lüdke faßt die wachsende linke Kritik an Walsers neuen Romanen zusammen und behauptet, der Autor zeige durch die »kleinbürgerliche Zufriedenheit« Horns, inwiefern er seit *Gallistl* seine politischen Hoffnungen und Ziel aufgegeben habe (Lüdke 1982). Rolf Michaelis steht für die wenigen positiver eingestellten Rezensenten:

»Was Walser Roman nennt und als Brief ... mit 19 Nachschriften ... präsentiert ... , ist ein Stück Rollenprosa, ein einziger Monolog. Kein Selbstgespräch, sondern ein verzweifelter, trauriger, auch grotesker Versuch, mit einem anderen Menschen ins Gespräch zu kommen. Eine Liebes-, in Form einer Kriegs-Erklärung« (Michaelis 1982).

5.3 Die Helmut-Halm-Romane

5.3.1 *Ein fliehendes Pferd*

»1978 begann eine neue Phase der Walser-Rezeption, die dem Autor bis weit in die achtziger Jahre hinein eine bis dahin unerreichte Popularität bescheren sollte« (Mathäs 1992, S.119). Sehr schnell nacheinander erscheinen die Prosawerke *Ein fliehendes Pferd* (1978), *Seelenarbeit* (1979) und *Das Schwanenhaus* (1980). Und tatsächlich: die Novelle *Ein fliehendes Pferd* wurde rasch zum erfolgreichsten Werk seines Autors. Reich-Ranicki empfahl das Werk, das in der *FAZ* vorabgedruckt wurde, mit einer Vor-Rezension, die den vielversprechenden Titel »Sein Glanzstück« trug. Weniger als zwei Jahre früher hatte er an gleicher Stelle den Verriß gedruckt, den Anthony Waine zu Recht als ein »cruel travesty of a review« bezeichnet (Waine 1989, S.341). Interessant ist es, nun bei Reich-Ranicki zu lesen, er hätte den Verriß z.T. mindestens aus pädogogischen Gründen so scharf gewürzt: »Die Kritik ... war ein zorniger und verzweifelter Versuch, auf Martin Walsers schriftstellerischen Weg einen Einfluß auszuüben« (*FAZ* 24.1.1978). Er betrachtet *Jenseits der Liebe* jetzt nicht nur als »Tiefpunkt«, sondern auch als »Wendepunkt« (ebd.) und empfiehlt das neue Buch folgendermaßen:

»Martin Walsers Novelle »Ein fliehendes Pferd« halte ich für sein reifstes, sein schönstes und bestes Buch. Diese Geschichte zweier Ehepaare, die sich zufällig während ihrer Ferien in einem Ort am Bodensee treffen, ist ein Glanzstück deutscher Prosa dieser Jahre, in dem sich Martin Walser als Meister der Beobachtung und der Psychologie, als Virtuose der Sprache bewährt« (ebd.).

Als die Novelle einige Wochen später in den Buchhandel kam, lieferte er eine ausführliche Besprechung mit dem Titel: »Seine Rückkehr zu sich selbst«. Er preist an der Novelle, daß »diese Prosa ... niemals kalt« ist,

»ja, man kann ihr jene verführerische oder auch bezwingende Kraft nachrühmen, die wir bei Walser seit den *Ehen in Philippsburg* vermissen mußten. Er hat die Geschwätzigkeit überwunden und die Beredsamkeit wiedergewonnen. Selten wird in der deutschen Literatur der Gegenwart die Alltagssprache der Intellektuellen so genau und so entlarvend eingefangen« (*FAZ* 4.3.1978).

Reich-Ranicki lobt u.a. die Ökonomie der Sprache, den schönen Aufbau der Fabel, sowie Walsers Kritik der deutschen Intellektuellen. Er freut sich ebenfalls darüber, daß Walser seine gesellschaftskritischen Absichten abgelegt hätte: »Martin Walser hat offenbar nicht mehr den Ehrgeiz, mit der Dichtung die Welt zu verändern. Er will nur ein Stück dieser Welt zeigen. Mehr sollte man von der Literatur nicht verlangen« (ebd.). Daß diese Deutung eher den Wunschvorstellungen Reich-Ranickis entsprechen als den Gegebenheiten des Werks selbst, unterstreichen die Kommentare einiger späterer Kritiker, die die gesellschaftskritischen Aspekte eingehend besprechen.

Die meisten frühen Rezensenten teilen die Begeisterung Reich-Ranickis. Reinhard Baumgart gefällt z.B. die Zähmung der Sprache: »Unerwartet, fast beunruhigend fremd gleich die ersten Seiten, Satzketten voller Gelassenheit und Energie, nichts also von dem verbalen Leuchtkugelfeuer, mit dem Walsersche Romaneinsätze den Leser sonst überfallen haben« (Baumgart 1978). Gleichzeitig lobt er den »betont antisensationellen Zuschnitt« der Geschichte, die er als »eine wahre Orgie ... an Normalität« bezeichnet (ebd.). Im Gegensatz zu Reich-Ranicki stellt er gesellschaftskritische Qualitäten fest:

»Indem er sich auf das scheinbar Allerprivateste einläßt, auf zwei ihm gleich naheliegende Fluchtmöglichkeiten aus dieser Gesellschaft, kommt etwas ganz und gar Politisches zum Vorschein: ein soziales System, das keinen Lebenssinn mehr hergibt, das Halm nur noch als eine Produktion von Schein, das Buch als ein Universum des Schwindels erlebt. Mit keinem Satz redet die Geschichte zur Lage der Nation. Und doch enthält sie als ganzes unsere Lage. Als Geschichte zweier Opfer, die sich zu spät als solche erkennen. Solidarität also könnte das sein, was Walsers Kunststück provoziert, produziert« (ebd.).

Helmut Halm und seine Frau Sabine sind gerade aus Stuttgart in Nußdorf am Bodensee eingetroffen, wo sie seit elf Jahren im selben Haus, am selben Ort, den Urlaub verbringen. Halm, ein »Lehrer-Beamte, einst offenbar ein legendäres Schüler-Genie, ist inzwischen milde gescheitert, gibt sich als schwermütiger Voyeur, liest Kierkegaard, liebt das Inkognito« (Baumgart 1978). Sabine scheint keine hohen Ansprüche zu stellen und hat sich anscheinend an seine Trägheit, an seinen Rückzugsdrang gewöhnt, aber sie ist gern unter Menschen. Sie treffen ein jung aussehendes Ehepaar und es stellt sich bald heraus, daß trotz des scheinbaren Altersunterschieds, er, Klaus Buch, und Helmut Schul- und Studienfreunde waren. Buch, »Vitalist und Gesundheitssportler, dieser Verkünder von Sex- und Steak- und Mineralwassergenüssen« (ebd.) ist, allem Anschein nach, genau das Gegenteil von Helmut. Überdies ist er mit einer viel jüngeren Frau verheiratet, und sie, Helene, »war eine Frau wie eine Trophäe« (S.21), urteilt Helmut, der verzweifelt nach einer Fluchtmöglichkeit vor diesen Einbrechern in seine Ruhe sucht. Klaus gelingt es, Szenen aus der gemeinsamen Vergangenheit so zu beleben, daß der in sich gekehrte Helmut zugeben muß, er erinnere sich doch an Klaus, aber nicht an die einzelnen nacherzählten Ereignisse. Sabine freut sich darüber, freundschaftlichen Kontakt zu haben. Im Laufe der nächsten drei Tage wird zusammen gegessen, gesegelt, gewandert, und die Paare kommen sich näher, obwohl sich Helmut immer wieder dagegen stemmt.

Obwohl die ganze Handlung aus der Perspektive von Helmut erzählt wird, spielt Klaus als Herausforderer, als Rivale, als Gegenspieler eine unerläßliche Rolle. Die zwei Männer scheinen sich in fast nichts zu gleichen. Helmut verteidigt sich gegen die Annäherungsversuche, er möchte von niemandem erkannt werden: »Mein Herzenswunsch ist zu verheimlichen« (S. 37). Der Erzähler behauptet von ihm: »So etwas wie Lebensfreude entwickelte sich bei ihm wirklich nur aus dem Erlebnis des Unterschieds zwischen innen und außen. Je größer der Unterschied zwischen seinem Empfinden und seinem Gesichtsausdruck, desto größer sein Spaß« (S. 81). Halm ist ein Meister des Scheins, des Dissimulierens, und hat diese Überlebensstrategie beinahe perfektioniert. Klaus Buch, so vermutet man allmählich, hat seine Leben-an-der-Grenze-Philosophie ebenfalls als Überlebensstrategie entwickelt. In beiden Strategien zeigen sich aber Risse: ihre Ängste, ihre Abhängigkeiten, ihr Dissimulieren, werden allmählich entlarvt. Halm und Buch sind sich im Grunde genommen sehr ähnlich.

Die gegensätzliche Art und Weise, wie die zwei Männer ihren Strategien nachgehen, führt unumgänglich zu Konflikten, besonders weil Klaus seinen Jugendfreund Helmut in seine hyperaktive Welt mitreißen und ihn wieder zum engen Freund machen will. Die freundschaftlichen Annäherungsversuche von Klaus verursachen Angst bei Helmut und er bleibt dem ehemaligen Jugendfreund gegenüber hartnäckig verschlossen. Als die vier durch den Wald wandern und Klaus auf ein »fliehendes« Pferd springt, das einem Bauern weggelaufen ist, dieses zähmt und zurück zum Bauern bringt, reagiert Helmut auf die waghalsige Tat mit Neid und Beschämtheit: »Helmut konnte den anderen nicht mehr zuhören. Er war dabei, den Boden unter den Füßen zu verlieren« (S. 92).

Am dritten Tag gehen die beiden Männer auf Drängen von Klaus allein segeln. Ein starker Wind kommt plötzlich auf, aber Klaus will trotz Sturmwarnung weiter segeln. Im Sturm stürzt er von Bord, scheint verschollen und Helmut ist erschüttert. Hel erzählt danach den beiden Halms, was der Leser schon geahnt hat: bei Klaus war der körperliche Fanatismus ein Versuch, seine Gefühle der Ungenügsamkeit zu verdecken, ein Versuch, jung zu bleiben. Seine Strategie war aber letzten Endes genauso verfehlt und unenergiebig wie die von Halm. Klaus taucht aber überraschenderweise wieder auf und er holt seine Frau ab, ohne Helmut ins Gesicht zu schauen. Das Ehepaar Buch verschwindet aus dem Leben der Halms. Helmut und Sabine brechen am selben Tag auf, fahren mit dem Zug nach Montpellier, in den weiteren Süden, und Helmut beginnt, seiner Frau zu erzählen, d.h. sich schonungslos zu entblößen.

Das Interesse an *Fliehendes Pferd* scheint bis heute nicht nachzulassen. Beinahe alle literaturkritischen Deutungsversuche sind sich über die Qualitäten des Textes einig, zeugen aber auch von der Vielschichtigkeit des Inhalts, die zur hohen literarischen Qualität des Textes beitragen. Sigrid Herzog hat die Novelle bei ihrem Erscheinen jedoch als »zu schön, um wahr zu sein« empfunden (1978), und Martin Lüdke ist der gleichen Meinung:

»An dieser ›Novelle‹ stimmt so ziemlich alles. Aber genau diese Stimmigkeit ist erschlichen, bzw., etwas genauer gesagt, das Resultat einer Reduktion; was sich in den Romanen »Die Gallistl'sche Krankheit‹ (1972) und ›Jenseits der Liebe‹ (1976) bereits andeutend zeigte, hat in dem ›Fliehenden Pferd‹ seine deutlichste Ausprägung gefunden: Walser reduziert die gegebenen gesellschaftlichen Verhältnisse auf das Maß des gesunden Menschenverstandes« (Lüdke 1983, S.82).

Lüdke urteilt, Walser habe mit dem »stetig steigenden Unterhaltungswert« dieses Werkes einen hohen Preis bezahlt. »Walsers Rückgriff auf die überlieferten literarischen Formen [Novellenform] läuft einher mit dem Rückgriff auf eine längst zerdepperte Bewußtseinsform. ... Martin Walser bewegt sich auf die fließende Grenze zu, die ›Literatur‹ von ›Unterhaltung‹ trennt« (ebd., S. 89).

Eine der drei Hauptstreitigkeiten in der Sekundärliteratur zu dieser Novelle ist die Frage inwiefern die disziplinierte Sprache, die größere Überschaulichkeit der Handlung, die klar nachvollziehbare Fabel – es gibt sogar ›Action‹! –, die abgeschlossenere Form und die allgemeine Verständlichkeit als Zeichen einer positiven oder eher negativen erzählerischen Entwicklung zu bewerten seien. Die meisten Rezensenten und Kritiker, auch Reich-Ranicki, haben diese neuen Qualitäten begrüßt. Joachim Kaiser dagegen vermißt den ›alten‹ Walser und wünscht, »daß er wieder in seinen tausendmal anfechtbareren, tausendmal herrlicheren Seelen- und Wort-Dschungel zurückfindet« (Kaiser 1978, S.838). Trotz solcher Urteile wurde die bereits erhebliche Zahl der regelmäßigen Walser-Leser mit dieser Novelle und den darauffolgenden Romanen viel größer.

Die zweite wichtige Frage, die zu unterschiedlichen Antworten und Meinungen bei den Kritikern geführt hat, betrifft die Rolle der Gesellschaftskritik im Werk. Einige Kritiker behaupten, Walser hätte sich mit dieser Novelle von seinen politischen und gesellschaftskritischen Interessen verabschiedet und den psychologischen und existentialistischen Problemen und Herausforderungen im Leben zugewendet. Siegfried Weing analysiert *Ein fliehendes Pferd* z.B. anhand einer Lektüre Kierkegaards, dessen Bedeutung für die Novelle auch durch das vorangestellte Motto aus *Entweder/Oder* unterstrichen wird:

»Man trifft zuweilen auf Novellen, in denen bestimmte Personen entgegengesetzte Lebensanschauungen vortragen. Das endet dann gerne damit, daß der eine den andern überzeugt. Anstatt daß also die Anschauung für sich sprechen muß, wird der Leser mit dem historischen Ergebnis bereichert, daß der andre überzeugt worden ist. Ich sehe es für ein Glück an, daß in solcher Hinsicht diese Papiere eine Aufklärung nicht gewähren« (*Ein fliehendes Pferd*, S.7).

Wenn man sich aber ausschließlich auf die existentialistischen Aspekte im Werk konzentriert, wie Weing und Reich-Ranicki, oder die ganze Problematik im Werk als ›mid-life crisis‹ der zwei Protagonisten Halm und Buch, wie Therese Poser, übersieht man, daß das Gesellschaftliche, das Politische sogar, noch immer eine wichtige Rolle spielt. Es handelt sich allerdings nicht mehr um parteipolitische Fragen, wie in *Gallistl*, oder um den Druck und die dadurch entstehende ›Zurichtung‹ am Arbeitsplatz, wie in *Jenseits der Liebe* und *Brief an Lord Liszt* dargestellt. Doanes Feststellung, *Ein fliehendes Pferd* sei »keine psychologische Novelle im eigentlichen Sinne, sondern eine Aufzeichnung psychologischer Formationen und Deformationen, die in den politischen Verhältnissen wurzeln« ist zuzustimmen (Doane 1980, S.70). Halm und Buch haben den deformierenden Druck des Gesellschaftssystems, des Kapitalismus, verinnerlicht. Sie sind beide, trotz ihrer entgegengesetzten Überlebensstrategien, höchsten Leistungserwartungen, seien diese sexueller, wirtschaftlicher oder beruflicher Art, ausgeliefert und zum Opfer gefallen. »Trotz allen Sich-Entziehens aber«, wie Albrecht Weber schreibt, »ist die totale Gesellschaft, die eine Sexkonsumsgesellschaft ist, in ihm« (Weber 1980, S.287). Die Kluft zwischen den gesellschaftlichen Erwartungen und seinem Können erzeugt in Halm die Spaltung zwischen Schein und Sein, und er versucht, »seine wirkliche Person in Sicherheit« (S.13) zu bringen, indem er sich vor den anderen verheimlicht: »Je mehr ein anderer über micht wüßte, desto mächtiger wäre er über mich, also...« (S.37). Klaus Buch reagiert auf denselben Druck mit einer ganz anderen Strategie, die aber auch durch die Angst bestimmt wird, er könne den Anforderungen der Konsumgesellschaft nicht genügen. Trotz seiner vielen ›Scheinerfolge‹ kann er seine Angst nicht überwinden, daß »alles, was er tue, Schwindel sei« (S.136) und daß er in Wirklichkeit »ein Verbrecher« sei (S.137). Man kann Manfred Dierks zustimmen, wenn er schreibt: »Helmut Halm und Klaus Buch ... unterscheiden sich nur in der Fluchtrichtung. Beiden geht es um die Identität der eigenen Person – das Selbstbewußtsein -, das von den geltenden Verhältnissen vereitelt wird« (Diercks 1984, S.46).

Der dritte Schwerpunkt der unterschiedlichen Auslegungen betrifft den Schluß. Manche Kritiker verstehen das Aufbrechen von Halm als weitere Flucht und interpretieren die Tatsache, daß der erste und letzte Satz der Novelle die gleichen sind, als Zeichen einer ausweglosen Kreisbewegung. Doane meint z.B.:

»Die Form der Novelle bestätigt so den Kreislauf alles Erzählten und die Ausweglosigkeit der Figuren. Die Erzählweise will damit verhindern, daß durch ›literarische Transposition und Abreaktion‹ (Walser *Der Sturz*, S.202) ein Problem aufgehoben wird, das in den Augen des Autors weiterhin besteht« (Doane 1980, S.83).

Weing erklärt, Helmut zeige durch seine neu gefundene Bereitschaft, seiner Frau Sabine die ganze Geschichte zu erzählen und sich vor ihr zu entblößen, nicht nur seine Sehnsucht nach wahrhaftiger Nähe, sondern seine Fähigkeit zu lieben (vgl. Weing 1992, S.286).

Weitere Fragen, Motive, Themen und Annäherungsmöglichkeiten, die in den Diskussionen dieser schon zum Klassiker erklärten Novelle auftauchen, sind z.B.: ob Halm den Tod von Klaus Buch mit seinem Fußtritt gegen die Pinne beabsichtigte oder nur aus Angst handelte; ob oder inwieweit diese Novelle in Zusammenhang mit Thomas Manns *Tonio Kröger* gelesen werden kann (Dierks); inwieweit dasselbe für Goethes *Wahlverwandtschaften* gilt (besonders Wiethölter, 1983, und Kruse, 1994); die Bedeutung und Rolle der zwei Frauen, Sabine und Hel; die Problematik des Novellenschreibens im späten 20sten Jahrhundert (Doane 1995); und die Bedeutung der Kritik an Intellektuellen im Werk (Weber 1980).

5.3.2 *Brandung*

1985 erschien *Brandung*, der Folge-Roman zum *Fliehenden Pferd*. Noch einmal holt Walser eine frühere Figur, den Lehrer Helmut Halm diesmal, zurück ins – literarische – Leben. Helmut, immer noch am selben Gymnasium lehrend, leidet u.a. an seiner Abhängigkeit von den Vorgesetzten sowie unter dem nur schwer definierbaren deutschen Alltagsmief. Als er den Anruf von seinem ehemaligen Studienfreund Rainer Mersjohann mit der Einladung erhält, ein Semester lang an der – fiktiven – Washington Universität in Oakland zu unterrichten (diese ist der U.C.-Berkeley stark nachgebildet, wo Walser selbst ein Semester lang Gast war), wirkt Helmut wie erlöst.

In Kalifornien scheint Halm wie befreit, wie neugeboren, und er gerät sofort ins Schwärmen über die üppige Landschaft, die erfrischende Luft und die überwältigende Schönheit der San Francisco Bay. Es gibt zwar ausreichende Anzeichen dafür, daß diese paradiesisch anmutende Welt nicht so heil ist, wie es den Anschein hat, aber Helmut läßt sich von Kalifornien verführen. Er verliebt sich in eine hübsche, blonde Studentin, Fran Webb, die wortlos in seinem Unterricht sitzt, ihn aber desto eifriger nach jeder Stunde verfolgt und ihn bittet, ihr bei ihren Literaturaufsätzen zu helfen. Diese Liebe bleibt im platonischen Bereich (und man erfährt nie, ob Fran in Halm auch verliebt ist), spielt sich nur auf indirekte Weise ab, durch die laute Lektüre von Shakespeareschen Sonetten und Dialogen. Helmut erlaubt sich immer wieder Flüge der (Liebes-) Phantasie, obwohl Fran einen All-American-Sportler als Freund hat und obwohl er weiß, daß es unsinnig ist, besonders bei dem großen Altersunterschied, sich diese Phantasie zu erlauben, und ein Teil von ihm (ICH-Halm) kämpft dagegen; der andere jedoch (ER-Halm) will sich gehen lassen.

Kurz nach der Ankunft in Kalifornien erlebt Helmut die »Brandung« des großen Meeres: Von jugendlicher Übermut verleitet, wagt er sich zu weit ins Meer hinaus und wird von der Brandung gewaltig umgeworfen. Tagelang danach kann er sich kaum bücken, kaum gehen: »Der riesige Ringer Pazifik hatte ihm jeden Knochen verrenkt« (S.102). Dann deuten sich weitere Schwierigkeiten an. Es wird Helmut und Sabine bald erkenntlich, daß z.B. der Freund Rainer ein schwerer Alkoholiker ist und daß er mit seiner Frau Elissa nur mehr eine Scheinehe führt. Rainer leidet zudem unter dem Druck, einen längst überfälligen Aufsatz über Schubert beenden zu müssen. Die Halm-Tochter Lena schließt sich tagelang mit ihrer Liebes- und Lebenskummer in ihrem Zimmer, und Sabine muß wegen ihres inzwischen krankgewordenen Vaters nach vier Wochen wieder nach Stuttgart.

Die alte Freundschaft zwischen Helmut und Rainer, trotz aller traurigen und beinahe verzweifelten aber ungeschickten Versuche beiderseits, läßt sich nicht wiederbeleben. Sie produzieren ständig Mißverständnisse, reden aneinander vorbei. Die gestörten Beziehungen unter den Institutskollegen geben einen weiteren Kontrast zur wunderschönen, heilen Landschaft ab. Sogar der aufgelebte Helmut kann diese kalifornische Jugend- und Naturkur nicht ständig verkraften. Bei seinem Gastvortrag über Heine bricht er wegen einer Kreislaufstörung zusammen und, schließlich, bei der Party, die ihm zu Ehren am Semesterende veranstaltet wird, tanzt er so wild mit Fran, daß sie stürzen: er holt sich ein blaues Auge, sie ein gebrochenes Bein. Die kalifornische »Brandung« wirft ihn also ein zweites Mal um.

Zurück in Stuttgart, einer öffentlichen Blamage entwichen, kommt sich Helmut »etwas kleiner, etwas zerfetzter« (Karasek 1985, S.159) vor. Er kann das private Gefühl – »Nur er weiß, mit welchen Blessuren er zurückkehrt«, ebd.) – nicht loswerden, er hätte in Kalifornien doch eine Niederlage erlitten, aber um alles »erträglicher zu machen«, fängt er an, wie am Ende vom *Fliehenden Pferd*, Sabine ›alles‹ zu erzählen.

Um ihn herum häufen sich gerade die Todesfälle: beide Schwiegereltern sind inzwischen gestorben; der Freund, der vielleicht einer hätte sein können, Rainer Mersjohann, hat sich in einem Hotelzimmer das Leben genommen; die junge Studentin Fran, erfährt er aus der Ferne, ist ebenfalls tot, Opfer eines Autounfalls. All diese Todesfälle zusammen geben Helmut ein Gefühl des gerade noch Davongekommenseins. Der Tod, wie Elsbeth Pulver es ausdrückt, »spart den Alternden aus, ohne ihn doch unversehrt zu lassen« (Pulver 1985, S.900-01). In Halm ist auch viel gestorben: Hoffnungen, Phantasien, Möglichkeiten.

Man kann *Brandung* u.a. als ein Buch über die Schwierigkeiten des Alterns verstehen. Die Herausforderung für Helmut heißt nicht mehr Klaus Buch, sondern Kalifornien: der hell-beleuchtete Staat am Meer, der amerikanische Universitätscampus und die junge Studentin Fran sind Vertreter einer Lebensphilosophie und Lebenserwartung, der Helmut nicht – mehr – gewachsen sein kann. Wenn im *Fliehenden Pferd* die Figuren Halm und Buch nur Scheingegensätze repräsentieren und sogar als zwei Aspekte eines und desselben Menschen verstanden werden können, sind die zwei sich bekämpfenden Stimmen nun in Halm selbst, ICH-Halm und ER-Halm. Walser hat häufig mit mehreren Stimmen in seinen Werken gearbeitet, z.B. bei Kristlein und seinem imaginären Begleiter Cleverlein. Diesbezüglich erklärt er einmal: »Ich bin schon immer mehr als eine Stimme in mir gewesen. Und wenn ich mit einer Stimme gesprochen habe, dann habe ich schon ein bißchen reduziert« (Totten Interview 1981, S.36). Mit den Halm-Buch und ICH-Halm/ER-Halm Gegensätzen vermeidet er eine solche Reduktion und schafft eine echte Spannung. Diese Vielfältigkeit der Stimmen unterstreicht die Widersprüche und die Gespaltenheit in der individuellen Identität der Figuren und ihres Autors.

Die Thematik dieses Werks ist jedem Walser-Leser zum größten Teil schon bekannt. Die Ehe- und Sexualitätsproblematik kennt man z.B. seit *Ehen in Philippsburg*; die Probleme der Abhängigkeit und des Leidens an der eigenen Machtlosigkeit sind schon lange Hauptbestandteile der Walserschen Werke; der kleinbürgerliche Minderwertigkeitskomplex Walserscher Hauptfiguren mit ihrer Angst vor – echten und imaginären – Niederlagen aller Art gehört ebenfalls zum Themenrepertoire seit den frühesten Werken; und Walsers Kritik an der deutschen Enge, hier durch ein neues, amerikanisches Gegenbild beleuchtet, erscheint in immer neuen Formen in fast allen Werken. Einige weitere Themen gewinnen nun in *Brandung* und in den anderen am Anfang der 80er Jahre geschriebenen Romanen wesentlich an Bedeutung: das Altern, der Tod, die Sehnsucht nach echter Freundschaft, die andauernden Probleme mit erwachsenen Kindern, der zerstörerische Alkoholismus und, schließlich, die Standhaftigkeit der Ehe. Ganz neu als Hauptthemen in *Brandung* sind Amerika und das amerikanische Universitäts- und Campusleben, was Walsers Versuch spiegelt, sich mit seinen vielen Erfahrungen in und mit Amerika auseinanderzusetzen.

Daß das Altern seit langem für Walser ein großes Problem und ein »Mangelerlebnis« darstellt, geht unmißverständlich aus seinen Äußerungen im Gespräch mit Günter Gaus hervor. Er sagt dort, das Erlebnis des Altwerdens habe ihn überrascht und es sei ihm nicht gelungen, sich darauf vorzubereiten, obschon er das Gefühl habe,

»seit meinem 21. Lebensjahr habe ich nichts anderes getan, als mir vorzustellen, daß ich gleich furchtbar alt sein würde und daß das entsetzlich sein würde. Ich habe auch immer aufgepaßt, ältere Kollegen immer ungeheuer beobachtet, weil mir jeder Ältere leid getan hat, weil ich das von Anfang an für das Schlimmste gehalten habe und bewundert habe, daß die Leute das überhaupt aushalten, älter und so nahe an dieser bestimmten Schwelle zu sein« (Gaus Interview 1986, S.37).

In *Brandung* versucht Walser, diese unangenehme Realität »schreibend erträglich zu machen« (ebd.).

Wo sich Halm im *Fliehenden Pferd* konsequent vor der Erneuerung einer Freundschaft mit Klaus Buch drückt, will er nun selber die freundschaftliche Verbindung zu Rainer Mersjohann beleben, und es stört ihn, daß diese Versuche immer wieder scheitern. Der Wunsch, einen echten Freund zu haben, motiviert die gleichfalls scheiternden Versuche Kristleins und Horns, jetzt scheint die Sehnsucht dringender und Freundschaft wichtiger. Walser läßt »die Sehnsucht hörbar werden, die die Menschen bewegt, die Sehnsucht nach einer Nähe, in welcher der Konkurrent zum Freund, die Vereinzelung aufgehoben und das Gutsein möglich werden könnte« (Pulver 1985, S.895). Man erkennt diese Sehnsucht bei Halm auch in seiner Beziehung zu Sabine: früher wollte er nicht mehr berührt werden und litt unter der Angst, sie würde vielleicht noch sexuelle Erwartungen an ihn stellen; jetzt ist er derjenige, der solche Ansprüche, mit wechselndem Erfolg zwar, an Sabine stellt (vgl. Pilipp 1991, S.76). Und die Begeisterung Halms, sein Schwärmen für Kalifornien und für die dortige Landschaft, zeugt ebenfalls von einer neuen, obwohl nicht problem- oder widerspruchslosen, Lebensverbundenheit und -lust.

Walsers Beziehung zu Amerika verdient eine ausführlichere Analyse, als wir hier anbieten können. Man kann zu Recht behaupten, daß seine Gefühle und Gedanken diesem vielfältigen Land und Volk gegenüber eher positiv aber nicht unkritisch sind. Amerika weckt in Walser wie bei seiner Figur Halm ein Gefühl der Befreiung sowie Emotionen und Hoffnungen, die in Deutschland eingeschlummert zu sein scheinen. Über Halm wird im Roman z.B. gesagt: »Dieses Land machte ihn an. Mit Weite und Helligkeit. Er wäre am liebsten ununterbrochen unterwegs gewesen. Er hätte hier offenbar am liebsten alles getan, wozu er zu Hause am wenigsten Lust hatte« (S.131). Walser erklärt einmal, seine vielen Ausflüge nach Amerika hätten »auch ein bißchen, es sei zugestanden, Fluchtcharakter. Weil es hier nicht mehr auszuhalten war, aus verschiedenen Gründen. Und in Amerika und nur in Amerika habe ich, dafür bin ich dem Land dankbar, Zeit« (Siblewski Interview 1991, S.281). Walser und Halm äußern sich auch zu Aspekten der amerikanischen Politik sehr kritisch, z.B. zu Reagans konservativer Ideologie, und Walser erkennt die Schattenseiten dieses Scheinparadieses deutlich. (An dieser Stelle sei diesbezüglich auf seinen Aufsatz, *Die Amerikareise. Versuch, ein Gefühl zu verstehen* (1986), hingewiesen).

Es geht in *Brandung* wiederum um zwischenmenschliche Verständigungsschwierigkeiten. Fast alle reden aneinander vorbei, betreiben die bekannte Walsersche »Entblößungsverbergungs«-Strategie, um sich zu schützen und um ihre Verletzbarkeit nicht offenzulegen. »Die Sprache als genaues Gegenteil des Gefühls« (S.185), so bleibt in *Brandung* der Abstand zwischen Gesagtem und Gemeintem bis zum Ende unüberbrückt. Die Beziehungen bleiben gestört, auch *sprach*gestört. Helmut verspricht sich z.B. häufig und wird, besonders von Rainer, Sabine und Lena, mißverstanden; er stolpert über die Sprache auch im Sprachunterricht, wo er einmal als Gesprächsthema folgendes vorschlägt: »Was verschweigt man, wenn man etwas sagt? Was sagt man, um etwas verschweigen zu können? Wie kann man von Gesagtem auf Verschwiegenes schließen« (S.68).

Alexander Mathäs schreibt von den »zahlreichen und überwiegend positiven Reaktionen der Kritiker« zu *Brandung* und »vom erneuten Triumph des Autors« (Mathäs 1992, S.167). Für Mathäs und für viele Rezensenten gilt dieser Roman als »gattungskonform«, mit ein Grund für die mehrheitliche Begeisterung der Kritiker. Paul Reitze, stellvertretend für viele Kollegen, lobt die »Vielschichtigkeit des Romans«, den man u.a. »... als sarkastisch witzigen ... Gesellschaftsroman«, als »Ehegeschichte« und »als ins Mythische vordringende Parabel von Leben und Tod« (Reitze 1985) lesen könne. Wie zahlreiche bürgerliche Kritiker übersieht Reitze die Kontinuitäten zwischen *Brandung* und den früheren, unmittelbarer gesellschaftskritischen Werken Walsers und er konzentriert sich in seinem Lob hauptsächlich auf die ästhetischen und stilistischen Qualitäten und unterstreicht die »überzeitliche Parabolik« des Werkes. Elsbeth Pulver liefert die begeistertste Rezension: sie bezeichnet *Brandung* sogar als Walsers »Meisterwerk« (Pulver 1985, S.895). U.a. preist sie Walsers Natur- und Landschaftsbeschreibungen, wo sie »eine ganz neue stilistische Qualität« (ebd., S.896) zu entdecken meint.

Die treuen Verteidiger von Walsers unmittelbarer gesellschaftskritischen Werken von früher, die linken Kritiker und Rezensenten, vermissen nun diese von ihnen bevorzugte Qualität in *Brandung*. Zugleich finden sie die amerikanische Thematik ziemlich uninteressant. Der links stehende Kritiker Michael Stadelmaier betrachtet *Brandung* z.B. als »zur Selbsterfahrung verkommene Literatur« (Stadelmaier 1985) und bezeichnet die Thematik als banal: »Brillantes Herumgeschnorchle an der Oberfläche putzt sich als ahnungstuerische Tieftauchprosa« (ebd.). Max Wenzel und Harald Projanski bemäkeln am Roman »die subjektivistische Verengung der Autorenperspektive« (Mathäs 1992, S.170). Solche negativ-kritischen Urteile zum Roman, der wochenlang in den Bestsellerlisten geführt wird, bleiben aber Ausnahmen.

Spätere literaturwissenschaftliche Kommentare zu *Brandung* zeugen von anhaltender Begeisterung sowie von einigen Bedenken. Hier konzentriert man sich auf folgende Schwerpunkte und Themen: die strengere Form und die klassische Thematik; Amerika; die Frage, ob Gesellschaftskritik vorhanden sei oder nicht; Halm als – typische – Walsersche Figur und in seiner Rolle als Ehemann und Vater; Konkurrenz und das Leiden an den Zwängen und Ängsten, die mit Abhängigkeiten verbunden sind, etc. Zwei aufschlußreiche

Analysen des Romans deuten *Brandung* als »Campus-« oder »Professorenroman« (Mews 1987 und Keith-Smith 1990).

Frank Pilipp sieht in *Brandung* »The Dialectics of Domination« im Vordergrund und analysiert die konfliktreiche, weil gespaltene Identität von Halm. Er erklärt z.B., Halm »drifts between the two modes of existence of Halm and Buch, or differently put: between intellect and instincts, the yearning for death and the urge to live, or, between an intellectual isolation à la Nietzsche and consumerism« (Pilipp 1990, S.75). Jens Kruse interessiert sich für die Intertextualität des Romans, weist zu Recht auf die Hinweise auf Rilke, Shakespeare, Faulkner und Heine im Text hin. Noch wichtiger für ihn jedoch ist die intertextuelle Beziehung zwischen *Brandung* und Goethes *Wahlverwandschaften*. Er begründet diese Behauptung mit einem ausführlichen und überzeugenden Vergleich der Texte.

Was Martin Lüdke – und einigen anderen z.B.– in *Brandung* und den anderen Werken dieser Zeit zu fehlen scheint, ist genau die frühere Qualität der Walserschen Prosa, die dem Autor von bürgerlichen Kritikern von Sieburg bis Reich-Ranicki Tadel eingebracht hat: das wortgewaltige Unüberschaubare seiner ›Geschichte des Alltags‹. Jetzt, wo seine Prosa disziplinierter und zugänglicher, seine Werke gattungskonformer sind, auch wo seine Gesellschaftskritik indirekter wird, habe Walser sich und seine Kunst zugunsten des steigenden »Unterhaltungswerts« seiner Werke komprimittiert (vgl. Lüdke 1983). Auf die Frage, warum die Popularität – sprich: Auflagenhöhen – seiner Werke zu dieser Zeit gestiegen ist, erklärt Walser, daß er seine »Willkür und Selbstherrlichkeit durch ich weiß nicht welche Demut gezähmt habe und daß also die Bücher erträglicher geworden sind, weil die Ich-Figur nicht mehr so triumphiert darin ...« (Totten Interview 1981, S.40).

5.4 Die Zürn-Romane

5.4.1 Seelenarbeit

Wir haben schon auf die Verzahnung der Prosawerke Walsers durch das mehrfache Erscheinen einiger Hauptgestalten hingewiesen. In den *Zürn-Romanen* wird zum ersten Mal eine Figur aus einer Nebenrolle in die Hauptrolle befördert. Im *Fliehenden Pferd*, so liest man, hat jahrelang das Ehepaar Zürn die Ferienwohnung am Bodensee den Halms vermietet. In zwei der zwischen Anfang und Ende der 80er Jahre geschriebenen Romanen rückt Walser diesen

Gottlieb Zürn in den Mittelpunkt: im *Schwanenhaus* (1980) und *Jagd* (1988). Vorerst aber, in dem Roman *Seelenarbeit* (1979), wird ein anderer aus dieser Bodensee-Sippe, der Vetter Xaver Zürn, zum Protagonisten. Als ob er die Verästelung seiner Figuren noch weiter unterstreichen wollte, macht Walser nun diese zwei Vettern auch zum Vetter von Franz Horn. Es sollte also nicht verwundern, daß zahlreiche Gemeinsamkeiten bei all diesen verwandten Figuren zu konstatieren sind.

Xaver Zürn, Kleinbürger von Herkunft, Chauffeur von Beruf, hat andere Fahrer-Figuren in Werken Walsers als Vorgänger: Berthold im Stück *Der Abstecher*, Bert in *Halbzeit* und Heini Müller im *Einhorn*. Einige Rezensenten kritisieren Walser wegen der Wahl des Chauffeur-Berufs für seine Hauptfigur in *Seelenarbeit*, weil sie meinen, Xaver sei »viel zu gebildet, viel zu wortartistisch-sensibel« (Skasa-Weiß 1979), als daß er als Fahrer glaubwürdig wäre. Ulrich Greiner empfiehlt, »Xaver Zürn hätte ... Schriftsteller werden sollen, empfindlich und empfindsam, wie er sich aufführt« (Greiner 1979, S.92). Anthony Waine sieht es anders und lobt Walser gerade für die Wahl dieses Berufes, denn es soll »gerade der individuelle Aspekt des fast ausschließlich auf den Wagen beschränkten Verhältnisses zwischen Chauffeur und Herrschaft abgebildet werden, das aus einer eigentümlichen Mischung aus Distanz und Intimität besteht« (Waine 1980, S.120). Und Mathäs weist darauf hin, daß mit der Wahl dieses Berufes Walser »das Klischee vom geistig minderbemittelten Kleinbürger bewußt zerstören wollte« (Mathäs 1992, S.129). Walser erklärt selber, er wolle damit dem deutschen Klischee – »wer nicht das Abitur hat, der ist auch nicht leidensfähig« – entgegenwirken (Hoffmeister Interview 1985, S.169). Was Walser an diesem Beruf fasziniert, scheint die Herr-Knecht-Thematik zu sein, die dadurch in moderner Form verkörpert und versinnbildlicht wird. In diesem Beruf werden ebenfalls die Abhängigkeitsproblematik sowie die Verständigungsschwierigkeiten zwischen Arbeitgebern und -nehmern deutlich. Und obwohl Xaver Zürn seinem Beruf gemäß weniger intellektuell vorgeht als z.B. Kristlein, Gallistl und Horn, die alle Schriftsteller sind, identifiziert sich Walser ebenfalls mit dieser Hauptfigur: »Ich hatte von einem Tag auf den anderen einfach einen Chauffeur; es war offenbar meine Situation, die sich in einem Chauffeur am besten ausdrücken ließ« (ebd.).

Xaver Zürn ist seit dreizehn Jahren Chauffeur bei einem Fabrikanten, Dr. Gleitze. Dieser interessiert sich jedoch wenig für das Geschäft, desto mehr für Mozart. Xaver fährt ihn überall in Mitteleuropa hin, oft weil Gleitze irgendwo in eine Mozart Oper gehen will. Xaver hat die Stelle damals deswegen bekommen, weil er als disziplinierter Nichttrinker, Nichtraucher und ehemaliger deutscher Kleinkalibermeisterschütze empfohlen wurde, obwohl fast nichts daran stimmte. Gleitze erwartet, daß sein Chauffeur ein »Charaktermeister« sei, in dem das »Gesunde, Natürliche, Offene, Unverdorbene« mit »Ruhe und Ausgeglichenheit« verbindet (S.18; vgl. Doane 1983, S.262). Immer intensiver leidet Xaver unter dem Zwang, diese Fremderwartungen erfüllen zu müssen. Im Laufe der drei Teile des Romans, die die Überschriften »Mai«, »Juni« und »Juli« tragen, den drei Handlungsmonaten entsprechend, erfährt der Leser wie sich die vielen Verdrängungen Xavers endlich an ihm rächen und wie er dadurch krank wird. Schließlich, weil er beim Trinken eines Biers erwischt wird, verliert Zürn die Stelle als Chauffeur und wird ins Warenhaus (straf-)versetzt.

Xaver Zürn ist ein echter Anpasser, der sich gegen die Natur zu beherrschen lernt. Daß er darunter leidet, zeigen seine akuter werdenden Krankheitssymptome. Wie schon bei Kristlein und Blomich oder Horn und Thiele, verehrt Xaver seinen Dr. Gleitze und meint, das höchste Glück wäre, von diesem als Menschen anerkannt zu werden. Weil er seine eigene Identität unterdrücken muß, sucht er eine Ersatzidentität im Verhältnis zum Chef. Als er sein körperliches Leiden nicht mehr verheimlichen kann, schickt ihn Dr. Gleitze zu einem Arzt. Die schmerzhafte Untersuchung ergibt den ärztlichen Befund, daß seine Krankheit nur psychosomatisch sei. Im Laufe der Untersuchung beginnt Xaver jedoch zu ahnen, daß die Ursachen seines Leidens viel mehr gesellschaftlicher als psychologischer Art sind. Seine Gefühle Dr. Gleitze gegenüber beginnen sich zu verwandeln, und seine verdrängte Wut gegen diesen, als Repräsentanten dieser Gesellschaft, die das Herr-Knecht-Muster noch duldet, wächst. Zürn, der u.a. gleichfalls eine große Liebe zur klassischen Musik hat, würde gern mit Gleitze über ihr gemeinsames Interesse reden, aber, trotz des langen Zusammenseins im Auto, kommt es nie zu zwischenmenschlichen Gesprächen, einerseits weil Gleitze in Zürn nur eine Funktion und keinen Menschen sieht und andererseits weil Zürn es nicht wagt, mit Gleitze über solche nicht zum Fahren gehörenden Themen zu sprechen.

Walser stellt wiederum in *Seelenarbeit* die Verzahnug von der privaten und der beruflichen Welt dar: die

»Arbeitsbedingungen regieren in die Familie hinein, ins Bett hinein, in die Gedärme hinein, in die sogenannte Seele hinein regieren sie. Man hat keinen innersten Fleck, wo man sich heil empfinden dürfte, weil es keine Grenze der Machtausübung im Inneren eines solchen abhängigen Menschen gibt« (Hoffmeister Interview 1985, S.176).

Obwohl Zürn kein Intellektueller ist, unternimmt er nach seinen ärztlichen Untersuchungen, in der Art von Kristlein, Gallistl und Horn, eine Selbsterforschung. Daß er auf seine Wut mit Mordgedanken reagiert, ist etwas Neues bei Walser. Seinem steigenden Zorn entsprechend sammelt Xaver Messer und versteckt eines davon im Schubfach des Autos. Er phantasiert über einen Mord an Gleitze und stellt sich vor, dessen Tod könnte eine Erlösung bringen. Einmal greift er sogar zum Messer, wird aber von seinem mörderischen Vorhaben abgelenkt: Seine Wut reicht nicht dazu aus.

Trotz aller Niederlagen, Abhängigkeiten und Leiden, die ihn, wie auch seinen Vetter Franz Horn in *Jenseits der Liebe*, in Selbstmordgedanken treiben, verfügt Xaver Zürn über ein wenn auch nicht sehr stabiles Lebensfundament. Einerseits spürt er ein nicht völlig artikulierbares Verhältnis zur Landschaft und zur Natur. Diese bilden für ihn zwar keinen romantischen Ausweg, lassen ihn aber die Möglichkeit einer heileren Welt ahnen. Andererseits empfindet er eine steigende und stärkende Beziehung zu seiner Klasse und seiner Herkunft, seiner Heimat, seiner Familie und seiner Frau. Daß Walser sich allmählich erlaubt, eine ähnliche Empfindung für sich in Anspruch zu nehmen, lassen einige Sätze aus *Meßmers Gedanken* ahnen, die auch Walsers Sätze sein dürften: »Den Ausschlag gibt, wonach man sich sehnt. Ich wage nicht, selbständig zu sein. Unabhängig käme ich mir verbrecherisch vor. Für mich spricht nichts als die Leiden meiner Vorfahren. Ihr gespartes Leben gebe ich aus« (*Meßmers Gedanken* 1985, S.55).

Mit der Hilfe von verschiedenen Lektüren – einer sozialistischen Geschichte des Bauernkrieges und dem Tagebuch eines Chauffeurs im Dritten Reich etwa – entwickelt sich bei Zürn ein Gefühl der Zugehörigkeit zu einer Tradition, zu einem Stand, zu einem Ort, zu seiner Herkunft und seiner Familie. Allmählich findet er die Grundlage für eine eigene Identität. Das alles, wie auch die Zusammengehörigkeit zu seiner Frau, die er am Ende des Romans anerkennt, bildet den »Inbegriff von Heimat« bei Walser: »›Heimat‹- das ist in den weiteren geographischen, sprachlichen, kulturellen und geschichtlichen Ausformungen ein Grundthema des Romans« (Waine 1980, S.128). »Doch ist Walser von einer Sentimentalisierung oder auch von einer Konkretisierung des Begriffes weit entfernt. Heimat erscheint weder als etwas Faßbares noch als etwas Statisches. Sie existiert gewissermaßen nur im Bewußtsein« (ebd., S.128-29). Das Thema ›Heimat‹ klingt auch bei Gleitze an, der an dem Verlust seiner Heimatstadt Königsberg leidet.

Die frühe Rezeption des Romans zeigt sich fast einstimmig positiv. Waine schreibt: »never before has a novel or play by the author been so unanimously acclaimed as *Seelenarbeit*« (Waine 1980/81, S.303). Peter Hamm hält es für Walsers bestes Buch (Hamm 1979), und Mathäs berichtet, man habe damals »übereinstimmend ... genaue Beobachtungsgabe und Formulierkunst des Autors« und seinen Roman »vor allem wegen der exakten Beschreibung der Psyche des Chauffeurs« gepriesen (ebd., S.130). Zahlreiche Rezensenten sind von der konzentrierteren Form des Romans tief beeindruckt. Ernst Nef schreibt z.B.:

»So diszipliniert auf das Wesentliche beschränkt wie in *Seelenarbeit* hat dieser Autor jedoch noch nie erzählt ... Er erzählt hier nicht nur disziplinierter, sondern auch mit feineren Mitteln. Die im Kampf deformierten Sieger und Besiegten tragen ihre Deformationen nicht mehr so offensichtlich zur Schau: Dr. Gleitze ist ein wenig protziger, diskreter Überlegener und Xaver ein relativ unauffälliger Besiegter« (Nef 1979, S.567).

Joachim Kaiser bewundert am Roman »die souveräne Verknüpfung verschiedenartiger Themen« (Kaiser 1979). Paul Konrad Kurz betrachtet den Roman als Beweis dafür, daß Walser einen Schritt weiter auf dem Weg vom Gesellschaftskritiker zum Psychoanalytiker tue (vgl. Kurz 1979). Mathäs ist jedoch zuzustimmen, wenn er behauptet, solche Kritiker mißachten »Walsers Anliegen, die gesellschaftlich bedingten Ursachen der psychischen Deformationen des Individuums sichtbar zu machen« (Mathäs 1992, S.130).

Das Urteil von Elvira Högemann-Ledwohn darf als repräsentativ für viele linksorientierte Kollegen gelten: sie hält den Schluß des Romans für problematisch, wegen der mangelnden »Einsicht des Protagonisten in die Machtverhältnisse der kapitalistischen Gesellschaft« (1979, S.139). Was diese Kritiker, nicht aber die DDR-Kritiker, am Romanschluß zu stören scheint, ist die Tatsache, daß er nicht explizit zur revolutionären Tat, gemäß den Prinzipien des Sozialistischen Realismus, aufruft, sondern Zürn in der – wiedergewonnenen – Sphäre der Ehe genesen läßt.

Frank Pilipp konzentriert sich auf die Herr-Knecht-Beziehung des Chauffeurs Xaver Zürn mit Dr. Gleitze und vergleicht sie mit ähnlichen Motiven bei Robert Walser, Brecht und Volker Braun. Ausschlaggebend für sein Verständnis des Romans scheint seine Einsicht zu sein, »Walser employs the strategy found in all his later prose texts, allowing the gradual revelation of the protagonist's social origins and histories to serve as a partial explanation for their inner conflicts« (Pilipp 1990, S.83). Pilipp erkennt, daß Zürn, nach der Versetzung ins Warenhaus, seinen »proletarian status« (ebd., S.89) wiederentdeckt und das, zusammen mit der wiedergewonnenen Wahrnehmung der Natur und »the revived affection for and intimacy with a wife who implants in him a feeling of harmony, protection, invulnerability, and security« (ebd.), erlaubt es ihm, etwas Glück zu finden. Ob dieses mehr als vorübergehend, mehr als eine Schnaufpause im Lebenskampf für Zürn sein kann, bleibt jedoch zweifelhaft.

5.4.2 *Das Schwanenhaus*

Ein Jahr nach *Seelenarbeit* legt Walser seinen nächsten Roman vor. Im *Schwanenhaus* (1980) holt er den Vetter Xavers, Gottlieb Zürn, den wir schon als Ferienhausvermieter im *Fliehenden Pferd* kennen, in die Hauptrolle. Grundstücksmakler vom Beruf, lebt er mit seiner Frau Anna und ihren vier Töchtern in Überlingen am Bodensee. Die Handlung des Romans stellt den Verlauf einer Woche im Leben des 50jährigen Gottlieb vor, was an den ersten Teil von *Halbzeit* erinnert, wo die »Alltagsgeschichte« von Anselm Kristlein beschrieben wird. Der Leser wird Zeuge von den verschiedenen Versuchen Gottliebs, den Verkaufsvertrag für eine herrliche Jugendstilvilla am See, das sogenannte Schwanenhaus, zu gewinnen. Obwohl Gottlieb studierter Jurist ist und obwohl er meint, er hätte den Vertrag schon praktisch in der Tasche, ist er ein typischer Walser-Protagonist kleinbürgerlicher Herkunft. Schon die ersten Sätze des Romans erinnern an andere nicht gerade lebenstüchtige Figuren bei Walser und sogar an Gregor Samsa in Kafkas *Verwandlung*:

»Als Gottlieb Zürn aufwachte, hatte er das Gefühl, er stehe auf dem Kopf. Offenbar war sein Kopf im Lauf der Nacht immer schwerer und sein Leibe leichter geworden. Solange sein Kopf mit diesem Gewicht im Kissen lag, hatte er keine Aussicht, wieder auf die Füße zu kommen. Ich bin das Gegenteil eines Stehaufmännnchens, dachte er« (S.7).

Wie fast immer bei Walser jedoch, ist es nicht so sehr das »Was« in der Handlung als das »Wie«, das die Faszination und die Spannung ausmacht. Die Art und Weise, wie Gottlieb versagt und scheitert, die Darstellung seiner zutiefst gespaltenen Bewußtseinslage, die Beschreibung seiner Überlebensstrategien und die Schilderung seiner sich langsam entwickelnden Einsichten sind das Wesentliche im Roman, Themen, die Walser in seinen Werken immer neu variiert und die sich keinesfalls nur wiederholen.

Nicht alle Rezensenten teilen jedoch diese Ansicht. Günter Blöker behauptet z.B., »die Unterschiede sind äußerlich und unbeträchtlich« (Blöcker 1980, S.128). Gottlieb Zürn, wie die anderen Hauptfiguren Walsers, ist für ihn ein »Schlemihl« (Chamisso) und er ist nicht imstande, wesentliche Unterschiede zu erkennen: »Sie alle sind Ausgeburten der gleichmacherischen Walserschen Redefreudigkeit, nicht aber Hervorbringungen einer ins Dreidimensionale verstoßenden Erzählphantasie« (ebd., S.129).

Objektiv betrachtet scheint das Leben Gottlieb Zürns nicht gerade schwer: er verdient als zweitklassiger Makler gar nicht schlecht; seine tüchtige Frau verwaltet die Ferienhäuser und -wohnungen, die ihnen gehören; und er braucht sich keine finanziellen Sorgen zu machen. Trotzdem fühlt er sich vom Leben überfordert. Als passiver Mensch, der an einem Minderwertigkeitskomplex leidet und wenig Selbstvertrauen besitzt, ist er aber für den Maklerberuf schlecht geeignet. Er gerät von einer Fehleinschätzung seiner Lage und der äußeren Realität in die nächste, und flieht immer wieder in Illusionen, die er der Wirklichkeit vorzieht. Auch zu Hause erweist er sich als untüchtig, ob in seinen ungeschickten Versuchen, seine Frau Anna zum Beischlaf zu überreden oder in seiner Unfähigkeit, sich in die Probleme seiner Kinder einzufühlen. Er ist mit sich und seinen (Schein-) Problemen beschäftigt. Trotzdem wird er von Walser nicht ohne Sympathie dargestellt.

Wie viele andere aus dem Kleinbürgertum, die sich angepaßt haben, bis zu einem gewissen Grad die Erwartungen der Wirtschaftswundergesellschaft erfüllen und etwas Erfolg errungen haben, wodurch sie in einen höheren Klassenstand aufgestiegen sind, fühlt sich Gottlieb dort oben nicht zu Hause und immer unter Druck. Wenn er selbstsicher auftreten will, muß er in die Rolle eines Selbstsicheren schlüpfen. Er pendelt zwischen reiner Illusion und einer auch übertrieben negativen Selbsteinschätzung. Wiederholt hat er das Gefühl, kurz vor dem Absturz zu stehen, nicht nur in bezug auf seine finanzielle Lage, die symbolisch für seine Existenz im allgemeinen verstanden werden kann. Dies spiegelt sich am bildhaftesten in der folgenden alptraumhaften Vorstellung:

»Trotzdem kam er sich in seiner ungesicherten Verdienstlage oft vor wie ein Motorbootfahrer, der ein Loch im Bootsboden hat, also schnell fahren muß, damit sich die vordere Bootshälfte, in der das Loch ist, durch die Geschwindigkeit aus dem Wasser hebt, das Wasser also nicht eindringen kann. Sobald er das Tempo verlangsamte, sänke er« (ebd., S.42).

Um dieser Angst vorm Absinken zu entkommen, flieht Gottlieb in Illusionen und in seine geheimgehaltene Tätigkeit als »Sonntagsdichter«, in sein Kunstlieberhabertum und in seine Naturbewunderung. Jedoch sogar beim Dichten hat er ein schlechtes Gewissen, das auf das Vorurteil zurückzuführen ist, das von seiner Mutter und der Klasse seiner Herkunft stammt, Dichten sei keine echte, ehrliche

Arbeit. Auch das schlechte Gewissen und Leiden des Schriftstellers Walser kann z.T. dadurch entschlüsselt werden. Nur im Bereich seiner geheimen Liebhabereien findet Zürn das Gefühl des Mit-sich-einig-Seins. Nur dort hat er etwas Ruhe, Zufriedenheit und Glück.

Aus der Wechselbeziehung zwischen Gottliebs subjektiver Wahrnehmung und einer ›objektiven‹ Wirklichkeit ergibt sich der ironische Realismus Walsers, der weder der einen noch der anderen Seite völlig recht gibt. Gertrud Pickar hat recht, wenn sie schreibt: »Walser seeks not to portray an ›objective reality‹ but rather the manner in which his protagonist perceives himself and the world in which he lives« (Pickar 1995, S.122), aber man muß hinzufügen, daß sich Walser ebenfalls dafür interessiert, wie die äußere Wirklichkeit auf den Protagonisten wirkt und auf ihn reagiert. Denn von besonderer Bedeutung ist die partielle Einsicht Gottliebs, zu der er schließlich gezwungen wird, daß, trotz seiner entgegengesetzten Wünschen, »Erfahrung über die Vorstellung« triumphiere (S.233), eine äußere Realität über seine Illusionen. Sein Scheitern im Maklerwettbewerb, zusammen mit der Zerstörung seines beliebten Schwanenhauses, liefern den Schock, der zum Zusammenbruch von Gottliebs »Illusions-Gewächs« (S.232; vgl. Doane 1985, S. 206) führt.

Die ersten Feuilletonbesprechungen vom *Schwanenhaus* zeigen gespaltene Reaktionen. Linder, Hartl und Zehm führen Walsers vermeintlich »ermüdend[en] Schreibstil auf die Verwandtschaft aller Walser-Protagonisten zurück« (Zehm 1980; vgl. Mathäs 1992, S.139). Weiteren Kommentatoren mißfällt der behauptete »Mangel an narrativer Distanz« (Vormweg 1980) und ein »mangelnder Abstand des Autors zum Protagonisten« (Jahnke 1980). Frühere, linksorientierte Befürworter von Walsers Werken stellen mit Bedauern fest, Walser hätte entweder politisch resigniert (Vormweg 1980) oder sei sogar »ins konservative ›grüne‹ Lager resignativer Innerlichkeit« hinabgerutscht (Lechner 1980). Auch die marxistischen Kommentatoren finden Walsers Kapitalismuskritik zu abgeschwächt, zu vermischt mit der Eigenschuld der Hauptfigur, um ideologisch überzeugend zu wirken (etwa Hübsch 1980 oder Pankow 1980).

Spätere Literaturwissenschaftler wie Landwehr, Pilipp und Pickar nehmen Walser gegen solche Kritik in Schutz und, obwohl sie die negativen Eigenschaften Gottliebs und deren Anteil an seinem Scheitern nicht übersehen, führen sie auch diese psychologischen und gesellschaftlichen Deformierungen auf das kapitalistische System und die noch existierende Klassengesellschaft zurück. Landwehr schreibt z.B.: »The loss of the self, the reduction of one's value to its social role, appears to be ... the price his [Walser's] protagonists must pay while attempting to share in the prosperity of the

›Wirtschaftswunder‹« (Landwehr 1990, S.64). Pilipp sieht das Hauptthema des Romans in der Schilderung der »psychological aftereffects of social ascent from a petty-bourgeois viewpoint« (Pilipp 1990, S.101) und behauptet weiterhin, Walser »presents a social order that hinders the socially underprivileged from developing a sound sense of reality« (ebd.).

Walser entlarvt die bundesdeutsche Gesellschaft als Konsum- und Geldgesellschaft. Durch die Wert- und Erfolgvorstellungen, durch die allerorten anzutreffende Werbung für Konsumwaren, wird Zürn z.B. dazu verführt, zu glauben, der Sinn des Lebens sei im Geld und Besitz zu finden. Er sagt einmal: »Geld, das hieße, leben ohne Stoppuhr und Peitsche, Geld, das wäre das Gefühl von Unsterblichkeit« (S.87).

Geno Hartlaub rühmt den Autor des Romans in einer frühen Besprechung wegen der subtilen und, im Vergleich zu früher, disziplinierteren Sprache und begrüßt die Rückkehr eines Leitmotivs aus der *Kristlein-Trilogie*, nämlich: des Verkäufers. Er preist Walser weiter, weil er seine Gesellschaftskritik über die – vermeintlich – satirische Eindimensionalität von früher hinaushebe (vgl. Hartlaub 1981). Unter den literaturwissenschaftlichen Analysen seien hier die von Margarete Landwehr erwähnt, die den Roman z.T. als die Darstellung par excellence einer männlichen »Mid-life crisis« untersucht, und die von Gertrud Pickar, die sich u.a. für die raffinierte Walsersche Erzählhaltung interessiert. Bis jetzt liefern sie die überzeugendsten Auseinandersetzungen mit dem Roman.

5.4.3 *Jagd*

In dem echten Fortsetzungsroman *Jagd* (1988) kehrt Walser ein zweites Mal zu seinem Makler-Helden Gottlieb Zürn zurück. Zwischen diesen beiden Romanen liegen nicht nur das Drama, *In Goethes Hand* (1982), und Walsers Frankfurter-Poetik-Vorlesungen *Selbstbewußtsein und Ironie* (1981), sondern die Prosawerke *Brandung* (1985) und *Dorle und Wolf* (1987) sowie eine Reihe von Aufsätzen, Reden und Gelegenheitsschriften. In all diesen Werken befaßt er sich mit Themen und Motiven, die den inhaltlichen Rahmen der Bodensee-Romane um Xaver und Gottlieb Zürn sprengen (Amerika, das Erbe der deutschen Kulturgeschichte in der Gegenwart und die deutsche Frage etwa).

Zürn, jetzt entsprechend älter als im 1980 erschienenen *Schwanenhaus* (damals war er fünfzig Jahre alt), leidet, wie der alternde Helmut Halm vor ihm, an seinem Älterwerden. Er schaut sich im

Spiegel an – das ist ein Leitmotiv im Roman – und erschrickt, da er sich in seinem gealterten Spiegelbild nicht wiedererkennt. Es scheint, daß Gottlieb am Ende vom *Schwanenhaus* an Realitätsnähe gewonnen hat, aber er ist nicht direkt glücklich. Seine geschäftstüchtige Frau Anna hat sein Immobiliengeschäft übernommen, und Gottlieb hat sich mit seinem Los noch nicht abgefunden. Er versucht, eine intime Beziehung zu Anna lebendig zu halten, aber sie zeigt wenig Lust dazu. Sonst scheint Gottlieb, der »keine Lust auf Leute hat« (S.37), genauso egozentrisch wie früher, genau so ausschließlich mit sich selbst beschäftigt. Er hat sich zunehmend zurückgezogen, um sich seinen Lieblingstätigkeiten, dem »Nichtstun« (ebd., S.23) und der »Versmacherei« (ebd.) widmen zu können.

Gottlieb lebt zwar wieder auf, nachdem ein bei ihnen wohnender Feriengast, Gisela Ortlieb, ihn verführt. Er wird eine Zeitlang fast besessen von ihr, obwohl er auch von ihren aggressiven Annäherungsversuchen beängstigt wird. Aber sein Treiben, sein Jagen und Gejagtwerden, macht ihn depressiv: er ist von seinem Leben überfordert. Schließlich flieht er aus der bedrohlichen, unüberschaubaren Welt außerhalb der Familie zurück in den Schoß der Ehe, in die relative Sicherheit seiner Beziehung zu seiner Frau.

Diesmal entdeckt man tatsächlich nicht viel Neues in diesem Walser-Roman. Sehr viel erinnert an die *Anselm-Kristlein-Trilogie*, besonders an den *Sturz*, anderes an den ersten Gottlieb-Zürn-Roman und, zumindest was das Thema »Altern« angeht, an *Brandung*. Wiederholt geht es um das Versagen des Protagonisten im Konkurrenzkampf. Gottlieb verliert wieder einen Kaufvertrag, indem er die Situation falsch einschätzt. Im Mittelpunkt stehen auch hier: die Schwierigkeit mit, ja der Ekel vor dem Altern; erotische Abenteuer, die in Niederlagen und Demütigung enden; Probleme in der Ehe und Familie, besonders mit fast erwachsenen Kindern; und Zuflucht, schließlich, in der Ehe. In bezug auf *Das Schwanenhaus* behauptet Hellmut Karasek 1980, daß Gottlieb Zürn, »ein Anselm Kristlein der inneren Einkehr« sei, dessen Niederlagen gar nicht mehr zum richtigen Sturz reichten (Karasek 1980, S.131). Inzwischen scheint Gottlieb noch lebensunfähiger, gebrochener, fast wie der Vetter Franz Horn am Ende von *Jenseits der Liebe*, und wie dieser denkt er an den Selbstmord, aber die »Welt, die Heimat, in der Walser seine Figuren angesiedelt hat, duldet kaum tragische Verwicklungen« (Karasek 1988, S.200). Gottlieb Zürn steckt in einer ›Post-mid-life-crisis‹; er wirkt gleichzeitig kindisch und greisenhaft. Ob Anna ihn wirklich auf Dauer vor sich und der äußeren Welt retten kann, bleibt ungewiß.

In der Feuilletonrezeption zu *Jagd* gibt es wenig positive Stimmen. Josef Görtz z.B. findet die alles lähmenden Eigenschaften Gottliebs sowie seine kläglichen Abenteuer nicht tragisch, sondern einfach lächerlich (Görtz 1988). Karasek widmet dem Roman eine verhältnismäßig lange Besprechung im *Spiegel*. Er beschreibt das Werk als »Heimatroman der dritten Art« (Karasek 1988, S.198), wo die Heimat fremd ist und der Protagonist ein Entwurzelter, der weder flüchten noch bleiben könne. *Jagd* sei ein Familienroman über einen Ehekrüppel, der es »weder in der Familie noch in der Ehe aushält, [der] aber ohne Ehe und Familie augenblicklich verloren« wäre (ebd.). Karasek findet jedoch zu keiner deutlichen Beurteilung des Romans, sondern stellt schließlich bloß die Frage: »Ist die *Jagd* der Roman eines banalen Lebens oder nur noch ein banaler Roman?« (ebd., S.200). Eine Ausnahme unter den Rezensenten bildet P.M. in der Wiener Zeitung *Die Presse*, der schreibt, *Jagd* besteche »durch eine authentische und psychologisch stringente Handlung« (P.M. 1988).

Bis heute hat der Roman jedoch wenige literaturwissenschaftlichen Diskussionen oder Analysen hervorgerufen; auch Frank Pilipps Kapitel dazu beschränkt sich hauptsächlich auf eine Zusammenfassung des Inhalts und Hinweise auf die Bezüge zu den anderen Walser-Romanen der 80er Jahre.

5.5 Die – vorläufig – letzten Romane

1988 war nicht nur das Erscheinungsjahr des Romans *Jagd*, sondern auch das Jahr von Walsers »Rede über Deutschland«, die eine heftige Debatte auslöste. Diese Rede erfuhr viel mehr Aufmerksamkeit (insbesondere aber scharfe Kritik) als die ein Jahr zuvor erschienene deutsch-deutsche Novelle, *Dorle und Wolf*. Das Jahr 1989 brachte dann im Herbst die sanfte Revolution in der DDR, den Fall der Mauer, die Öffnung der innerdeutschen Grenze, die Entwicklung zur im Oktober 1990 vollzogenen politischen Einigung Deutschlands und, mit all dem, die Aktualisierung von Walsers deutscher Thematik (vgl. Kapitel 7).

5.5.1 *Die Verteidigung der Kindheit*

Walsers Interesse und Anteilnahme für die Bürger der DDR und seine Beschäftigung mit dem Nachlaß eines 1953 in den Westen übersiedelten Dresdners, den man ihm nahegelegt hatte, führten zu einigen Besuchen in der DDR, besonders in Dresden. Walser erhielt drei Kisten voller Schriften, Fotos und sonstigen Materialien eines vor kurzem gestorbenen, in Wiesbaden tätig gewesenen Juristen, und zum ersten Mal nutzte Walser die Lebensgeschichte eines ihm fremden Menschen als stoffliche Grundlage für einen Roman. Dieses Werk, eine Art Dokumentar-Roman, *Die Verteidigung der Kindheit*, erschien dann im Juli 1991.

Walser begann seine Recherchen und das Schreiben einiger Teile vor der Wende, d.h. bevor er wissen konnte, wie aktuell einige deutsch-deutsche Themen und Probleme im Leben seiner deutsch-deutschen Hauptgestalt, der er den Namen Alfred Dorn verlieh, werden würden. Bis zum Erscheinungstermin im Sommer 1991 war Deutschland wieder ein Land, ein Staat. Die außerordentlich große Aufmerksamkeit, die Werk und Autor in der Öffentlichkeit erfuhren, kann zu einem Großteil auf die überraschende Aktualität dieser Thematik zurückgeführt werden. Man wurde gezwungen, durch die politisch-historischen Ereignisse, den Roman anders zu lesen. Diese Tatsache allein macht *Die Verteidigung der Kindheit* zu einem aufschlußreichen Beispiel der Wechselbeziehung zwischen Literatur, dem politisch-kulturellen Kontext und der Rezeption.

Dem 520 Seiten langen, in vier Kapiteln gegliederten Roman liegen der oben erwähnte Nachlaß, die von Walser ausgeführten Recherchen und Gespräche in Dresden, Berlin und Wiesbaden und eigene poetische Reflexionen zugrunde. Die Romanhandlung, die Geschichte Alfred Dorns, beginnt 1953 mit seiner Übersiedlung aus der DDR nach Westberlin. Sie endet mit seinem durch eine Überdosis von Schlaftabletten verursachten Tod im Jahre 1987. Ob dieser Tod ein Unfall oder Selbstmord ist, bleibt ungewiß. Die durch Rückblicke gewonnene Vorgeschichte reicht bis 1929 vor Dorns Geburt zurück. Der Roman ist »ein überaus komplexes Gebilde: ein Panorama deutsch-deutscher Alltagsgeschichte, die psychologische Fallstudie eines aus seiner Mutterbindung sich nicht lösenden Neurotikers und nicht zuletzt die Biographie eines verhinderten Künstlers« (Zimmermann-Thiele 1992, S. 31).

Alfred Dorn weist viele Gemeinsamkeiten mit den anderen, einsilbigen Walser-Protagonisten Horn, Halm und Zürn auf: »Wieder einmal haben wir eine der vielen überempfindlichen Walser-Gestalten vor uns, denen das Leben ganz und gar nicht leichtfällt, denen so vieles mißlingt ...« (Westphalen 1991, S.171). Bei ihm und seiner Laufbahn drängen sich jedoch weitere Unterschiede zu diesen Figuren auf: er »ist ein Sichselbstwasvormacher wie fast alle Walserfiguren ... aber so verkorkst wie Alfred Dorn war bisher noch keine Fi-

gur« (ebd., S.174). Heike Doane behauptet auch mit Recht, daß
»what distinguishes him most from other Walser heroes is that he
has a real-life prototype« (Doane 1994, S. 156).

Walser selbst hat das »irrsinnig Attraktive« an diesem Menschen
als ein »völlig unmögliches, zu nichts als zum Scheitern verurteiltes
Unternehmen« bezeichnet (Wicklein Interview 1990). Bei anderen
Walser-Gestalten stellte man z.B. den Wunsch fest, sich in den sicheren Schoß der Ehefrau zu verkriechen. Alfred Dorn zeigt eine
ganz besondere, neue Art dieser infantilen Mutterbindung. Der damit eng verbundene, parallellaufende Versuch, die Kindheit gegen
das Leben zu verteidigen, die Welt der Kindheit im Vorkriegs-Dresden in die Gegenwart hinüberzuretten, ist ebenfalls neu bei Walser.

Die Spaltung zwischen dem ›äußeren‹ und dem ›inneren‹ Leben
Dorns erinnert an das Leben Gottlieb Zürns, der bei mäßigem Be-
rufserfolg und einer verhältnismäßig gesicherten finanziellen Existenz seelisch zerrüttet ist. Auch die Karriere des früheren musikalischen Wunderkinds und Klassenprimus' mit einem Einser-Abitur,
des späteren Juristen Alfred Dorn, ist trotz einiger überraschender
Hindernisse und Niederlagen – bescheiden – erfolgreich. Innerlich
drückt er sich energisch vor dem Erwachsenwerden; er weigert sich,
auf neurotisch-pathologische Weise, seine Mutterbindung aufzugeben und das Dresden seiner Kindheit der zerstörerisch historischen
Entwicklungen preiszugeben; er weigert sich ebenfalls, den Traum
einer Pianistenlaufbahn, trotz seines fortschreitenden Alters und
trotz aller Umorientierungen durch Studium und Beruf, als unrealistisch zu akzeptieren. Die Zentralfiguren bei Walser, von Kristlein
bis Gottlieb Zürn hin, sind alle deformiert, gespalten und im Konflikt mit sich selbst und der äußeren Welt, aber im Vergleich zum
eigenartigen Kauz Alfred Dorn, könnten sie alle als ziemlich »normal« gelten. Dorn ist also in vieler Hinsicht eine typische, aber
überspitzte Walser-Figur.

Der erste große Wendepunkt in der Entwicklung Dorns, der
Schock, der ihn in seine eigensinnige Richtung trieb, war die Zerstörung Dresdens in der Nacht vom 13. zum 14. Februar 1945
durch den Bombenangriff der Alliierten. Für den 15jährigen war damit die Kindheit beendet, aber Dorn fing sofort mit den vergeblichen Versuchen an, diese Kindheit wieder zu beleben. Der zweite
wichtige Bruch trat mit der Trennung seiner Eltern ein. Die dritte
schicksalhafte Zäsur kommt durch sein Scheitern im juristischen
Examen, aus politischen Gründen, in Leipzig und seine darauffol-
gende Entscheidung, die DDR zu verlassen, um sein Jurastudium in
Westberlin abzuschließen. Von diesem Punkt an wird der Leser Zeuge der durch Rückblicke unterbrochenen chronologisch erzählten

»Etappen seines immer durchschnittlicher werdenden Lebens« (Zimmermann-Thiele 1992, S.31) und seiner durch pedantischen Fleiß und Sammelwut gekennzeichneten Versuche, seine Kindheit – gegen das Weiterfließen des Lebens und der Zeit – zu verteidigen. Dorn reist so oft wie möglich zu der Mutter in Dresden, und ist deshalb weder in Berlin noch in Dresden, weder im Westen noch im Osten zu Hause. Er holt schließlich seine kranke Mutter nach Westberlin und pflegt sie, zum Nachteil seines Berufes, bis zu ihrem Tod zwei Jahre später.

Dorn arbeitet ein paar Jahre bei einer Behörde in Berlin, wo er für die Rückerstattung von beschlagnahmtem Besitz an die deutschen Juden zuständig ist; dadurch geht er einer Arbeit nach, die gleichfalls eine Korrektur, eine Wiederbelebung der Geschichte als Ziel hat. Er übersiedelt dann nach Wiesbaden, noch weiter von seiner geliebten Dresdner »Heimat« entfernt; dort hat er im hessischen Ministerium für Denkmalschutz historischer Bauten einen mittleren Verwaltungsposten. In Wiesbaden intensiviert er seine ›echte‹ Lebensarbeit, und fängt mit zwei großen Projekten an: zum einen mit dem »Brühl-Projekt«, einer Forschungsarbeit über den unglücklichen Grafen Brühl, die er in ein Buch verwandeln will, zum anderen mit dem »Pergamon-Projekt«, wobei er mit Hilfe von Fotos, Briefen, Karten, gesammelten Sätzen und Sprüchen und Andenken aller Arten versucht, die Erinnerungen an seine Mutter, an seine Kindheit, an sein Vorkriegs-Dresden lebendig zu halten. In psychiatrischer Behandlung wegen seiner Schwierigkeiten, mit den Verlusten seines Lebens fertigzuwerden, verliert er allmählich alle Hoffnung, er könne seinen Kampf gegen die Zeit gewinnen. Schließlich, im Jahre 1987, stirbt er an der Überdosis: Selbstmord oder Unfall? Walser läßt diese Frage offen, aber daß Dorn am Ende ist, am Leben gescheitert, steht fest.

Es wäre verfehlt, den Roman allzu autobiographisch zu lesen, Autor und Hauptgestalt gleichsetzen, denn *Die Verteidigung der Kindheit* erzählt, obwohl stark fiktionalisiert, die Lebensgeschichte eines wirklichen Menschen. Aber schon immer, wie Ursula Reinhold bemerkt, ist »der autobiographische Zug seiner Figuren ... niemals so zu verstehen, daß sich Walser in ihnen selbst porträtiert. Vielmehr bilden sie Projektionsfiguren seiner Erfahrungen, die zugleich nicht nur mit ihm zu tun haben« (Reinhold 1995, S.204). Obwohl Walser selbst nicht nur nicht gescheitert, sondern enorm erfolgreich ist, scheint er trotzdem ständig von kleinbürgerlichen Versagensängsten geplagt zu sein. Und obwohl diesem Roman die Biographie eines wirklichen Zeitgenossen als Grundlage dient, ist Alfred Dorn genauso eine Schöpfung, eine »Projektion« des Autors Martin Walser wie Horn, Halm oder die Vettern Zürn. Daß diese Affinität besteht und bestehen muß, bringt Walser direkt und indirekt zum Ausdruck:

»Es muß Instinkt, es muß Natur sein, was jeden von uns lebenslänglich dazu zwingt, uns selbst und unsere Umwelt immer wieder auf unsere Kindheit hinzuweisen, wie auf einen Anspruch, den wir haben, der nicht erfüllt wurde, und deswegen klagen wir« (Wicklein Interview, 1990).

Und im Roman selbst läßt er eine ältere Dresdner Freundin Dorns behaupten: »... eine Art Übereinstimmung des Autors mit der wirklich gewesenen Person sei die Bedingung. Sei die nicht gegeben, triumphiere die Manier des Autors über die historische Sache. Dann soll er sie aber gleich lassen, die historische Sache, und sich, wie gewohnt, selber in Szene setzen« (S.220). Daß eine »Übereinstimmung«, eine Affinität in einem Leiden an der Teilung Deutschlands besteht, geht aus den vielen Reden und öffentlichen Äußerungen Walsers hervor. Eine weitere Affinität enthüllt Walser in bezug auf die Mutterbindung Dorns: »Mein Vater hat sich zwar nicht wegen einer Geliebten von meiner Mutter getrennt. Aber er ist früh gestorben. Jedenfalls war er nicht da. So waren meine Mutter und ich ein ähnliches Paar wie Alfred und seine Mutter« (Bernuth Interview, 9.8.1991).

Eine weitere thematische und motivische Überschneidung dieses Romans mit den früheren, bzw. mit Äußerungen Walsers, ist das Problem ›Heimat‹, dieser undefinierbare aber durch die deutsche Geschichte des 20. Jahrhunderts schwierig gewordene Begriff. Schon seit Jahrzehnten befaßt sich Walser mit der Rolle von ›Heimat‹ als etwas Landschaftlichem, Regionalem, aber seit seiner intensiveren Beschäftigung mit dem Thema Deutschland, geht er auch die nationalen und politischen Aspekte dieses deutschen Begriffs und Problems an. In *Die Verteidigung der Kindheit* wird die »Frage nach der Gebundenheit des Menschen mit den konkreten regionalen Bedingungen seines Herkommens ... zugleich in einen übergreifenden, nationalen Horizont gestellt« (Reinhold 1995, S.212). Für viele Deutsche in unserer Jahrhunderthälfte hängt der Verlust der Heimat mit dem Verlust der Kindheit zusammen. Darum kann man Walser zustimmen, wenn er sagt, Dorn zeige »ein ungeheuer deutsches Schicksal« (Wicklein Interview, 1990).

Die deutsche Realität nach der Wende, die Walsers Beschäftigung mit dem geteilten Deutschland mindestens zu bestätigen schien, zwang Kritiker und Rezensenten, die vorher, gemessen an der Reaktion auf *Dorle und Wolf, Verteidigung der Kindheit* stark kritisiert hätten, diesen neuen Roman mit wohlwollendem Interesse zu lesen. Im großen und ganzen sind die Rezensionen deswegen auch positiv. Gisela Zimmermann-Thiele sieht z.B. in *Die Verteidigung der Kindheit* die Bestätigung, daß Walser »wie kein zweiter ... zum Porträtisten der bundesrepublikanischen Alltagswirklichkeit« geworden ist (Zimmermann-Thiele 1992, S.30). Im *Spiegel* schreibt Joseph von Westphalen zu Roman und Autor: »... wer die fünfziger Jahre erlebt hat, wird sich kaum den Reizen des Alltagspanoramas entziehen können, das Walser ganz beiläufig entfaltet« (1991, S.172); oder: »Auch die deutsche Besonderheit behandelt Walser so, daß man begreift, wie die Deutschen mit ihrer Teilung lebten« (ebd.); und, schließlich: »Er ... hat sich seine Figur restlos angeeignet und ein starkes und gewitziges, heiteres und weises Buch gegen das Vergessen geschrieben« (ebd., S.174). Erich Skwara erklärt: »There are few texts in German literature that show in a more honest or effective way the frailty of the individual caught between power blocs, and there is surely no novel of such high quality and epic proportion on this major theme« (Skwara 1992). Auch an Kritik fehlt es nicht (vgl. Reinhardt 1991, Fuld 1991).

Besonders hervorzuheben sind literaturwissenschaftlichen Analysen von vier Kritikern, die als Walser-Spezialisten gelten dürfen. In seiner schon in bezug auf den Roman *Seelenarbeit* erwähnten Analyse weist Anthony Waine sehr überzeugend auf die wichtige Rolle sowohl der Massenkultur als auch der »High Art« auf die Entwicklung des Selbstverständnisses von Zürn hin. Er zeigt wie beide Kulturebenen Dorn als Zuflucht und Illusionsbewahrer dienen und wie sie ihm Bilder liefern, die seine verschiedenen Überlebensstrategien nähren. Es wäre jedoch interessant, noch weiter zu verfolgen, wie Dorn einerseits die Massenkultur der Moderne, durch sein fast besessenes Kinogehen etwa, bejaht und andererseits die Massenkultur als Feind seiner geliebten Vergangenheit betrachtet.

Heike Doane geht detailliert auf die einzelnen Eigenschaften Alfred Dorns ein, die z.T. aus dem Zusammenstoß zwischen ihm und der Realität, die seine Pläne vereitelt, entstehen. Sie verfolgt und kommentiert die Entfaltung seines Lebens, das vor allem »a race against loss and decay« (Doane 1992b, S.165) ist, und lobt den Roman, der ein Bild einer ganzen Epoche liefere:

»The author succeeds in the very restoration that defeats his character. By reassembling the countless individual components of Alfred's life, he creates a literary mosaic of the past. ... As Walser makes his case against forgetting and entrusts us with this oddball Alfred, the premise of the novel as the historiography of everyday life, as participation in inner compulsions, doubts, and expectations, gains new credibility« (ebd., S. 170-71).

Reinhold konzentriert sich auf die politisch-historischen Aspekte, d.h. auf die deutsch-deutsche Problematik und deren Rolle in der Entwicklung des gespaltenen Alfred Dorns. Ihr zufolge seien alle »unterschiedlichen Ebenen des gesellschaftlichen und individuellen Seins« in den Erzählfluß integriert: »Der Roman gewinnt so eine große Geschlossenheit. Er transportiert aus einer ironisch gebrochenen Leidensperspektive die Erfahrungen mit Deutschland und seiner Geschichte, dem Krieg und der Spaltung als einer Lebenstatsache für viele Menschen« (Reinhold 1995, S.207). Alexander Mathäs spürt der »signature« Kafkas in *Die Verteidigung der Kindheit* nach: »never before in Walser's career has Kafka figured as prominently as in *Die Verteidigung der Kindheit*« (Mathäs 1994, S.79). Er betont und vergleicht die Kleinbürgerlichkeit bei Kafka und Walser, und argumentiert, Walser »establishes a psycho-social kinship between the biographies of his protagonist, Alfred Dorn, and Kafka in order to provide an example of *Kleinbürger* mentality within the historical context of postwar Germany« (ebd., S.80). Walser hat mit diesem Werk bestimmt nicht ›den deutschen Einheitsroman‹ geschrieben; das war auch nicht sein Ziel. Ob es diesen Roman überhaupt geben kann, bleibt eine offene Frage.

5.5.2 *Ohne einander*

Der nächste Roman Walsers nimmt unzählige bekannte Themen, Motive und Anliegen auf, wiederholt und variiert sie, und wird dadurch zu einem Werk, das als Resümee oder Bestandsaufnahme seiner altbewährten Antworten auf »Mangelerfahrungen« gelten darf. *Ohne einander* (1993) ist ein Roman, in dem die Figuren den schwierigen Weg zu einander gar nicht finden können, auch nicht andeutungsweise, wie etwa in *Ein fliehendes Pferd, Brandung* oder *Seelenarbeit.* Diese Figuren gehen den Routinen des Zusammenarbeitens und -lebens nebeneinander nach, bestätigen jedoch durch Verzweiflung, Gemeinheiten und Überlebensstrategien aller Arten – mit Geschwätz oder in Sprachlosigkeit –, daß sie im Grunde genommen allein, einsam und leidend sind. Dadurch herrscht eine unübersehbare Endzeitstimmung. Ein Walser ohne jede Hoffnung also, ohne jeden Trost?

Der Roman ist wie *Ehen in Philippsburg* in der Form von Rollenprosa geschrieben. Die Handlung des Romans spielt sich an einem einzigen Nachmittag und Abend ab, und weitere Zeichen deuten eher auf einen dramatischen als epischen Aufbau hin. Angeblich hat Walser diesen Stoff zuerst als Bühnenwerk konzipiert (vgl. Steinert

1993). *Ohne einander* hat drei Kapitel, von denen jedes in der dritten Person aus der Perspektive eines Familienmitglieds erzählt wird: der Mutter Ellen, der Tochter Sylvi und des Vaters Sylvio. Dem Sohn und Bruder Alf, der bloß noch im Schaukelstuhl sitzt und zur Decke hinaufstarrt, gibt Walser nur flüchtig eine eigene Perspektive. *Ohne einander* ist u.a. ein Familienroman, denn, wie Sylvio sagt: »Eine Familie ist ein Elendsverband. So etwas verläßt man nicht« (S.80).

Ellen Kern-Krenn, Mutter und Ehefrau, Redakteurin und Journalistin, ca. fünfzigjährig, arbeitet bei der in München erscheinenden Zeitschrift *DAS*, eigentlich *DAS MAGAZIN DER MEINUNG*, einer auflagenstarken Wochenzeitschrift, die »zwischen SPIEGEL, *Stern* und TITANIC« (S.25) angesiedelt ist. Sie leidet seit Jahren unter Schreibhemmungen und Leistungsdruck, dem sie aus dem Weg zu gehen versucht, indem sie hauptsächlich die von ihr durchgeführten Interviews mit Prominenten aufschreibt. Trotzdem verschwindet der Druck nicht ganz, und sie begegnet ihm mit Alkohol, Zigaretten und Valium. Seit Jahren mit ihrem Mann, dem Schriftsteller Sylvio Kern, in naher Distanz lebend, hat sie eine Affäre mit einem steinreichen Industriellen, Ernest Müller-Ernst – EME genannt –, der aber vorhat, die Affäre zu beenden. Im ersten Kapitel sieht sich Ellen im Büro mit der Aufgabe konfrontiert, eine rühmende Besprechung des Filmes *Hitlerjunge Salomon* zu schreiben, die ihr nicht gelingen will. Nach Büroschluß gelingt die Besprechung des Films endlich: aber nicht ihr, sondern einem unsympathischen, schweißtröpfenden Kollegen, der sie dann, als Belohnung für seine Hilfe in der Not, auf dem Bürotisch vergewaltigen ›darf‹.

Die im zweiten Kapitel erzählte Handlung liegt zeitlich parallel zu der im ersten; Ort ist nun das Familienhaus am Starnberger See. Sylvi sollte den Vater aus dem Hause schaffen und Ernest Müller-Ernst empfangen und unterhalten, bis ihre Mutter selber zu Hause ist. Sie hat ihre Hoffnungen auf eine Klavierkarriere aufgegeben, leidet an der Schule, setzt aber nun alles daran, zu den besten Windsurferinnen Deutschlands zu gehören.

Der »Flirtaltmeister« Ernst Müller-Ernst hat es auf die junge Sylvi abgesehen, und, ehe sie unten am See zum Training gelangen kann, vergewaltigt er sie unter einem nie endenwollenden, pathetischen Redestrom. Sylvi hat sich bei der Vergewaltigung nicht gewehrt, aber jetzt rächt sie sich: Sie will mit ihrem jungen, sportlichen, überlegenen Körper ihm und allen sie quälenden älteren Menschen zeigen, was sie auf dem Windsurfbrett kann. Er, der alte Hase, in einer an *Tod in Venedig* erinnernden Szene, folgt ihr, dem Ebenbild der jungen Schönheit, zu weit hinaus, fällt vom Brett und geht in den hohen Wellen des Sees unter. Diesmal, anders als bei Klaus Buch, gibt es keine Wiederauferstehung.

Das letzte Kapitel fängt zeitlich dort an, wo Sylvi und EME unten am See sind. Zurück im Haus reflektiert der betrunkene Sylvio über seine verkrachten Beziehungen. Sylvio, ein Schwätzer ersten Ranges, merkt nicht, daß fast niemand ihm mehr zuhört und daß seine oft wiederholten Sätze und Sprüche lächerlich geworden sind. Er denkt auch über seinen Roman-in-progress nach, der kaum verschlüsselt die Affäre seiner Frau mit EME und seine eigene Reaktion darauf zum Inhalt hat. Sylvi tritt ein, flüstert Alf etwas zu und meldet den ›Unfall‹. Nach der Ankunft von Ellen sitzen alle – geschlagen – herum und finden die Worte nicht, mit denen sie vielleicht miteinander sprechen könnten. Sie sind, wie Sylvio es treffend empfindet: »Eine Gruppe von von einander Getrennten. Auf engstem Raum. Unzertrennbar Getrennte« (S.210). Später zieht sich Sylvio in sein Zimmer zurück und schreibt auf ein leeres Blatt die Worte: »ohne einander« S.226).

Das hier beschriebene An-einander-vorbei-leben, dieses Einander-fehlen, scheint zunächst nichts Neues bei Walser zu sein. Die Problematik scheint jedoch noch zugespitzter, böser und hoffnungsloser als in den früheren Werken, mit der möglichen Ausnahme vom *Sturz* und *Jenseits der Liebe*. Die Figuren kennen keine ermutigende Solidarität, keine Heimat, wo sie sich aufgehoben und geschützt fühlen könnten, keine Natur oder Landschaft, die Trost oder Ermutigung verleiht. Baumgart nennt diese zu Recht »eine Welt perfekter Trostlosigkeit« (Baumgart 1993). Ironischerweise ist es nur Alf, der sich anscheinend nach seinen drei Jahren im Schaukelstuhl von seinen Niederlagen erholt hat, der aufsteht und hinausgeht, um das Leben wieder anzupacken. Die einzige Hoffnung, die der Schluß von *Ohne einander* zu gestatten scheint, ist, daß für alle, außer Alf und dem ertrunkenen EME, das Leben ungefähr so weiter gehen könnte wie bisher, aber auch das ist zweifelhaft, denn fast alle tragen zusätzliche Blessuren und Narben.

Walsers häufig geäußerte Kritik am Medien- und Kulturbetrieb steht nicht nur in *Ehen in Philippsburg*, sondern auch im *Einhorn*, im Theaterstück *Die Ohrfeige* und auch hier im Mittelpunkt. Bei seiner jahrelangen Tätigkeit beim SDR und auch durch seine vielen Erlebnisse als Schriftsteller und öffentlicher Intellektueller hat Walser offensichtlich immer wieder negative Erfahrungen gemacht, die er literarisch abarbeitet. *Ohne einander* ließe sich u.U. sogar als Schlüsselroman deuten, denn einige Figuren tragen erkennbare Züge von Menschen aus der deutschen Medien- und Verlagswelt. Der Literaturkritiker Willi André König, genannt »Erlkönig«, ähnelt z.B. Reich-Ranicki, in der Beschreibung seines Äußeren und seiner Äußerungen. Sylvios Verleger Herbert weist etliche Gemeinsamkeiten mit Walsers Verleger Siegfried Unseld auf, und der Herausgeber vom *DAS*, Dr. Bertram Spitz, deutet sowohl auf Herbert Burda als auch Rudolf Augstein hin. Walser legt seiner Figur Sylvio viele seiner eigenen, anderswo schon geäußerten Worte, Meinungen und Sprüche in den Mund, und Sylvio erhält auf seine Romane, *Schwächling, Rohling* und *Feigling,* eine ähnliche Kritik und Verurteilung durch die Medien wie Walser selbst. Diese Figuren wirken hauptsächlich als leicht karikierte Vertreter ihrer ganzen Medienzunft. *Ohne einander* ist jedoch kein Schlüsselroman im eigentlichen Sinne (vgl. z.B. Kosler 1993).

Die Medienmenschen haben sich in Walsers Darstellung schon lange von jeglichen ethischen Prinzipien verabschiedet. Hier bei der Zeitschrift *DAS* geht es nur noch um Werbung, um die Auflagenhöhe, um Einkommen. Medienkritik dieser Art hat man bei Walser schon lesen können. Diesmal stellt jedoch Sylvio seine eigene Kritik der Medienmacher ebenfalls in Frage: »Er ist dagegen, daß kritisiert wird, und was tut er, kritisieren« (S.177). Das entschärft die Kritik an der »Verurteilungskultur« nur wenig, aber Walser spart diese Kritik nicht aus und stellt dadurch indirekt auch seine eigenen kritischen Haltungen und Urteile in Frage. Es gibt im Roman Hinweise darauf, daß Walsers Zweifel an der Sprache, an Worten, sogar an dem Schreiben selbst, deutlich zugenommen haben.

Beinahe alle früheren Themen Walsers tauchen hier wieder auf, aber ihre Behandlung scheint pessimistischer zu sein als sonst. Daher das Wort »Endzeitstimmung« (vgl. Bellin 1993 z.B.), das mehr als ein Rezensent in bezug auf das Buch benutzt hat. Aber andere Stimmen, andere Stimmungen, auch hoffnungsvollere, zuversichtlichere, waren und sind für Walser möglich. Er, und vielleicht auch Anselm Kristlein, hat sich ja damals vom *Sturz* erholt. Daß es inzwischen einen Roman nach *Ohne einander* gibt, zeigt, daß Walser noch nicht bereit ist zu verstummen, trotz aller hier zum Vorschein kommenden Selbstzweifel als Schriftsteller, Plauderer und Wortkünstler.

In *Ohne einander* erzählt Walser zum ersten Mal aus der Perspektive einer Frau. Und man müßte ausführlicher untersuchen, ob Walser damit zu neuen Einsichten, zu neuen Einfühlungs- und Verständnismöglichkeiten gelangt. Daß er jahrzehntelang zu Hause nur von Frauen umgeben war, seiner Frau und vier Töchtern, hat mehr als einen Gesprächspartner zu der Frage geführt, ob er irgendwann eine Frau zur Hauptfigur machen wolle. Seine Antwort darauf lautete immer: vielleicht, aber jetzt noch nicht (vgl. Totten 1981). Die

RezensentInnen sind sich nicht einig, ob er durch die Frauen in diesem Roman neue Stimmen gewonnen habe, aber die Kritik entdeckt zum ersten Mal bei Walser feministisch geprägte Ansichten und direkte Kritik an Männern. Walser hat seine männlichen Protagonisten trotz aller Sympathie selten schmeichelhaft dargestellt, aber hier läßt er Ellen z.b. in bezug auf ihren Mann sagen: »Ein Alkoholiker ist eine ungeheure Steigerung dessen, was ein Mann ohnehin schon ist« (S.32); und, in bezug auf die Unfähigkeit der Männer zuzuhören: »Ach, jeder Mann ist ein Monologist« (S.40). Ist diese letzte Aussage ein Bekenntnis Walsers oder läßt er Ellen bloß etwas zum Ausdruck bringen, was Walser aus dem Mund mancher Frauen, vielleicht im eigenen Haus, gehört hat?

Die Rezensenten von *Ohne einander* zeigen wiederum sehr divergierende Meinungen und Urteile. Mehr als einer nimmt sowohl die Handlung als auch die Figuren nicht ernst und findet, die Beschreibung dieser oberflächlichen, durch Luxus verwöhnten Gesellschaftsschicht ergebe einen oberflächlichen Roman. Jörg Magenau behauptet: »Die Handlung ist ziemlich blöd und offensichtlich als eine Karikatur ihrer selbst angelegt« und nennt sie »eine Handlungsverweigerungshandlung« (Magenau 1993). Baumgart bezeichnet die Handlung als »ihre eigene Parodie« und erklärt, Walsers Roman sei ihm »zu einem rätselhaft übermütigen, lässigen, dann wieder bitteren Spiel mit nahezu allen Motiven seines Schreiblebens« geworden. Eine Hauptschwäche im Roman sieht er darin, daß Walser als Erzähler »noch immer nicht ... [kann] ..., was jeder regelrechte Erzähler muß: den Mund halten. Denn die Welt besprechen, ja rezensieren, und etwas erzählen, das ist noch immer streng zweierlei« (Baumgart 1993). Schließlich, und das ist der schärfste Kritikpunkt, sei Baumgart erst mit diesem Buch klar geworden, daß Walser nie echtes Interesse für die politischen und gesellschaftlichen Ursachen des Leidens seiner Figuren gehabt hätte. Statt dessen:

»Wenn in Walsers Welt wütend gelitten wird, dann doch nicht an einer bestimmten, historisch fixierbaren, politisch reformierbaren oder revolutionierbaren gesellschaftlichen Verfassung, sondern daran, daß der Mensch als *animal sociale* ein solches sein muß, zur Gesellschaft gezwungen, die alles fälscht, zerredet, zerlügt, zerillusioniert« (ebd.).

Und es sei, wie Baumgart festellt, nicht so sehr das Leiden an den unterdrückenden Mechanismen der Gesellschaft, was die – fast ausschließlich – männlichen Protagonisten bewegen, sondern ihr »Geschlechtstrieb«. Baumgarts kritische Behauptung müßte genauer untersucht werden. In *Ohne einander* betont Walser nicht nur den Machtmißbrauch der Medien, sondern auch den Machtmißbrauch der Männer den Frauen gegenüber. Und obwohl dieser eher geschlechts- als klassenbedingt ist, ist Walsers Behandlung dieses Themas zweifellos auch gesellschaftskritisch im allgemeinen.

Im Roman bezeichnet der Literaturkritiker König Sylvio Kern als »ermüdend umständliche[n] Plauderer« (S.27). Reich-Ranicki, dem Walser mit König ein Denkmal setzt, äußert sich über den Roman bzw. seinen Autor folgendermaßen:

»Er plauscht und plaudert unbeirrt, er schwatzt und schwafelt unermüdlich. Das Plappern ist sein Element und sein wichtigstes Ausdrucksmittel. Ja. plappernd hat er, unser lieber Martin Walser, seinen Weg gemacht: Er, der ›hemmungsloseste Monologist‹ – so äußert er sich über eine seiner Figuren -, ist Deutschlands gescheiteste Plaudertasche« (Reich-Ranicki 1993).

Reich-Ranicki kritisiert Walser dafür, daß er sich »hartnäckig« wiederholt und damit den Rezensenten zur Wiederholung seiner Kritik nötige. »In allen seinen Büchern fallen die gleichen Schwächen auf und die gleichen Vorzüge« (ebd.), heißt es z.b. Insbesondere kritisiert Reich-Ranicki, daß der Autor Walser seine Figuren als ziemlich leblose Sprachrohre benutze: »Für nicht gerade beschämende, doch immerhin törichte Ansichten, für bare Blödeleien, für nachlässige Formulierungen, für schiefe und verkrampfte Bilder – für all das braucht er, nein, mißbraucht er seine Helden oder Ich-Erzähler« (ebd.). Man könnte Reich-Ranicki vorwerfen, daß er es sich zu leicht macht, daß er nicht in der Lage ist, die Vielfalt der Stimmen bei Walser zu erkennen und zwischen Autor und Erzähler zu unterscheiden. Er behauptet z.B.: »Aber wir lassen uns nicht übers Ohr hauen, wir wissen schon: Es ist doch Martin Walser, dessen Stimme wir hier unentwegt hören« (ebd). Auf die Gefahr, Walser mit seinen Figuren und Erzählern gleichzusetzen, haben wir schon hingewiesen. Reich-Ranicki faßt seine Kritik zusammen, indem er behauptet, Walser »schreibe immer ein wenig unter seinem Niveau«.

Unter den Rezensenten von *Ohne einander* gibt es dennoch zahlreiche, die den Roman loben und den Autor vor seinen Kritikern schützen wollen. Das Resultat: ein kleiner Kritikerstreit. Klaus Bellin reagiert z.b. auf Kritiker wie Reich-Ranicki und schreibt: »In deren Augen bleibt er, was er schon lange ist: eine Plaudertasche mit traurigem Niveau, einer, der sich endlos wiederholt und über Klischees nicht hinauskommt«. Das aber sei »horrender Unfug, aber es bestätigt, daß der selbstgefällige Kritiker, bei dem es ›andauernd donnert, ohne daß es geblitzt hat‹, nicht bloß das Hirngespinst eines phantasiereichen Erzählers ist« (Bellin 1993, S.143-44). Etwas sachlicher heben einige Rezensenten die Qualität der Walserschen Sprache hervor, sogar seine von einigen in Frage gestellte Fähigkeit, eindrucksvolle Charaktere zu zeichnen. Die schweizerische Rezensentin Gunhild Kübler läßt wissen, sie finde die satirische Gesellschaftskritik im Roman beeindruckend: »Souverän, witzig und mit bitterer Klarsicht hat Walser die auf Wohlstand und Karriere, Macht und Prestige geile Gesellschaft der Bundesrepublik als Haifischsgewässer beschrieben« (Kübler 1993).

5.5.3 *Finks Krieg*

In seinem bis heute letzten Roman *Finks Krieg*, der Ende März 1996 im Buchhandel aber vorher in der *FAZ* als Fortsetzungsroman im Vorabdruck erschien, greift Walser zum zweiten Mal zur Biographie eines ›wirklichen‹ Menschen, um den Stoff für ein Prosawerk zu gewinnen. Da ›der Fall‹ dieses Menschen, Rudolf Wirtz, der Walser als Vorbild zum hier dargestellten Protagonisten Stefan Fink dient, einige Jahre zuvor in der hessischen Presse ausführlich behandelt wurde, machte man sich auf den Feuilletonseiten einiger Zeitungen gleich daran, den Roman zu »entschlüsseln«. Walser stellt im Roman Figuren, die erfundene oder geliehene Namen tragen, neben Figuren, die die Namen von wirklichen Zeitgenossen führen. Neben Fink und seinem Freund, dem Ministerialrat Franz Karl Moor (!), gibt es z.B. einen Staatssekretär namens Schmetternich, seinen Vorgänger Tronkenburg, einen Referenten, der Kralle heißt, und den Kirchenrat Duft. Das sind alle bedeutungsschwangere Namen, der Literatur – Schiller und Kleist etwa –, der Geschichte und der reinen Autorenphantasie entliehen. Es gibt aber auch bekannte zeitgenössische Namen – und Figuren – wie Ignatz Bubis und Joschka Fischer. Dieses Zusammenwürfeln von Namen und Personen aus Fiktion, Phantasie und Wirklichkeit läßt natürlich einen Schlüsselroman erwarten. Zum Teil ist der Roman das zweifellos auch.

Als die erste Fortsetzung des Romans Ende Februar gedruckt wurde, brachte Frank Schirrmacher eine Vor-Besprechung mit einer kurzen Liste der *Dramatis Personae* und schürte damit hohe Erwartungen. Er nennt dort *Finks Krieg* einen Roman, »der Bestand haben wird«, findet, Walser erfasse »eine Wirklichkeit, wie wir sie in der zeitgenössischen Literatur sehr lange nicht mehr haben« und behauptet, es habe seit Wolfgang Koeppens *Treibhaus* »ein besseres Buch über das leise Verhältnis von Macht und Wahn nicht gegeben« (Schirrmacher 1996). Kurz danach, am 2. März, druckte die *FAZ* den Rechtfertigungsversuch Alexander Gaulands, eines der Hauptbeteiligten am »Fall Wirtz«, dem in Walsers Roman die Figur Tronkenburg stark ähnelt: »Ich war Tronkenburg. Ansichten einer

Hauptfigur« ist der Titel seiner essayhaften Rezension. Obwohl wenige den Roman zu diesem Zeitpunkt kannten – er war noch nicht im Buchhandel –, erwartete man nach diesen Kommentaren fast einen zweiten *Michael Kohlhaas* und stellte die Frage, ob Walser einen Roman verfaßt oder die Wirklichkeit lediglich abgeschrieben hätte.

Die Romanhandlung bzw. die Hauptperson hat tatsächlich Kohlhaassche Züge, aber der Ort der Handlung ist Wiesbaden, die Zeit ist die Gegenwart. Nach einem Regierungswechsel in Hessen wird der langjährige leitende Ministerialrat Stefan Fink, verantwortlich für Fragen der Kirche und Religion, versetzt und durch eine Person aus der neuen regierenden Partei, der CDU, ersetzt. Fink will die Versetzung nicht hinnehmen und beschwert sich beim neuen Staatssekretär. Fink erhält von diesem keine Genugtuung und bekommt zudem zu hören, man habe sich in kirchlichen Kreisen über ihn beschwert; deswegen werde er versetzt. Fink fühlt sich in seiner Ehre tief verletzt und schlägt mit allen Mitteln zurück, die ihm zur Verfügung stehen: »Finks Krieg« wird erklärt. Im Laufe der weiteren Handlung dieses 310 Seiten langen Romans gelingt es Fink, der von seinem ›Fall‹ vollkommen besessen ist, seine Stelle zurückzubekommen, aber das genügt ihm nicht mehr. Er will auch seine Rache: an allen, die gegen ihn stehen, besonders Tronkenburg; an der *FAZ*, der er vorwirft, ihn öffentlich verleumdet zu haben; an dem Staat Hessen, usw. Er entwickelt wie Horn und Dorn eine Sammelwut; er legt Aktenordner nach Aktenordner an; er kopiert und notiert und führt Gesprächsprotokolle, bis er für nichts mehr außer seinem Fall Interesse hat. Freunde und Verwandte empfehlen ihm, seinen verbissenen Kampf aufzugeben, bzw. wenden sich von ihm ab. Er, der nach Gerechtigkeit sucht, wird selber zum unangenehmen, ungerechten Menschen. Und damit schneidet Walser die heikle Opfer-Täter-Problematik an, die für das Dritte Reich und für die DDR-Zeit besonders aktuell und kompliziert ist. Im Laufe seines Krieges spaltet sich Fink nach bekanntem Walserschen Muster: der Beamte Fink streitet mit Stefan Fink, der eine will noch kämpferischer, rachsüchtiger werden, der andere mahnt langsam zur Vernunft, zur Mäßigung. Schließlich gewinnt die Vernunft des Stefan Finks die Oberhand und er kann den Beamten Fink von der Unsinnigkeit seines Kriegs überzeugen und ihn zum Aufhören bewegen. Walser läßt also, im Gegensatz zu Kleist in *Michael Kohlhaas*, seine Hauptfigur seinen Kampf aufgeben, bevor dieser sich und viele andere ins Elend stürzt. Im Interview erklärt Walser, warum diese Wende für ihn notwendig war:

»Je tiefer ich mich in den Extremismus dieses Beamten Fink hineingeschrieben hatte, desto mehr hatte ich die Notwendigkeit produziert, mich aus ihm herauszuschreiben, weil das bei dem nicht auszuhalten war in dieser schwitzenden, brüllenden, dampfenden polemischen Enge. Man wird als Autor krank dabei. Dann schreibst du dich heraus, bis zum Gegenteil, bis zum Lob der Feinde« (Sattler Interview 1996, S.127).

Gleich nach Erscheinen gab es mehrere Rezensionen, die auch diesmal alles andere als einstimmig sind. Elke Schmitter urteilt in die *Zeit*, der Roman sei »bloß eine schwache psychopathologische Studie«, denn ein »Verfahrensfehler macht noch keine Verschwörung« (Schmitter 1996). Sie entdeckt im Roman auch weitere Beweise dafür, daß Walser eine »Kehrtwendung vom linken Kämpfer zum CSU-Festredner der nationalen Einheit« (ebd.) gemacht hätte. Außerdem sei sie nach fünfzig Seiten bereits ermüdet gewesen, denn schon dort sei für sie der Fall klar und Finks Reaktionen auf seinen Fall für sie völlig uninteressant. Aber genau darum geht es im Roman: nicht so sehr um den Fall selbst, sondern um seine subjektive, gekränkte Reaktion darauf. Martin Lüdke erklärt den »Ausverkauf eines großen Autors« und behauptet, Walser habe »so lange als Anwalt der kleinen Leute agiert, sein Bild der Realität werde nur noch verzerrt wahrgenommen« (Lüdke 1996). Dagegen meldet Jost Nolte, in seiner Besprechung in *Die Welt*, sein ausdrückliches Interesse für die Bewußtseinsentwicklung des zeitweise vom Verfolgungswahn getriebenen Stefan Fink. Er resümiert, Walser habe die »Geschichte eines Verlierers geschrieben, und sie ist von allgemeinem Belang, weil es mehr Verlierer als Sieger gibt« (Nolte 1996). Volker Hage, in seiner *Spiegel*-Rezension, entdeckt viel Positives an dem Roman –«spannende Passagen«; Walser sei »ein Fachmann in Verletzungsfragen« usw. –, aber er kommt auch nicht daran vorbei, daß es hier um »eine stinknormale Versetzung« gehe und daß »in Zeiten wachsender Arbeitslosigkeit ... Finks Krieg als Luxusbataille erscheint« (Hage 1996). Die Reaktionen auf diesen Roman sind also die üblichen. Die zahlreichen aktuellen Themen und Fragen, die dieser Roman aufwirft, sind noch literaturkritisch und -wissenschaftlich zu untersuchen, z.B. das Spannungsverhältnis Gerechtigkeit-Selbstgerechtigkeit, die Opfer-Täter-Problematik und die parteipolitischen Machtkämpfe, Themen, die aktuell und zudem neu bei Walser sind.

Finks Krieg macht deutlich, daß sich Walser von den in *Ohne einander* angedeuteten Zweifeln über die schriftstellerische Tätigkeit, über die ›Wortarbeit‹, erholt hat: denn er schreibt weiter, auch über neue Themen. In einem Interview zu *Finks Krieg* antwortet Walser auf die Frage, woran er zur Zeit arbeite: »Kindheitsstoff. 1932, 1938 und 1945. Leitendes Gefühl: Vergangenheit als Gegenwart« (*Spiegel* Interview 1996, S.234). Die Walser-Leser, die Anhänger wie die skeptischen Kritiker, können gespannt sein.

6. Die Künstler-Dramen

6.1 Das Sauspiel

Nach der Niederschrift und der Uraufführung von *Ein Kinderspiel* (1970) waren fünf Jahre verstrichen, ehe Walser mit seinem nächsten Schauspiel an die Öffentlichkeit trat. Er hatte die Jahre zwischen *Kinder-* und *Sauspiel* u.a. dazu verwendet, die Prosawerke *Fiction* (1970) und *Die Gallistl'sche Krankheit* (1972) sowie auch *Der Sturz* (1973) und seinen dritten Band mit Aufsätzen und Reden, *Wie und wovon handelt Literatur* (1973), zu schreiben. Seine Annäherung an die DKP war vorbei, und seine Enttäuschung über die Studentenbewegung, die sich nun in unzählige Richtungen verzettelte, führte zu einer allmählichen Distanzierung.

Daß Walser jedoch nicht geneigt war, sich in eine ›neue Subjektivität‹ zu begeben oder seine kritische Einstellung zum deutschen Kulturbetrieb und zu ›affirmativen‹ Künstlern und Intellektuellen aufzugeben, bewies dieses neue Stück, *Das Sauspiel* (1975). Walser greift zum ersten Mal einen weit zurückliegenden historischen Stoff auf, den er aber deutlich in Verbindung mit sich, seiner Zeit und seiner eigenen Gesellschaft sieht. Es sind die Ereignisse und Charaktere der Reformationszeit in Nürnberg um 1525, die hier im Rampenlicht stehen. Walser erhielt von der Stadt Nürnberg den Auftrag, ein Stück zu schreiben, das den Erfolg und den Sieg des berühmten Nürnberger Humanismus in der unmittelbaren Nachfolge des Lutherischen Protestes darstellen und dadurch einen Beitrag zum 450. Jahrestag dieses Ereignisses leisten sollte. Aber als den Auftraggebern klar wurde, daß Walsers Stück diesen Anfang der ehrenreichen humanistischen Tradition Nürnbergs in einem kritischen Licht zeigen würde, zogen sie den Auftrag zurück. Das Interesse Walsers an dem Stoff und dem dramatischen Projekt war aber so groß, daß er das Stück trotzdem zu Ende schrieb.

Die historischen Ereignisse im Jahrzehnt der aufbrechenden Reformation und der darauffolgenden Bauernkriege haben Historiker und Schriftsteller, Theologen und Politiker, fast fünfhundert Jahre lang aus den verschiedensten Gründen, Anlässen und Perspektiven immer wieder fasziniert und beschäftigt. Zwischen Hans Sachs und Martin Walser gibt es eine Unzahl von literarischen Behandlungen dieser Zeit. Goethes berühmtes Erstlingsdrama *Götz von Berlichin-*

155

gen, Ferdinand Lasalles *Franz von Sickingen*, das seinerzeit eine große literarische Debatte in dem sozialistischen Lager um Marx und Engels ausgelöst hat, Gerhart Hauptmanns *Florian Geyer*, Friedrich Wolfs *Der arme Konrad* sowie sein *Thomas Münzer* und, schließlich, Dieter Fortes umstrittenes Drama *Luther/Müntzer oder die Einführung der Buchhaltung* sind nur die berühmtesten Theaterstücke unter ihnen (vgl. Fetz 1978).

Unter diesen deutschsprachigen Schauspielen ging es vielen vor allem um die dramatischen Dimensionen des Stoffs; andere versuchten die Reformation und die beteiligten Figuren, besonders Luther, aus theologischer oder weltanschaulicher Sicht darzustellen; einige wenige wollten sich mit den gängigen, überlieferten historischen und theologischen Interpretationen kritisch *und* dramatisch auseinandersetzen. Walsers Stück steht deutlich in dieser letztgenannten Tradition.

Walser hat für das *Sauspiel* viel historische Forschung betrieben, weil er mit diesem Werk u.a. ein glaubwürdiges Gegenbild zur herrschenden, positiven Interpretation der Nürnbürger Humanisten und zur gleichfalls herrschenden, negativen Interpretation der sog. radikalen Reformatoren entwerfen wollte. In seinen Augen entsprangen und dienten diese Interpretationen eher einem bestenfalls einseitigen Mythos, aber keineswegs der historischen Wahrhaftigkeit. Obwohl *Das Sauspiel* historische Dokumente z.T. wortwörtlich übernimmt, wäre es verfehlt, es als Dokumentartheater in der Tradition von Weiss, Hochhuth oder Kipphardt zu verstehen. Walser verwendet zwar einiges direkt aus den historischen Quellen – Songs, Statistiken, Äußerungen einzelner Figuren –, aber er dichtet auch ziemlich viel frei dazu (z.B. die Rolle von Faust und sogar die Rolle der Hauptfigur Jörg Graf).

Der Untertitel »Szenen aus dem 16. Jahrhundert« gibt klare Auskunft über die Form des Stückes, das aus dreiundzwanzig z.T. sehr selbständigen Szenen besteht, eine Form, die dem epischen Theater Bertolt Brechts viel schuldet. Das bezeugen sowohl die vielen eingebauten Songs als auch die Tatsache, daß das Werk ohne weiteres als ›Lehrstück‹ zu betrachten ist. Durch die Musik jedoch, komponiert von Mikis Theodorakis, wollte Walser ausdrücklich den »Brechtsound« vermeiden.

Der Prolog (1525) und der Epilog (1527) spielen in der Stube von Albrecht Dürer. Die weiteren einundzwanzig Szenen umfassen das Jahr 1526 und haben verschiedene Orte in Nürnberg als Schauplätze. Schon nach der dritten Szene scheinen die Weichen für die Handlung gestellt zu sein: die in Nürnberg erfolgreiche Lutherische Reformbewegung hat zur Folge, daß die Stadt nicht mehr von außen, d.h. von dem tyrannischen Bischof von Bamberg, regiert wird. Die Stadt ist jetzt seit einem Jahr ›frei‹ und wird von einer Gruppe von Intellektuellen, Künstlern, Meistern und Patriziern regiert.

Ein Jahr früher standen diese Männer – Sachs, Pirckheimer, Dürer usw. – mit anderen ›Rebellen‹ und ›Revolutionären‹ in der Opposition; jetzt haben sie die Macht in der Stadt, halten die ›Revolution‹ für vollendet und sehen sich deshalb gezwungen, einige frühere Mitkämpfer zu unterdrücken, die die Revolution noch weiter führen wollen. Diese müssen entweder untertauchen oder laufen Gefahr, im Gefängnis zu landen. Die neuen Stadtväter besitzen aber wenig politische Erfahrung und müssen die Gefahr dieser ›Radikalen‹ bannen und gleichzeitig den neuen Ruf der Stadt als fortschrittlich, tolerant und liberal, d.h. humanistisch, aufrechterhalten. An diesem Punkt im Stück erscheint Philipp Melanchthon, um die Stadtväter bei ihrem heiklen Dissidentenproblem zu beraten.

Walser konzentriert sich bewußt auf die ›Dissidenten‹, weil er von dem, was er während seiner Forschung über sie gelernt hat, fasziniert ist und weil er ihnen eine Stimme verleihen will:

»Mich reizen ... die ganz und gar unhysterischen, ganz und gar positiven, mitarbeitsamen Wiedertäufer aus Oberdeutschland. Und dann: daß diese damaligen fortschrittlichen Leute in Rottenburg, in Schwäbisch Gmünd, in Eßlingen und Zürich, in München und Nürnberg überall hingerichtet wurden. Müntzer ist ein großer Name geworden. Aber diese Leute, die es ohne Gewalt versucht haben – zuerst –, die haben nicht einmal in der Geschichte bei uns einen Namen. Die haben zu wenig Leute umgebracht. Die haben zuwenig Gewalt ausgeübt. Die haben zuwenig Schrecken verbreitet. Deswegen konnten sie in unsere martialische Geschichte und Geschichtsschreibung überhaupt nicht eindringen (Walser, *Theute* Interview 1975, S. 28).

Dieses Zitat zeigt Walsers Grundeinstellung zur Geschichtsschreibung. Er nimmt auch hier Partei für die ›Zugerichteten‹, die Besiegten, und versucht, ihre Verteufelung zu korrigieren und ein differenziertes Bild dieser vielseitigen ›radikalen‹ Reformbewegung zu liefern.

In weiteren Szenen konzentriert sich die Handlung auf das private Schicksal des Musikers Jörg Graf, der nur flüchtig in den Chroniken in Nürnberg erwähnt wird. Früher war Graf ein oppositioneller Dichter und Sänger; jetzt ist er eine Art Stadtmusiker, der von der Stadt belohnt wird, Lobgesänge auf die neue Situation und deren Wortführer vorzutragen. Er erniedrigt sich noch weiter und betätigt sich als Spion, der an die ›subversiven‹ Schriften der ›Radikalen‹im Gefängnis herankommen soll. Da beide Aufgaben jedoch wenig einbringen, übt er seinen Hauptberuf als Straßensänger weiter aus, und gibt sich dabei als Blinden aus. (Anklänge an Brechts *Dreigroschen-oper* sind deutlich). Die Spannung in dieser privat-öffentlichen Handlung entsteht dadurch, daß Graf als Straßensänger einen Konkurrenten hat, Georg Grünwälder, der sich gleichfalls als Blinden ausgibt, aber keiner weiß, daß der andere sich nur blind stellt. Ihre Konkurrenz erreicht den Höhepunkt, als sie gegeneinander ein ›Sauspiel‹ austragen. Dieses ›Sauspiel‹, das auf ein Wortspiel mit ›Schauspiel‹ hindeutet, bringt einen historisch belegbaren Sport oder Zeitvertreib der oberen Schichten als Zuschauer auf die Bühne und zeigt wie die zwei Konkurrenten, Blindheit vorheuchelnd, mit Stöcken auf ein armes Schwein losschlagen, einander aber, mit und ohne Absicht, öfters treffen. Während des Spiels werden beide als Betrüger entlarvt und daraufhin für ihren Betrug tatsächlich geblendet.

Bis zum Ende des Stückes unterstreicht Walser wiederholt seine Überzeugung, daß keine klare Trennung zwischen dem privaten und dem öffentlichen Bereich des Lebens existiert oder existieren kann. Die neuen Stadtväter haben am Schluß ihr Dilemma gelöst: dem Rat Melanchthons (und Luthers) folgend, haben sie Denck, Paracelsus, Vogel und die anderen Anabaptisten oder Widertäufer, die sie als wahnsinnige Fanatiker bezeichnen, aus der Stadt verbannt oder, in ein paar Fällen, sogar hingerichtet. Die neue Ordnung Nürnbergs wird von der konservativeren d.h. weniger fortschrittlichen Reformbewegung Luthers legitimiert.

Das im Stück dargebotene Bild von Nürnberg während dieser Zeit weicht grundsätzlich von dem überkommenen ab, zeigt aber viele Gemeinsamkeiten mit einem neueren Bild, das moderne Historiker während der letzten Jahre von der Stadt und den ›radikalen‹ Reformern entworfen haben. Walser holt diese großen Nürnberger ›Humanisten‹ von ihrem Sockel herunter, deckt ihre menschlichen und politischen Schwächen auf und deutet auf die manchmal erschreckenden Kompromisse hin, die sie in ihrer ›post-revolutionären‹ Lage gemacht haben. Darüber hinaus, ohne aber die traditionelle katholische Kritik der Reformation zu übernehmen, greift Walser die traditionelle protestantische Behauptung an, die Reformation sei hauptsächlich eine theologische oder religiöse Angelegenheit gewesen. Auch hierin folgt Walser manchen zeitgenössischen Historikern, die die Sicht vertreten, die Reformbewegungen seien mindestens genauso stark von wirtschaftlichen, sozialen und juristischen Überlegungen und Hoffnungen geprägt. Die etwas traurige Tatsache bleibt jedoch, in Walsers Stück wie auch in der Geschichte: die *theologische* Reformbewegung Luthers – und einiger anderer – war zwar vielerorts erfolgreich; die *wirtschaftlichen*, *sozialen* und *juristischen* Reformbewegungen der ›radikaleren‹ Bauern und Reformer wurden jedoch fast überall mit Gewalt unterdrückt. Der nicht zu leugnende, erreichte Fortschritt wurde zum Stillstand gebracht (vgl. ebd., S. 28).

Obwohl Walser den sogenannten ›Schwärmern‹ historische Gerechtigkeit widerfahren lassen und eine Korrektur der traditionellen Geschichtsschreibung dieser Ereignisse für die Bühne schaffen wollte, zeigen die Diskussionen, die diese mit Melanchthon führen, daß er auch Verständnis für die schwierige und heikle Lage hatte, in der sich die Nürnberger Stadtväter, ›post-revolutionär‹, befanden. An einer Stelle fragt Spengler: »Wir sind am schwierigsten Punkt, Philipp. Müssen wir die Freiheit, die wir gegen Rom erkämpften, auch denen zugestehen, die sie gegen uns gebrauchen? (*Das Sauspiel* 1975 Ausgabe, S. 77). Walser sagt dazu: »Wie stellt man sich zu einer geschichtlichen Bewegung, nachdem man selber durch einen Schritt vorwärts an die Macht gekommen ist. Darf die Geschichte weitergehen? Oder kommt es jetzt zum Stillstand? Genügt es, daß wir etabliert sind? Diese Frage war für mich interessant« (Walser *Theute* Interview 1975, S. 28). Und weiter sagt er: »*Das Sauspiel* ist ein Zeitstück, das ganz aus dem Material der Geschichte gearbeitet ist. Die dargebotene Historie soll zeitgeschichtlich dienlich, nützlich, hilfreich werden. Ich habe Konstellationen in der Geschichte gefunden, von denen ich glaube, daß sie uns hilfreich sein können« (ebd., S. 29). Wir wissen auch, daß die deformierende Kraft der ›Macht‹, egal in wessen Händen sie liegen mag, schon immer ein Hauptthema Walsers ist.

Das Thema der ›affirmativen‹ Kunst und der Künstler und Intellektuellen, die den reform- und veränderungsbedürftigen *status quo* unterstützen, wird hier mit den Entscheidungen der berühmten Nürnberger Künstler und Intellektuellen, aber auch in der Figur des Sängers Jörg Graf noch einmal bearbeitet. Die ›Kunst‹ von Graf wird, nach der ›erfolgreichen‹ Revolution, durch Opportunismus, Anpassung und Heuchelei geprägt. Weil er sich ›blind stellt‹, weil er der Stadt dienen will, um des Geldes oder des Prestiges willen, verzichtet er auf seine frühere kritische Einstellung und auf jegliche Wahrhaftigkeit. Aber: »Der sich blind gestellt hat, wird blind gemacht« (ebd., S. 30). Weil er sich als Künstler und Intellektueller ständig mit heiklen Entscheidungen, mit ähnlichen Versuchungen und Risiken konfrontiert sieht, fühlt sich Walser zu dieser Thematik hingezogen:

»Das zentrale Thema für mich: daß da mitgemacht werden muß, was die Geschichte da um einen herum betreibt. Daß sich da einer eben nicht heraushalten kann. Daß das eine riskante tägliche Arbeit, eine Entscheidungsarbeit ist, und daß Intellekturlle dabei etwas riskieren oder nicht riskieren« (ebd., S. 30).

Daß Walser, wenn er über Graf, Dürer oder Sachs kritisch schreibt, einige seiner Schriftstellerkollegen im Sinn hat, geht aus der direkt anschließenden Bemerkung hervor, die unübersehbar auf Günter Grass anspielt: »Wir sagen: Jawohl, die SPD kann gar nicht langsam genug gehen, wir legitimieren ›die Schnecke‹« (ebd., S. 29). *Das Sauspiel* ist jedoch mehr als ein Ideendrama, mehr als ein politisches Lehrstück. Es gibt auch lustige, unterhaltsame und grotesk-ironische Aspekte und Szenen, die zu seiner Bühnenwirksamkeit beitragen.

Das Sauspiel erlebte seine Uraufführung in Hamburg, nicht in Nürnberg, und obwohl einige Kritiker viel an dem Stück zu loben fanden, hat es den meisten mißfallen, vielleicht, wie Anthony Waine berichtet, »weil es explosive aktuelle politische Fragen in einer engagierten und ironischen Weise anpackte« (Waine 1980, S. 172). Benjamin Henrichs lieferte einen Verriß zur Uraufführung:

»Bevor von den politischen Absichten und den privaten Obsessionen des Stücks zu reden ist, muß etwas peinlich Banales erörtert werden: daß ein Theaterstück aus Figuren und Dialogen besteht; und daß die Geschichte des Stückeschreibers Martin Walser vor allem deshalb eine Geschichte der Niederlagen ist, weil Walser ein nur dürftiger Figurenerfinder und Dialogschreiber ist. Wer Walser einmal öffentlich hat reden hören und sehen, ahnt, woran das liegt. Ein Dialogschreiber muß ein großer, geduldiger Zuhörer sein. Walser ist ein, oft brillanter, Selber-Reder. Seine Gescheitheit und seine Ungeduld machen es ihm furchtbar schwer, Sprache zu finden für andere als sich selber« (Henrichs in *Die Zeit* 26.12.1975).

Henrichs wiederholt damit eine Kritik, die man schon seit den frühesten Prosawerken Walsers allzu gut kennt: er werde von seiner eigenen Sprachkraft und -gewandtheit verführt und lasse die Figuren ihre eigene Sprache nicht finden. Darüber hinaus findet Henrichs den Versuch Walsers, zwischen Geschichte und Gegenwart zu vermitteln, problematisch: »Das Doppeldrama (immer Zeitstück und Historie zugleich) führt beim Lesen zu besonderen Beklemmungen – weil Walser die Parallelen so demonstrativ sichtbar macht, kann man schon nach kurzer Zeit keine Szene mehr spontan verstehen, gerät man andauernd in den Zwang, das Stück in unsere Zeit zu übersetzen« (ebd.).

Hellmuth Karasek konnte auch wenig Positives zur Uraufführung und zum Stück sagen: »Die intelligentesten Autoren schreiben oft die dünnsten Stücke« (1975, S. 424) und er behauptet weiter, das Stück zeige vorwiegend »Allegorien« statt »Leben« (ebd., S. 425). Karasek kritisiert das Stück auch, weil Walser hier »intellektuell essayistische Erkenntnisse nachträglich für die Bühne als Kostüme zurechtgestutzt« habe (ebd., S. 425). Eine weitere negative Kritik stammt von Mechthild Lange, die befindet, wie Henrichs auch, daß das Stück unter Walsers Unfähigkeit leide, auf Einfälle zu verzichten, was eine echte Überschüttung zur Folge habe. Und sie faßt ihre Bedenken zusammen, indem sie behauptet, das Stück setze zu viel Vorwissen, zu viel Bildung voraus, und das sei der Grund, warum die meisten Zuschauer sich gründlich gelangweilt hätten (vgl. ebd., S. 430).

Diese Kritiken enthalten Bekanntes, auch Widersprüchliches aus der früheren Walser-Rezeption, und führten zu einer sehr heftigen und interessanten Erwiderung von Peter Hamm, die er kurz nach der Uraufführung in der Zeitschrift *konkret* veröffentlichte. Seine Verteidigung gegen die Kritiker gipfelt in dem Vorwurf, sie hätten nicht das Stück, nicht die Aufführung kritisieren wollen, sondern den Autor Walser, weil er auch sie, als ›affirmative‹ Intellektuelle und Theaterkritiker, wenn auch nur implizit, in seine Kritik mit einbeziehe. Daß die Aufführung nur Langeweile beim Publikum erregt haben sollte, bestreitet Hamm ausdrücklich, der demonstrativen Beifall »nach jedem Bild und sogar nach vielen einzelnen Sätzen« erlebt haben will (Hamm 1976, S. 439). Ob politische Überzeugungen und Verletzungen hinter den vorwiegend negativen Kritiken des Stückes stehen, wie Hamm behauptet, können wir nicht mehr feststellen, aber er weist in seiner Verteidigung des Stükkes auf einige Ungereimtheiten und Widersprüche in den von ihm in Frage gestellten Kritiken hin. Wichtiger aber bleibt die Tatsache, daß dieses Walser-Stück bis heute keinen Platz in den Spielplänen der deutschsprachigen Theater finden konnte.

Im Gegensatz zur Theaterrezeption jedoch scheint das Stück als Lesedrama mehr Interesse gefunden zu haben, und nicht wenige Literaturkritiker haben längere Untersuchungen und Analysen unternommen. Klaus Siblewski vergleicht *Das Sauspiel* z.B. mit zwei anderen zeitgenössischen Stücken, die die Zeit der Bauernkriege behandeln: Fortes *Luther/Münzer* (1970) und Yaak Karsunkes *Bauernoper* (1973). Er geht in seiner Diskussion auf die Wechselbeziehung zwischen historischer Dramatik und literarischer Aktualität ein und kommt zum Schluß, daß Walsers Werk das überzeugendste von diesen drei sei und daß es in besonderem Maße einen bemerkenswerten Beitrag zur »Konservatismuskritik« liefere. Werner Brändle, Herausgeber eines aufschlußreichen Materialienbandes zum *Sauspiel*, bietet eine ergiebige Untersuchung zum Thema »Die Gegenwärtigkeit eines Mythos. Zur Figur des Doktor Faust in Walsers Stücken«; Klaus-Harro Hilzinger steuert diesem Band einen Originalbeitrag zum Problem der »Kunstgestalt« im *Sauspiel* bei; und Fetz veröffentlicht schon 1978 eine Analyse des *Sauspiels* im Kontext des zeitgenössischen Geschichtsdramas. Waine faßt seine Besprechung des Stückes sogar mit der folgenden, leicht übertriebenen Feststellung zusammen: »*Das Sauspiel* ist realistisches, politisches Theater in der großen Tradition von *Emilia Galotti, Kabale und Liebe, Dantons Tod* und *Mutter Courage*« (Waine 1980, S. 171-2). Schließlich kann mit Recht behauptet werden, daß *Das Sauspiel* und Walsers Überlegungen dazu eine wichtige Phase in der Entwicklung seines politischen Denkens beleuchten. Er befand sich damals sehr deutlich ebenfalls in einer ›post-revolutionären‹ Lage, in und aus der er neue, schwierige Fragen stellen mußte, für sich, für sein Werk und für die bundesdeutsche Gesellschaft.

6.2 In Goethes Hand

Weitere sieben Jahre sind verstrichen, bis Walser sein nächstes Theaterstück vorstellte. In dem *Theater heute*-Interview anläßlich der Uraufführung vom *Sauspiel* hatte Walser seinem Gesprächspartner bereits angedeutet, er wollte noch ein historisches Stück schreiben, eventuell vielleicht sogar zwei: »Eckermann – Goethe. Was mir in diesem Miteinander begegnet, finde ich ein ganz wichtiges, auch von mir selbst oft erlebtes, gesellschaftliches Verhältnis« (Walser *T.heute*-Interview 1975, S. 30). Im Goethe-Jahr 1982, 150 Jahre nach seinem Tod, schrieb Walser dann dieses Werk, das alles andere als ein Lobgesang auf den in diesem Jahr sonst so Gefeierten darstellt. Das verwundert nicht, wenn man die früheren Aussagen Walsers über den Weimarer Klassiker kennt. In einem Aufsatz aus dem Jahre 1967, »Ein weiterer Tagtraum vom Theater«, hatte Walser z.B. geschrieben: »Die sentimentale und sozusagen atavistische Regression Goethes, diese Flucht aus der beginnenden bürgerlichen Geschichte nach Weimar und ins eingebildete Griechenland, hatte traurige Folgen« (*Heimatkunde*, S. 71). Trotz der manchmal heftigen Reaktionen auf das Stück jedoch, wobei einige Kritiker es für nötig hielten, Goethe gegen Walser in Schutz zu nehmen, handelt es sich im Werk nicht in erster Linie um Goethe und sein Werk, sondern um diese »traurige[n] Folgen« und um Abhängigkeitsverhältnisse im allgemeinen. Goethe, trotz des Titels, steht nicht im Mittelpunkt, sondern sein ›getreuer Eckermann‹, und es ist die Perspektive von Eckermann, die im Stück herrscht.

In diesen »Szenen aus dem 19. Jahrhundert« beweist Walser erneut, daß sein echtes Interesse an Geschichte, in diesem Fall an Kulturgeschichte, sein Interesse an der Gegenwart nicht zu verbergen vermag, sondern diese in ein neues Licht stellt. Walsers ›Geschichte‹ ist vor allem eine Geschichte für Zeitgenossen, seine Geschichtsdramen sollen eine Brücke sein, »die auf zwei Ufern ruht, und beide sind interessant« (Walser *T.heute*-Interview 1975, S. 29). Seine Faszination und seine kritische Teilnahme für Eckermann sind also kaum antiquarisch oder literaturgeschichtlich bestimmt. Walser sieht in ihm und in seiner selbstlosen Treue und Dienstbereitschaft Goethe gegenüber gleichzeitig etwas Rührendes und Störendes: Eckermann verkörpert u.a aber vor allem die Bereitschaft, abhängig zu sein und sich ausnützen zu lassen, bis zur völligen Aufopferung seines Ichs, seiner eigenen Pläne, Hoffnungen und Ziele.

Es gibt drei verschiedene Fassungen des Stücks: das Hörspiel, das schon im März 1983 von der WDR gesendet wurde; die erste Buchfassung, die als Grundlage für die Uraufführung und für unsere Diskussion hier dient; und die revidierte Fassung, die Walser für die Bonner Aufführung im Jahre 1983 unternahm. Eine ausführliche Untersuchung der Unterschiede in diesen drei Fassungen unternimmt Jens Kruse (1987).

Wie zuvor *Das Sauspiel* ist auch *In Goethes Hand* ein episch aufgebautes, offenes Theaterstück. Es besteht aus drei Hauptakten, die jeweils in den Jahren 1823, 1829 und 1848 spielen. Der erste Akt zeigt den jungen Eckermann mit seiner langjährigen Verlobten Hannchen: er liefert ihr Ausreden für seine lange Abwesenheit und für seine Vernachlässigung ihrer Beziehung. Er erklärt ihr auch, daß er Dichter werden will und wie er nach Weimar reisen werde, um die Unterstützung des alternden Goethe für sein dichterisches Schaffen zu gewinnen. Drei Monate vergehen, und man erfährt zwar, daß Eckermann den Sommer in Jena im Dienste des abwesenden, in Marienbad verweilenden Goethe verbracht hat, aber man hört nichts von seinen eigenen dichterischen Arbeiten: ›Der getreue Eckermann‹, Diener des Meisters, ist also schon geboren. Das Bild von Goethe, das Walser hier malt, stellt einen etwas dicken alten Mann dar, der witzig, charmant und lustig, aber gleichzeitig launisch, ungehalten und furchtbar ichbezogen ist. Manchmal erscheint er so senil, daß er sich weder an Eckermann noch an die Tatsache erinnern kann, daß er ihn in Dienst genommen hat. Goethe ist sich seines Ranges als lebende Legende jedoch völlig bewußt, und oft scheint er mehr Denkmal als Mensch zu sein. An einer Stelle fragt er: »Bin ich Goethe oder heiß ich nur so?« (S. 33). Nachdem es ihm jedoch einleuchtet, wie nützlich der junge Eckermann sein kann, überzeugt er diesen, nach Weimar zu gehen, um ihm bei der Herausgabe seines Gesamtwerkes zu helfen. Hannchen wartet noch in Hannover.

Im zweiten Akt, sechs Jahre später, überrascht Hannchen ihren (noch) Verlobten Eckermann mit einem Besuch in Weimar. Sie ist gekommen, um ein Heiratsversprechen von ihm zu erzwingen oder aber die Verlobung zu lösen. Die heftige Kritik, die Hannchen an Goethe übt, steht im starken Gegensatz zur Ehrfurcht Eckermanns dem großen Klassiker gegenüber. Hannchen erkennt, wie stark Eckermann ausgenutzt wird und wie abhängig er von Goethe geworden ist, aber er verteidigt sich und seinen etwas naiven Idealismus, wenn sie ihn mit ihrer Kritik reizt: »Goethes Verhältnis zu mir erlaubt kein Geld. Deshalb hat er dafür gesorgt, daß ich Englisch lerne und jetzt Stunden geben kann« (S. 59). Hannchen drängt ihn, seinet- und ihretwegen seine Unabhängigkeit zurückzugewinnen: »Je länger du in seinem Papier rumwühlst, desto mehr Bände. Und von dir? Das Trauerspiel? Die Gedichte? Nichts. Bloß noch Goethegoethegoethe ...« (S. 59). Er verspricht ihr, er werde mit Goethe über eine Gehaltserhöhung und über seine Heiratspläne reden, aber er kann es einfach nicht über sich bringen, Goethe mit seinen eigenen Wünschen zu belästigen.

Dann, drei Jahre vor seinem Tode, scheint Goethe noch seniler, vergeßlicher, aber auch pedantischer und eitler zu sein. Aber auch wenn er nicht auf der Bühne steht, merkt man seine Anwesenheit als kräftige, immer noch lebende und lebendige Legende. Die ganze Anhängerschaft Goethes leidet unter seinem Schatten. Seine Ichsucht, sein Ruhm, seine Eigenartigkeiten, seine sexuelle Kraft und seine starke, fast magische Anziehungskraft haben eine sehr große Rolle bei der Entwicklung der verschiedenen Abhängigkeiten und menschlichen Schwächen und Deformierungen gespielt, die sich in dieser Entourage auf manchmal zerstörerische Weise hervortun. Eckermann kann z.B. nie den richtigen Augenblick für ein kleines Gespräch mit Goethe über Gehalt und Heirat finden, und das enttäuschte Hannchen reist ab.

Der im Revolutionsjahr 1848 angesiedelte dritte Akt stellt einen kranken und früh gealterten Eckermann in seiner kleinen Wohnung in Weimar dar. Er hat auch in den Jahren nach Goethes Tod diesem offensichtlich weiter gedient. Er hatte Hannchen doch geheiratet, denn er lebt jetzt mit ihrem 14jährigen Sohn Karl zusammen; aber Hannchen ist bei der Geburt gestorben. Den Höhepunkt des dritten und letzten Aktes, vielleicht auch des ganzen Stückes, stellt der Besuch von Ferdinand Freiligrath bei Eckermann dar, mit dem er seit einigen Jahren befreundet ist. Karl Marx hat diesen geschickt, damit er den Autor der *Gespräche* für die *Neue Rheinische Zeitung* interviewen kann. Darüber hinaus möchte Freiligrath seinen Freund Eckermann überzeugen, daß sein Goethebild viel zu positiv sei und einer Revidierung dringend bedürfe. Freiligrath bittet ihn, »daß Sie Ihrem edlen Goethebild ein reales nachliefern« (S. 136). Ein Dialog über Kultur und Politik beginnt, als Freiligrath behauptet, Goethe sei reaktionär gewesen, was verheerend auf Deutschland wirke.

In diesem Streitgespräch erkennt man deutlich die zwei extremen Argumente in der politisierten Literaturdebatte der siebziger Jahre in Deutschland. Damals handelte es sich auch um einen Streit zwischen denen, die die ästhetischen Aspekte der Literatur klar im Vordergrund sahen, und denen, die das politische und soziale Potential der Literatur und der Kunst emphatisch betonten. Walser läßt Freiligrath auf die Kritik Ludwig Börnes auf Goethe zurückgreifen, um seine eigene Einstellung zu unterstützen. Er zitiert Börnes Behauptung z.B., Goethe sei ein »Stabilitätsnarr« gewesen (S. 134), und daß »der große Dichter ... kein Vorbild für das richtige Leben und Handeln [ist]. Er gehört nicht in die Schule, sondern in den Salon« (S. 136).

Daß weder der eine noch der andere extreme Standpunkt wirklich überzeugt, beweist eine unübersehbare Ambivalenz bei Freiligrath und Eckermann gegenüber ihren eigenen Aussagen. Freiligrath gibt zu, er selbst finde die Ansichten von Marx zu dogmatisch, und Eckermann gesteht, er wisse, Goethe habe ihn ausgenutzt und er habe deswegen »ein verpfuschtes Leben« (S. 112) geführt. Diese beiderseitige Ambivalenz leuchtet im folgenden Dialog besonders penetrant durch:

FREILIGRATH	... ich fürchte, Sie lieben ihn, Eckermann.
ECKERMANN	Das fürcht ich auch.
FREILIGRATH	Lieber Freund, dann sind Sie verloren.
ECKERMANN	Für Sie.
	... ...
FREILIGRATH	Ich mag Sie nämlich.
ECKERMANN	Ich Sie auch.
FREILIGRATH	Marx würde Sie jetzt hassen.
ECKERMANN	Bitte.
FREILIGRATH	Eckermann, ich beneide Sie.
ECKERMANN	Ich Sie auch (S. 143).

Am Ende des Stückes empfängt Eckermann einen letzten Besuch: die Schwiegertochter Goethes, Ottilie. Sie zeigt wenig Interesse für sein erbärmliches Los, beklagt nur die Untreue ihrer englischen Liebhaber, meckert, daß der Staat ihr viel zu wenig für das Goethehaus anbietet und stöhnt darüber, daß ihre Söhne, die Erben Goethes also, noch nicht in den Adelstand erhoben worden sind. Durch dieses sehr persönliche und symbolische Beispiel deutet Walser an, wie das Erbe Goethes sich habe trivialisieren und entstellen lassen.

Die frühen Kritiken und Besprechungen des Stückes und der Uraufführung im Wiener Akademietheater sind, wie man schon gewöhnt ist, gemischt. Einige Kritiker bemängeln den nicht-aristotelischen, ›offenen‹ Aufbau des Werkes, wogegen andere behaupten, das Stück behalte seine Bühnenwirksamkeit nur dort, wo die Goethe-Figur auf der Bühne agiert. In weiteren Kritiken ist zu lesen, es sei eine Schwäche des Stückes, daß Walser zwischen einer Abneigung und einer Verehrung für Goethe schwanke und deshalb kein überzeugendes Bild des Dichters bieten könne. Es gibt aber auch Kommentatoren, die *In Goethes Hand* als »ein spannendes und tief bewegtes Stück« bezeichnen konnten (Rolf Hochhuth 1982).

Interessanter als die Feuilleton-Bemerkungen zur Aufführung jedoch sind die ausführlicheren Analysen des Stückes, die folgten. Hier geht es u.a. um die Frage, die Jens Kruse als Titel für seinen Artikel wählt: »Walsers Eckermann-Stück: Goethe-Schelte oder Liebeserklärung?« (Kruse 1987, S. 439). Vor der Uraufführung gab es Gerüchte, Walser hätte ein Anti-Goethe-Stück geschrieben. Aber Walser hatte schon 1980 auf seine vermutliche Gegnerschaft zu Goethe reagiert und durch seine Aussage bestätigt, sein Verhältnis zu Goethe sei viel differenzierter, als die etwas eifrigen Goethe-Verteidiger wahrhaben wollten. Er sagte z.B.:

»Nein, so dumm bin nicht einmal ich als Theoretiker, daß ich in eine Antipathie gegen Goethe mich hineinfallen lassen könnte. ... Das ist nur so ... wenn man in Deutschland oder im germanistischen Bereich ... eine andere Art der Verehrung pflegt als die eingeübte, dann ist man ein Gegner. Ich meine, ich pflege einfach Goethe auf eine andere Art zu verehren, als in der Emil-Staiger-Kirche Goethe gepredigt wurde ... Diese für mich etwas schmalzige Verehrung, die mag ich nicht« (Totten Interview 1980, S. 41).

Es gab aber genug frühe Kritiker und Kommentatoren, die behaupteten, *In Goethes Hand* sei vor allem eine billige Kritik an Goethe. Eberhard Mannack schreibt z.B.: »Daß es keine Huldigung für den Dichterfürsten sein würde, ... – daß es alles andere als eine originelle und zudem eine oberflächliche Schelte geworden ist, kann nicht verschwiegen werden« (Mannack 1983, S. 138-139). Wittkowski nimmt Walser seine Goethe-Darstellung besonders übel und meint sogar: »Welche Verwirrung muß in einem Lande herrschen, dessen Intellektuelle, stolz auf ihr fortgeschrittenes politisches Bewußtsein, die Zerstörung ihrer geschichtlichen Vergangenheit betreiben ... !« (Wittkowski 1987, S. 167). Die Untersuchungen von Fetz (1987), Kruse (1987), Pezold (1989), Doane (1990) und Neumann (1990) ergeben jedoch ein differenzierteres Verständnis der Walserschen Goethe-Darstellung und des Stückes überhaupt.

Heike Doane behauptet, »since he wants to depart from the dulling routine of canonizing Goethe, he allows his likes and dislikes to govern his writing« (Doane 1990, S. 165). Diesbezüglich sagt Walser: »bei Goethe gibt es bei Gott genug zu lieben und ein bißchen auch zu hassen« (Totten 1980, S. 42). Doane behandelt *In Goethes Hand* darüber hinaus im Kontext von Walsers Aufsätzen, wobei sie auf die Walsersche Ironie im Stück eingeht. Sie erläutert aber auch die Beziehung zwischen Walsers Darstellung von Goethe und Eckermann und den historischen, bzw. literaturhistorischen Quellen: Briefen und früheren Abhandlungen, z.B. H.H. Houbens Eckermann-Biographie (*J.P. Eckermann. Sein Leben für Goethe*, Teile 1. u. 2., Leipzig: 1925, 1927).

Fetz bespricht dieses Theaterstück als *kultur*historisches Drama, das sich mehr mit dem Phänomen des kulturellen Erbes und der Rezeption Goethes und Eckermanns beschäftigt, als mit deren Werk selbst. Er erläutert Walsers allgemeine Geschichtsauffassung und die damit verbundene Dialektik seiner Sehweise.

Schließlich sollten auch die Beiträge von Bernd Neumann und Klaus Pezold erwähnt werden, die beide, auf unterschiedliche Art und Weise, unser Verständnis des Stückes und des Goethe-Bildes bei Walser erweitern. Neumann geht davon aus, daß Walsers Eckermann unser, d.h. der Germanisten, Bruder sei, daß sein Verhältnis zu Goethe demjenigen ähnlich ist, das wir zu ›unseren‹ Autoren pflegen und bei dem wir immer wieder in eine ›kleinbürgerliche‹ Abhängigkeitsbeziehung geraten. Diese These ist provokativ aber hauptsächlich von Interesse für die Germanisten-Zunft. Neumann untersucht jedoch auch genau den Unterschied zwischen Walsers Darstellung von Goethe einerseits und der des Goethe-Kultus andererseits, und er ist überzeugend, wenn er behauptet, Walsers Kritik gelte hier vor allem dem Kultus, nicht dem Dichter. Schließlich weist Neumann auch darauf hin, daß dieses Stück Auskunft über Walsers eigene politische und kulturpolitische Entwicklung gibt, eine Entwicklung, die ihn zu dieser Zeit irgendwo zwischen Eckermann und Freiligrath stellt. Klaus Pezold zeigt ausführlich und sorgfältig die Beziehung von Walsers Darstellung zu den verschiedenen historischen und literaturhistorischen Dokumenten, auf denen das Stück fußt. Darüber hinaus sieht er das Stück, im Anschluß an *Das Sauspiel,* als einen erneuten Versuch Walsers, »seine Frage nach den Möglichkeiten und der Verantwortung des kleinbürgerlichen Intellektuellen in der Geschichte szenisch aufzuwerfen« (Pezold 1989, 22). Man muß hinzufügen: nicht nur in der Geschichte, sondern auch in der Gegenwart. Pezold betrachtet den »Kernpunkt« der Walserschen Polemik im Werk in dem dargestellten, für Goethe behaupteten »Anspruch auf zeitlose Gültigkeit« (ebd., S. 21), d.h. in dem Versuch der »Erben«, Geschichte zum Stillstand zu bringen. Auch Pezold weist auf die klare Unterscheidung hin, die Walser zwischen Goethe und dem »Goethe-Gebrauch« zieht (ebd., S. 30). Er zitiert Walsers Beitrag zu Goethe in den *Liebeserklärungen*: »Bei ihm: die keine Sekunde gesicherte Balance; der ständige Andrang des Ominösen; die unablässige Arbeit an ein bißchen Fassung. Nach ihm: Zitatgebrauch ad libitum; hauptsächlich: In-Dienst-Nehmen zu bürgerlich herrschaftlichem Gebrauch« (Walser 1983, S. 258).

Walsers Drama aus dem Goethe-Jahr 1982 bleibt, trotz der gemischten Rezeption zu den verschiedenen Aufführungen im Theater, ein Werk, das weiterhin großes und widersprüchliches Interesse unter den Literaturkritikern genießt. Wie im Falle des *Sauspiels* handelt es sich auch hier um ein Werk, das eher als Lesedrama und nicht so sehr als aufgeführtes oder aufführbares Theaterstück wirken wird.

6.3 Die Ohrfeige

In diesem Zusammenhang scheint es angebracht, einige Worte über ein drittes dramatisches Werk anzubringen, das ebenfalls Künstler und den Kulturbetrieb zum Thema macht. *Die Ohrfeige*, von Walser zwischen 1981 und 1983 geschrieben, kam erst Ende 1986 zur Uraufführung. Anders als in den zwei vorhergehenden Stücken handelt es sich hier nicht um »Szenen« aus der Vergangenheit, sondern um Szenen über deutlich erkennbare Gegenwartssituationen und -fragen. Dieses Stück – Walser wird offensichtlich die Kritiker nie befriedigen, die eine traditionellere dramatische Struktur erwarten – ist in sieben Szenen geteilt, die, bis sie am Ende zusammengeführt werden, zwischen dem Milieu des gerade arbeitslos gewordenen Arbeiters Karl und dem seines früheren Arbeitgebers, des Industriellen Gutensohn, wechseln. Diese Struktur erinnert fast an die von Nestroys beliebter Komödie *Zu ebener Erde und im ersten Stock*, wo es auch um eine Gegenüberstellung von zwei grundverschiedenen Gesellschaftsschichten geht, die aber auf einander angewiesen sind. Walsers altes »Herr-Knecht«-Thema ist damit wieder präsent.

Die Kritiker, die das Stück als eine Art »Schwank« bezeichnen (vgl. anon. *Der Spiegel* vom 29. Dez. 1989, S. 107), haben insofern recht, als es seine Kritik sowohl an krassen Klassenunterschieden in der Gesellschaft als auch am Literaturbetrieb in possenhafter Weise ins Spiel setzt. Der gerade entlassene Fabrikarbeiter Karl hockt in seiner Arbeiterkneipe, weil er zu stolz ist, seiner Frau zu eröffnen, daß er arbeitslos geworden ist. Angetrieben von seinen Kumpeln und dem Bier, das sie in großen Mengen trinken, nimmt er die Herausforderung an, dem früheren Arbeitgeber und Großkapitalisten Gutensohn eine Ohrfeige zu verpassen. Nicht nur seinetwegen will er das machen, sondern für alle bereits entlassenen oder von der Entlassung bedrohten Freunde: um dem Schaden einer Rezession zu entkommen, hat Gutensohn nämlich die Fabrik gerade verkauft, und es werden voraussichtlich viele weitere Entlassungen folgen.

An dem vorgesehenen Abend veranstaltet Gutensohn eine Geburtstagfeier für sich selbst. Anwesend sind neben einigen Honoratioren aus dem Kulturbetrieb auch ein vom Gastgeber und allen Anwesenden verehrten Schriftsteller. Gutensohn erinnert deutlich an Blomich aus den *Kristlein-Romanen* und an andere Industrielle in Walsers Werken. Walser zeigt mit dieser Geburtstagsgesellschaft, daß er Parties immer noch als gute Gelegenheiten wahrzunehmen weiß, die ›gehobene‹ Klasse, d.h. die mit Geld und Bildung, satirisch zu entlarven und zu verspotten. Die ›Kulturelite‹, die hier versammelt ist, zeichnet sich, wie schon in früheren Werken Walsers, durch ihre Kleinlichkeit, ihre Gehässigkeit und ihre Lüsternheit aus.

Am interessantesten dabei ist die Darstellung des Ehrengastes, des Schriftstellers namens Prange(!), der die finstersten, deprimierendsten Bücher der Zeit schreibt, der jedoch trotzdem – oder deswegen – von den Kritikern hochgelobt und von weiten Teilen der Leserschaft angehimmelt wird. Es kann kein Zweifel bestehen, daß es sich hier mindestens teilweise um ein *Schlüssel*drama handelt: Prange besitzt viele Ähnlichkeiten mit Thomas Bernhard, die von Walser überspitzt und parodiert werden. Nachdem Prange seinen detaillierten, narzißtischen und trivialen Monolog (Titel: NÄGEL-SCHNEIDEN) vorgelesen hat, schleicht Karl, als Gärtner verkleidet, herein und gibt Prange, den er für Gutensohn hält, eine Ohrfeige. Dieser fällt rückwärts und landet so unglücklich, daß er sich nicht bewegen kann: er ist querschnittgelähmt. Auf diese »unerhörte Begebenheit« folgt aber noch eine weitere. Prange, einige Monate später nach einem langen Krankenhausaufenthalt im Rollstuhl, ist von seiner früheren düsteren, nihilistischen Weltanschauung wie geheilt und hat in der Zwischenzeit einen neuen, sehr positiven Roman über sein Erlebnis geschrieben, betitelt: KORRIDORE DES

GLÜCKS. Noch dazu will er sich mit seinem ›Attentäter‹, der wegen seiner Gewalttat vor Gericht steht, versöhnen und diesen verteidigen. Pranges Wende zum optimistischen und freundlichen Menschen und positiven Schriftsteller ist für seine früheren Verehrer mehr als zuviel, und sie drehen ihm, ästhetisch und weltanschaulich beleidigt und entrüstet, den Rücken.

Die Feuilleton-Rezeption eines solchen Stücks, zumal eines von Walser, war nicht anders als erwartet: wohlwollend, aber kopfschüttelnd, bis schmunzelnd negativ. Wenn man, wie in einigen Kritiken zu lesen war, »eine bissige Komödie« (Franke 1987, S. 47) erwartet hatte, mußte man enttäuscht sein, denn trotz des Arbeitslosen-Themas ist das Stück leichte Kost, ein eher possenhaftes (Unterhaltungs)drama. Michael Skasa liefert in der *Zeit* eine bissige Kritik: »Walsers Stück ist sehr von gestern« und stellt die Frage: »Warum hält Walser bei seinen häufigen USA-Aufenthalten immer Vorlesungen, warum besucht er keine Playwright-School«? Weiter behauptet er, man sei »über das Lehrlingstheater mit kabarettistischen Einlagen ... seit zwei Jahrzehnten hinaus« (Skasa 1987). Eckehard Franke kommt zum selben Schluß wie die ehemaligen Verehrer des düsteren Pranges im Stück, über dessen neuen, lebens- und weltfreundlichen Roman. Er schreibt: »Ein Abend der ›Entlarvungen‹ und der wohlfeil polternden Theater-Wut endet in grotesker Theater-Versöhnlichkeit« (Franke in *Theater heute* 1987, S. 47). Und der anonyme Kritiker im *Spiegel* resümiert am Schluß seiner kurzen Besprechung, »... mehr als ein Abstecher ins Flachland der Volkstümlichkeit kann das Ganze nie für ihn gewesen sein, eine pfiffige Bagatelle ...« (*Der Spiegel* 29.12.1986, S. 108). Auch wenn *Die Ohrfeige* ein relativ unbedeutendes Stück in Walsers Gesamtwerk bleibt, ist es für unsere Zwecke jedoch erwähnenswert, weil Walser noch einmal deutlich macht, wie sehr er mit seinem Leben als Schriftsteller, der bestenfalls eine komplizierte und zwiespältige Beziehung zum Kulturbetrieb, zum Verlag und zur Literaturkritik hat, beschäftigt ist. In diesem Stück, wo er andere identifizierbare Figuren aus dem Kulturbetrieb ziemlich hart an den Pranger stellt, zeigt Walser, daß er auch über sich selbst lachen kann: denn, auch wenn Prange Züge von Bernhard verkörpert, besitzt er auch welche von Walser selbst.

7. Walser und Deutschland

Wie die Rezeption der verschiedenen Werke und Aussagen Walsers seit den fünfziger Jahren deutlich zeigt, hat Walser nicht selten Aufsehen erregt und lebhafte Kontroversen ausgelöst. Diese entsprangen manchmal sehr unterschiedlichen literarästhetischen Einstellungen, die zwar häufig politisch gefärbt, aber im Falle Walsers noch häufiger direkt politischer Art waren. Als im Oktober 1988 im Rahmen der in den Münchener Kammerspielen veranstalteten Reihe *Reden über Deutschland* Walser seinen bis dahin provozierendsten Beitrag zum heiklen Thema ›Deutschland‹ leistete, entfachte er damit die weitreichendste dieser Kontroversen. Sein Vortrag, »Über Deutschland reden«, führte sofort zu einem heftigen Streit über ›die deutsche Frage‹ sowohl unter vielen Schriftstellerkollegen als auch bei manchen Feuilletonkritikern. Walser hat mit dieser Rede offensichtlich einen wunden Punkt getroffen, besonders bei manchen Linken, zu denen er bis zu diesem Zeitpunkt gerechnet wurde. Seit langem hatte ›die deutsche Frage‹ bei den Linken als eine Art Tabu gegolten, und durch seine Äußerungen hat Walser scheinbar in den Augen vieler Kollegen gegen dieses Tabu verstoßen. Er wurde in den nächsten Wochen und Monaten heftig angegriffen und bezichtigt, Heretiker, Verräter, Reaktionär oder sogar noch Schlimmeres geworden zu sein.

Die Kontroverse verschärfte sich kurz danach, als Walser die Einladung der CSU annahm, bei ihrer Jahrestagung in Wildbad Kreuth/Bayern eine weitere Rede zum Thema Deutschland zu halten. Für viele Feuilletonisten und nicht wenige, nunmehr ehemalige Freunde Walsers bedeutete dies nicht nur Verrat, obgleich der Inhalt seiner Rede nicht berichtet wurde, sondern sein dortiges Auftreten allein war ihnen ein klares Zeichen dafür, daß er nicht mehr ganz bei Sinnen sei. Angriffe nicht nur auf seine Ideen, sondern auch auf seine Person, erschienen in der Presse, und ihm wurde sogar mehr als einmal die Fähigkeit zum Denken abgestritten. Man warf ihm ›Deutschtümelei‹ vor und behauptete, es gebe keinen Unterschied mehr zwischen dem Standpunkt Walsers zur deutschen Frage und dem der als ›kalte Krieger‹ betrachteten Heimatvertriebenenverbände auf der politischen Rechten. Als Beispiel hierfür steht die Behauptung Rolf Linkenheils in der *Stuttgarter Zeitung* vom 16. Januar 1989, Walser sei »... dem in der CSU betonten Verlangen nach der

171

deutschen Einheit und der nationalen Identität so weit entgegenge-
kommen, daß keiner aus den konservativen Reihen erst den Purzel-
baum üben müßte, um einem Walser ins Auge zu sehen.«

Auf die Frage, ob Walser tatsächlich »... vom linken Saulus zum
rechten Paulus ...« geworden sei, wie es Thomas Thieringer in der
Süddeutschen Zeitung (11.1.1989) ausgedrückt hat, oder ob man
Walser und seinen Aussagen zu Deutschland mit einer solchen Kritik gerecht würde, werden wir im Laufe dieses Kapitels näher einge-
hen. Wie sich die Debatte um Walser und um die Auslegung seiner
Aussagen zu Deutschland weiter entwickelt hätte, wenn die für uns
alle überraschenden Ereignisse im Herbst und Frühling 1989/1990
das Thema ›Deutschland‹ nicht für alle aktualisiert hätten, ist eine
müßige Frage. Aber seit dem Herbst 1988 und seiner Münchener
Rede, auch nach dem Fall der Mauer im November 1989, wird der
Name Martin Walser mit der immer noch schwierigen Auseinandersetzung mit dem Thema und dem Problem ›Deutschland‹ verbunden.
Es ist deshalb ratsam, die Entwicklung der Walserschen Gefühle, Ide-
en und Einstellungen Deutschland gegenüber zu untersuchen, um zu
verstehen, wie seine ziemlich intensive Beschäftigung mit diesem Thema in den achtziger und frühen neunziger Jahren (etwa im Aufsatz
»Händedruck mit Gespenstern«, in der Novelle *Dorle und Wolf*, in
dieser Rede in München, im Roman *Die Verteidigung der Kindheit*
oder in der Aufsatzsammlung *Vormittag eines Schriftstellers*) im Zusammenhang mit seinem Gesamtwerk und -denken steht.

Wenn man sich die verschiedenen Themen und Probleme verge-
genwärtigt, die seit den fünfziger Jahren in den Werken Walsers eine
zentrale Rolle spielen, werden einige Konstanten deutlich. Immer
wieder findet man u.a.: eine Kritik der bundesrepublikanischen Gesellschaft, die besonders auf deren kapitalistischen Aspekte zielt; die
Beschäftigung mit Machtmißbrauch und der dadurch entstehenden
Ohnmacht vieler Menschen dieser Macht gegenüber; eine Auseinandersetzung mit der Kompliziertheit der sexuellen und familiären Beziehungen; oder eine Thematisierung der politischen und gesellschaftlichen Verantwortung der Künstler und Intellektuellen. Etwa
Mitte der siebziger Jahre tauchte ein neues und ziemlich überraschendes Interesse auf, das man schlicht ›das Problem Deutschland‹
nennen kann. Wie vorhin erwähnt, war dieses Interesse bei Walser
umso überraschender, weil die sogenannte deutsche Frage bei den
Linken zum Tabu geworden war (vgl. Brockmann 1990/1991, S. 4
f.) und Walser zweifellos zu den wichtigsten linksgerichteten Künstlern und Intellektuellen zählte.

Walsers Beschäftigung mit verschiedenen Aspekten einer deutschen Vergangenheitsbewältigung – z.B. in den Stücken *Der schwar-*

ze Schwan und *Eiche und Angora* oder in dem Essay »Auschwitz und kein Ende« – hatte es ihm ermöglicht oder ihn sogar dazu gezwungen, sich mit der Frage auseinanderzusetzen, was es in der Nachkriegszeit bedeutet, ›Deutscher zu sein‹. Aber er hat ›die deutsche Frage‹ und verwandte Themen in den frühen Werken selten direkt angesprochen. Eine Ausnahme bildet ein Abschnitt im Roman *Halbzeit*, in dem sich Edmund, ein Freund Anselms, entscheidet, aus ideologischen Gründen, in die DDR überzusiedeln, um dann nur kurze Zeit später desillusioniert in den Westen zurückzukommen. In einer Reihe von kurzen Skizzen, die 1963 unter dem Titel »Ein deutsches Mosaik« erschien, hat sich Walser mit der historischen Entwicklung des Bewußtseins, ›Deutscher‹ zu sein, befaßt. Er meinte dort, sein Großvater habe »... noch nicht gewußt, daß er ein Deutscher war. Anno 70 eilte man bei uns noch zu den bayerischen Fahnen« (*Erfahrungen* 1965, S. 7). Sogar sein eigener Vater hätte kaum gewußt, daß er Deutscher sei, wenn ihm das während des Ersten Weltkrieges nicht so stark eingeprägt worden wäre.

Erst bei seiner eigenen Generation, fügt Walser hinzu, sei es selbstverständlich gewesen, daß man Deutscher sei, aber gerade für diese Generation sei diese Identifikation seit 1945 durch die Erlebnisse im Dritten Reich extrem problematisch geworden. In der Einführung zu »Mosaik« stellt er fest: »Seitdem möchte man am liebsten ein für allemal darauf verzichten, ein Deutscher zu sein« (ebd.). Auch gegenüber einer Einheit zwischen den Deutschen in den zwei Nachkriegsstaaten drückt er sich 1963 noch sehr skeptisch aus, wenn er z.B. behauptet: »Das deutsche Volk ist eine Bevölkerung geblieben, eine Versammlung von Stämmen, die gerade noch eine gemeinsame Sprache als Krone erträgt« (ebd., S. 8). Und aus all dem schließt er ganz eindeutig: »Heute gibt es Deutschland nicht mehr« (ebd.). Er sieht 1963 nahezu visionär die Probleme voraus, die er selber nach 1988 zu spüren bekommen wird und behauptet: »Und wer von Wiedervereinigung in Frieden und Freiheit spricht, der käme wohl in arge Verlegenheit, verlangt man von ihm, er solle beschreiben, wie er Frankfurt am Main und Frankfurt an der Oder in Frieden und Freiheit in einem Staat zusammenbringen will« (ebd.).

Zu dieser Zeit vertritt Walser fast genau dieselbe Meinung in bezug auf die Rechtfertigung der Spaltung Deutschlands, die Jahre später Günter Grass am ausdrücklichsten vertreten sollte, d.h. daß die deutsche Teilung eine gerechtfertigte Strafe dafür sei, daß die deutsche ›Nation‹ und das ›vereinigte deutsche Volk‹ sich so brutal und unmenschlich benommen hätten:

»Zweifellos liegt eine schauerliche Logik darin, daß die Spaltung Deutschlands die Folge eines Krieges ist, den wir verschuldeten, weil wir uns als Nation gebärdeten. Um uns als Nation aufzuführen, bedurften wir offensichtlich immer irgendeines Talmis zur Blendung aller noch vorhandenen politischen Talente. Das Dritte Reich, schon der Name nichts als Geschichts-Klimbim. Man kann nicht verlangen, daß die Folgen weniger grotesk seien als die Ursachen. Deutschland wurde als die Nation gespalten, als die es sich aufgespielt hatte, ohne sie je wirklich gewesen zu sein. So symbolisiert das grausam gespaltene Berlin heute ein nationales Schicksal, das – von Kriegszeiten abgesehen – nie Wirklichkeit war« (ebd., S. 9).

Ein kleines Zeichen dafür, daß ihm die deutsch-deutsche Teilung doch nicht ganz unproblematisch war, setzte Walser in diesen Skizzen aus dem Jahr 1963 durch die Aufnahme eines fiktiven Gesprächs zwischen zwei deutschen Autoren, Müller-Berlin und Müller-Garmisch. Das Gespräch trägt den Titel »Und am Abend das Ost-West-Gespräch«: »Müller-Berlin winkt verächtlich ab und sagt, Müller-Garmisch sei eben ein typischer Deutscher. Kein anderes Volk, sagt er, würde eine solche Trennung hinnehmen« (ebd., S. 20). Trotz einer möglichen Ambivalenz stand Walser Müller-Garmisch damals viel näher als Müller-Berlin. Ein Jahrzehnt später aber begannen sich die Beweise zu häufen, daß Walser nicht mehr so geneigt sei, »eine solche Trennung« einfach hinzunehmen.

1979 veröffentlichte er einen kurzen Text, in dem er sich mit der deutsch-deutschen Teilung ausführlich auseinandersetzte und die Schwierigkeiten beschrieb, die er bei dieser Auseinandersetzung erlebte. Dieser Aufsatz, »Händedruck mit Gespenstern«, beginnt mit dem Geständnis, wie schwierig und problematisch es doch sei, wenn ein »Mitarbeiter an der öffentlichen Meinung« (d.h. Walser selber) in seinem eigenen Denken Widersprüche und Konflikte entdecke und diese dann zugeben müsse. Walser weist auf die Gefahr hin, »... daß sich die Ausdrucksweise verselbständigt und mit dem, der sie praktiziert, immer weniger zu tun hat« (*Über Deutschland reden* 1988, S. 8). Was ihn zu stören scheint, ist die Tatsache, daß die Gefühle, die er in diesem Aufsatz zur deutsch-deutschen Teilung zu artikulieren versucht, im klaren Widerspruch zu der inzwischen auch von ihm akzeptierten Einstellung der Linken stehen. Sein Unbehagen war sicher berechtigt, denn er wußte genau, daß er sich mit diesen Überlegungen in »die arge Verlegenheit« begab, von der er Jahre zuvor in dem »Mosaik«-Text gesprochen hatte. Walser zitiert in diesem »Händedruck«-Aufsatz aus seinen Notizbüchern vom Jahre 1975, wo er ein »... plötzliches Einlassen jahrelang bekämpfter, immer auf Einlaß drängender Gedankengespenster und Meinungsmonster ...« registriert hatte (ebd., S. 13). Die Sprache, der er sich am Anfang dieser Notizbucheintragungen bedient, zeigt zwar recht viel Pathos, aber sie wird deutlicher und direkter, wenn er sein Dilemma zu erklären versucht:

»Ich habe ein gestörtes Verhältnis zur Realität. Das muß ich zugeben. Insofern ist, was ich zu sagen habe, leicht abzuwehren. Ich würde gern beweisen, wenigstens behaupten, daß mein gestörtes Verhältnis zur Realität etwas damit zu tun habe, daß ich Deutscher bin und 1927 geboren worden bin. Ich glaube nicht, daß man als Deutscher meines Jahrgangs ein ungestörtes Verhältnis zur Realität haben kann. Unsere nationale Realität selbst ist gestört ... Diese Nation, als gespaltene, ist eine andauernde Quelle der Vertrauensvernichtung. Diese Nation widerspricht sich. Ich bin unfähig, nur weil ich in der BRD lebe, nur als Bewohner der BRD zu denken und zu empfinden. Aber noch weniger kann ich mir die DDR zu eigen machen. Ich kann keinen der beiden deutschen Staaten in mir oder überhaupt verteidigen« (ebd., S. 15).

In dieser Tagebucheintragung gibt es also klare Hinweise auf eine neue Einstellung zur deutsch-deutschen Situation, aber auch klare Anzeichen dafür, daß er diese neue Einstellung immer noch ziemlich unsicher vertritt. Anfangs gesteht er, seine Unzufriedenheit mit der Teilung sei möglicherweise nur auf sein Alter, auf seinen Jahrgang zurückzuführen, d.h. auf die Tatsache, daß er in einem ungeteilten Deutschland aufgewachsen sei und deshalb das geteilte als halbiert, als nicht auf Dauer hinnehmbar empfinde. Diese Erklärung entspricht fast genau, obwohl auf umgekehrte Art und Weise, der von Patrick Süßkind, der über sich und seine in der Nachkriegszeit aufgewachsene Generation 1990 berichten wird, »... die Einheit der Nation, das Nationale überhaupt war unsere Sache nicht ... Ob die Deutschen in zwei, drei, vier oder einem Dutzend Staaten lebten, war uns schnuppe« (»Deutschland – Eine Midlife-Crisis« *Spiegel* 38/ 17.9.1990, S. 123). Walser gibt auch im Jahre 1975 noch zu, daß seinem Unbehagen über die nationale Wirklichkeit in Deutschland leicht widersprochen werden könne, besonders wenn man die Generationsfrage beiseite läßt. Und 1979 bezeichnet er immer noch seine Unzufriedenheit als generationsbedingt, subjektiv oder eigenartig, aber er ist davon offenbar weniger überzeugt. Es heißt im »Händedruck«-Essay:

»Es ist ja möglich, daß der Mangel, den ich da zu fassen versuche, nur aus mir stammt. Alle anderen sind vielleicht erfüllt, zukunftshell und wohlgemut. Bundesrepublikaner wie für immer ... Dann will ich nichts gesagt haben ... Dann sind meine Gespenster wirklich Gespenster. Meine Angst – eine Laune ... Ich habe ein Bedürfnis nach geschichtlicher Überwindung des Zustands Bundesrepublik. Von grund auf sollten wir weiter. Aber die herrschende öffentliche Meinung, das herrschende Denken, der vorherrschende Sprachgebrauch nennen dieses Bedürfnis *obsolet*, obsolet heißt veraltet; ich glaube nur, es sei alt« (*Über Deutschland reden* S. 23)

In der Notizbucheintragung aus dem Jahre 1975 macht Walser vorsichtig von Worten und Begriffen Gebrauch, die jahrelang (auch von ihm) als politisch verdächtig betrachtet worden waren: ›Deutscher‹, ›unsere nationale Realität‹, ›Nation‹. Diese und ähnliche Worte und Begriffe hatte man seit Jahren aus dem linken politischen Diskurs verbannt, und Walser hatte selber, aus den Gründen, die aus dem »Mosaik«-Text zitiert wurden, auf sie verzichtet. Jetzt aber, im Jahre 1975, deutet er an, die deutsch-deutsche Teilung sei z. T. negativ, weil sie es ihm und den anderen Deutschen unmöglich mache, sich positiv mit der ›nationalen Heimat‹ zu identifizieren. In Anbetracht der scheinbaren Widersprüche zur früheren Einstellung, die im »Händedruck«-Essay zum Vorschein kommen, stellen sich folgende wichtige Fragen: Inwieweit wird Walsers jahrelange Beschäftigung mit ›Heimat‹ als regionalem Begriff für sein emotionales Wohlsein und sein Verlangen nach positiver Identifizierung als unzureichend empfunden? Hat er inzwischen seinen Unwillen überwunden, sich mit einer größeren ›deutschen‹ Heimat zu identifizieren, einen Unwillen, der als das Resultat des Mißbrauchs solcher Begriffe während der Nazizeit zu verstehen ist? Inwieweit ist Walser jetzt bereit, sich von den Spielregeln des linken Diskurses zu distanzieren? Wie hat sich sein Verständnis der deutschen Geschichte und der Ursachen der deutschen Teilung gewandelt? Und reicht die generationsbedingte Entschuldigung dafür aus, seine neue, gewandelte Einstellung zur ›deutschen Frage‹ zu erklären?

An einer Stelle im »Händedruck«-Essay fragt sich Walser: »*Volk* – ist das überhaupt ein Begriff? Ist das nicht ein total *obsoletes* Wort«? Und er behauptet ganz unzweideutig: »Schon das Wort ruft vielfältiges Schaudern hervor« (ebd., S. 17-18). Seine Überlegungen zu derart problematischen Worten und Begriffen zeigen, inwiefern sich Walser ganz bewußt in einen Kampf mit sich selbst und mit seinen früheren Gedanken und Gefühlen über Deutschland und seine Haltung dazu eingelassen hat.

In fast allen Werken Walsers ist leicht zu erkennen, daß er, obwohl nicht unkritisch, Partei nimmt für den ›kleinen Mann‹, für die Machtlosen, für die Kleinbürger: kurz gesagt, für ›das Volk‹. Obwohl er das Wort ›Volk‹ selten gebraucht hat und dessen rassistischen und völkischen Beigeschmack immer noch verabscheut, scheint er es jetzt rehabilitieren zu wollen, weil es ihm genauer und weniger künstlich erscheint, als die Ersatzwörter. In seinen Werken konzentriert sich Walser auf das Leben der Vertreter des *Volkes*, besonders der Kleinbürger, aber er bleibt weit davon entfernt, diese zu romantisieren. Trotzdem ist es von großer Bedeutung, daß er sich mit diesen identifiziert, mit allen ihren Schwächen und Mängeln, und diese Tatsache spielt eine wichtige Rolle beim Wandel seiner Einstellung zu Deutschland.

Mit dem »Händedruck mit Gespenstern« signalisierte Walser ganz öffentlich seine Bereitschaft, sich mit dem Thema ›Deutschland‹ auseinanderzusetzen und seine bisherigen Einstellungen dazu in Frage zu stellen. Frühere (1977) Äußerungen zu diesem Thema, die er in der 1988 gehaltenen Rede »Über Deutschland ...« zitierte, wurden von seinen späteren Kritikern offensichtlich nicht bemerkt. Bereits 1977 aber hatte er viel von dem vorweggenommen, was elf Jahre später zur heftigen Kritik führte, z.B.:

»Daß es diese zwei Länder gibt, ist das Produkt einer Katastrophe, deren Ursachen man kennen kann. Ich halte es für unerträglich, die deutsche Geschichte – so schlimm sie zuletzt verlief – in einem Katastrophenprodukt enden zu lassen ... Ich könnte nicht einen einzigen praktischen Schritt nennen zur Überwindung des tragikomischen Un-Verhältnisses zwischen den beiden Deutschländern. Aber ich spüre ein elementares Bedürfnis, nach Sachsen und Thüringen reisen zu dürfen unter ganz anderen Umständen als denen, die jetzt herrschen ... Aus meinem historischen Bewußtsein ist Deutschland nicht zu tilgen ... Wir müssen die Wunde namens Deutschland offenhalten« (*Über Deutschland reden* 1988, S. 88-89).

»Die Wunde offenhalten« – genau das hat Walser auf verschiedene Art und Weise während der folgenden Jahre versucht. Er hat zwar keine Vorschläge gemacht zur Überwindung dieses Zustandes, aber er brachte immer wieder zum Ausdruck, daß die deutsch-deutsche Realität ihn störte, daß er diese für nicht normal hielt. Obwohl er sich also nicht vorstellen konnte, wie eine »Überwindung des Un-Verhältnisses« zwischen den zwei Deutschländern hätte herbeigeführt werden können, erlaubte er sich eine Hoffnung auf ein ganz anderes (obwohl noch geteiltes) Deutschland:

»Eines nämlich, das seinen Sozialismus nicht von der Siegermacht draufgestülpt bekommt, sondern ihn ganz und gar selber entwickeln darf; und eines, das seine Entwicklung zur Demokratie nicht ausschließlich nach dem kapitalistischen Krisenrhythmus stolpern muß« (»Über den Leser« in: *Wer ist ein Schriftsteller*, S. 100).

Während eines Interviews mit Jochen Kelter sprach Walser seine Enttäuschung darüber aus, daß eine seiner Töchter nicht bei einem renommierten Kunsthistoriker in Leipzig studieren durfte. Für Walser war das ein Beispiel einer persönlichen Wunde, seiner persönlichen Schwierigkeit mit diesem geteilten Deutschland, aber es war eine Wunde, die nicht von selbst heilen wollte. »Ich beschäftige mich mit dieser Frage, die da entsteht, eigentlich um meinetwillen, nicht um anderer Leute willen, weil ich in meinem eigenen Bewußtsein kein Auskommen finde mit diesem Zustand« (Kelter Interview 1986, S. 81). Und seinem jüngeren, skeptischen Interviewpartner gegenüber drückt er wieder die generationsbedingte Ursache seines Unbehagens aus: »Ich werde sterben und mit mir eine Generation, und dann sind Sie dran, und Sie können das dann vollkommen als Tagesordnung gelten lassen« (ebd., S. 83).

Walser nennt hier einen weiteren Grund dafür, weshalb ihn die deutsch-deutsche Wirklichkeit stört. In Gesprächen mit DDR-Bürgern wurde Walser auf die große Kluft zwischen der anti-nationalen Haltung der dortigen Regierung und den positiveren Einstellungen zu ›Deutschland‹ und der ›Nation‹ unter diesen Bürgern aufmerksam gemacht. Er behauptet z.B.: »Die Leute selber in der DDR denken anders darüber, als die offiziellen Parolen es vermuten lassen, das ist mein Eindruck. Die haben ihre Nationalität nicht so verloren, wie die offiziellen Redensarten es uns weismachen wollen, als wäre da ein eigenes Bewußtsein entstanden« (ebd., S. 78). Die Ereignisse im Herbst 1989 gaben ihm recht. Solche Äußerungen Walsers zeigen sein wachsendes Gefühl der Solidarität mit den Menschen in der DDR. Er betont aber immer noch seinen Eindruck, daß er mit solchen Gefühlen des Mißbehagens unter seinen BRD-Mitbürgern ziemlich isoliert sei, diese höchstens mit einigen anderen aus seiner Generation teile, und er gibt zu, er habe überhaupt keine Vorschläge dafür, wie man diese deutsch-deutsche Wirklichkeit überwinden könnte oder sollte. »Ich will aber nur einmal mein Gefühl zu dieser deutschen Teilung äußern« (ebd., S. 81).

7.1 Dorle und Wolf

1987 hat Walser sein erstes literarisches Werk veröffentlicht, in dem diese ›deutsch-deutsche‹ Thematik im Mittelpunkt steht. Wolf Zieger, die Hauptfigur in der Novelle *Dorle und Wolf,* ist DDR-Spion, der schon fünfzehn Jahre in Bonn lebt und die ganze Zeit ›Geheimnisse‹ an seinen General im Osten weitergeleitet hat. Zieger ist aber kein normaler Spion, der aus ideologischen oder gar finanziellen Motiven arbeitet, sondern er spioniert, um die enormen Unterschiede zwischen den zwei Deutschlands zu überwinden, um die Teilung zu überbrücken, um ›Deutschland‹ wieder zur Ganzheit zu verhelfen. Seine Strategie des Spionierens ist ausgesprochen naiv und seine Ziele nicht erreichbar. Wie einer, der ein Bein oder einen Arm verloren hat, weiß er im Kern seines Wesens, daß er trotz aller Besessenheit den amputierten Körperteil nicht wieder zurückgewinnen kann, aber er kann nicht aufhören, diesen Verlust zu spüren und darunter zu leiden.

Zieger handelt z.T. aus Wut darüber, daß die zwei deutschen Staaten einander auf groteske Weise mißhandeln, einander als Sündenbock benutzen, einander als den Feind betrachten, den sie offenbar zu ihrer Selbstidentität benötigen. Er befindet sich zwischen beiden und sagt sich, » ... solange Ost und West einander nur betrügen ... da muß man doch ... aufklären« (*Dorle und Wolf,* S. 32) oder mindestens versuchen, die Vorteile des einen, reicheren Staates gegenüber dem ärmeren auszugleichen. Trotz alledem aber wird sein Leben als Spion immer unbefriedigender, ja sogar unerträglich: er sehnt sich nicht nur nach der Ganzheit Deutschlands, sondern auch immer mehr nach der Ganzheit im eigenen, privaten Leben. Er ist mit Dorle verheiratet und verliebt, hat aber eine Affäre mit Sylvia, einer Sekretärin und Kollegin von Dorle im Verteidigungsministerium, durch die er wichtige Dokumente und Informationen erhalten kann. Vor seiner Ausreise aus der DDR war er ein begabter Klavierspieler, aber jetzt, um sein Fragmentiertsein zu unterstreichen, spielt er nur noch mit der linken Hand. Die Geheimnistuerei, die Lügen, die Entfremdung von sich selbst und seiner Umwelt, nagen an ihm:

»Er sehnte sich nach Gefühlen, denen er zustimmen konnte. Er konnte nicht ewig im Zustand der Selbstablehnung leben. Der zunehmenden Selbstablehnung. Geteilt wie Deutschland, dachte er. Diese Vorstellung quittierte er mit Grinsen. Aber es stimmte doch ...« (ebd., S. 43).

Zieger fängt sogar an, seine schizophrene Spaltung auf andere zu projizieren, und ihnen dieselbe entzweite Beziehung zu Deutschland und zu sich selbst zuzuschreiben:

»Die anderen Reisenden auf dem Bahnsteig in ihrer Kompaktheit, Adrettheit, Gepflegtheit, Zielgerichtetheit kamen ihm plötzlich vor wie halbe Menschen. Lauter Halbierte kamen ihm hin und her. Die anderen Hälften liefen in Leipzig hin und her ... Sie wissen nicht, was ihnen fehlt. Und keiner würde, fragte man ihn, sagen, ihm fehle sein Leipziger Hälfte, sein Dresdner Teil, seine mecklenburgische Erstreckung, seine thüringische Tiefe ... Man sollte es auf einem Bahnsteig laut sagen. Aber er traute sich nicht. Aber er wunderte sich, warum es keiner ausrief: Wir sind Halbierte. Und er am meisten« (ebd., S. 54-55).

179

Als Dorle schwanger wird, entschließt sich Wolf, kein doppeltes, ge-spaltenes Leben mehr zu leben, und stellt sich den westdeutschen Behörden in Erwartung einer geringen Strafe. Seine Fähigkeit, die Wirklichkeit zu erkennen, ist aber inzwischen durch die Phantasie-welt, die er durch die Jahre aufgebaut hat, gestört worden, und er bekommt eine viel härtere Strafe, als er sich hat vorstellen können.

In vieler Hinsicht ist Wolf der fiktive Vertreter Walsers: viele der Beobachtungen, die er macht, und viele der Haltungen zur deutsch-deutschen Problematik gleichen denen Walsers, die er während der späten achtziger Jahre immer häufiger zum Ausdruck bringt. Und obwohl sie ganz unterschiedlich darauf reagieren, scheinen die emp-fundenen Verluste und Verstörungen, die durch die Teilung Deutschlands zustande kommen, für beide ziemlich ähnlich. Die Si-tuation, in der sich Zieger befindet, ist zwar übertrieben und par-odiert die von Walser selbst, Walser aber läßt an Zieger zweifellos er-kennen, daß solche Haltungen, solches Denken, leicht als unrealistisch, unproduktiv, und verwirrt gelten können. Andererseits muß vieles, was Zieger sagt und empfindet, als logisch und unstrit-tig betrachtet werden.

Walser ist immer ehrlich genug gewesen, sich nicht zu schonen, und er hat deutlich erkannt, daß seine Gedanken und Gefühle zu Deutschland und dessen Teilung voll von Widersprüchen, tücki-schen Fallen und Fragen ohne Antworten waren. Daß Wolf Zieger, der sympathische aber pathetisch naive ostdeutsche Spion, zum Teil Walsers Haltungen teilt, aber die deutsch-deutsche Problematik auf eine so absurde und selbstzerstörerische Art und Weise zu überwin-den versucht, zeigt, wie sehr Walser sich bewußt war, daß er auf un-ebenen und gefahrenvollen Wegen wandelte. In seiner 1988 in München gehaltenen Rede »Über Deutschland« gesteht er:

»Wenn sich das Gespräch um Deutschland dreht, weiß man aus Erfahrung, daß es ungut verlaufen wird. Egal ob ich mich allein in das Deutschland-Gespräch schicke, ins Selbstgespräch also, ob ich es schreibend oder disku-tierend versuche – es verläuft jedesmal ungut: ich gerate in Streit mit mir und mit anderen. Das Ende ist Trostlosigkeit. Sogar das Selbstgespräch über Deutschland ist peinlich ... Wer beim Deutschland-Gespräch nicht unter sein Niveau gerät, hat keins« (*Über Deutschland reden* S. 79-80).

Die Gedanken und Äußerungen Wolf Ziegers können diesem Di-lemma nicht entgehen, und die Novelle *Dorle und Wolf* auch nicht.

Nicht wenige Rezensenten des Buches behaupteten, Walser habe den politischen Inhalt, d.h. die deutsch-deutsche Problematik, zu sehr vereinfacht. Frank Pilipp erkennt aber, daß das Werk allego-risch ist und »must invariably appear contrived and overstated« (Pil-

180

ipp 1991, S. 110). Das Buch wurde in den Besprechungen meistens abgelehnt, und in mehr als einer Rezension rief es Verwunderung und Unverständnis hervor. Die Rezeption der Novelle ging bald in eine teilweise sehr scharfe Kritik über, die Walser einstecken mußte, nachdem er zur Buchmesse 1986 der seit Jahren von linken Intellektuellen und Schriftstellern gemiedenen Springer-Zeitung *Die Welt* ein Interview gab. In diesem Interview, als ob er die Nähe zwischen sich und Wolf Zieger tatsächlich beweisen wollte, sprach Walser den Satz aus: »Ich werde mich nicht an die deutsche Teilung gewöhnen« (*Die Welt* 29.9.86). Klaus Siblewski beschreibt in seinem Nachwort zu der von ihm herausgegebenen Sammlung wichtiger Interviews mit Walser, *Martin Walser. Auskunft*, den Sturm der Kritik, den Novelle und Interview entfachten. Walser müßte in Geldnot geraten sein, behaupteten einige; andere vermuteten, er bekenne endlich Farbe als Provinzler, als kleinbürgerlicher Reaktionär. Jurek Becker zog vereinfachend Bilanz: »Gedächtnis verloren, Verstand verloren« (Siblewski 1991, S. 287). Reich-Ranicki » … unterstellte Walser Heuchelei und meinte, Walser schließe sich nur einer der neuesten Moden an« und meinte, Walser müßte » … wegen seines Geredes von einem Deutschland als ein bedenklicher Fall eingestuft werden …« (Siblewski 1991, S. 286). Obwohl, wie Siblewski bestätigt, »… nichts von dem, was Reich-Ranicki vorbrachte, stimmte, schüttelten doch viele, die jedes Nationalgefühl nur als eine Betriebsstörung des Geistes zu sehen gelernt hatten, über Martin Walser den Kopf« (ebd., S. 286). Das nahm alles vorweg, was Walser zwei Jahre später nach seinem *Über Deutschland reden* zu spüren bekommen würde.

Einige Kritiker bemühten sich aber doch, über ihren ersten ablehnenden und verständnislosen Eindruck der Novelle *Dorle und Wolf* hinauszukommen. Martin Lüdke darf stellvertretend für diese stehen. Er berichtet, wie er zuerst fast unwillkürlich diese ›peinliche‹ Auseinandersetzung Walsers mit der ›peinlichen‹ deutschen Frage abgelehnt hatte: »Martin Walser ist auf die deutsche Frage gestoßen und darum, scheint es, auf den Hund gekommen«. Nach weiterer Überlegung jedoch kommt Lüdke zu einem ganz anderen Schluß. Er wird allmählich überzeugt, daß er Walsers Versuch zustimmen muß, das Problem Deutschland anzugehen, » … das wir, fast ausnahmslos, verdrängt haben« (Lüdke in *Die Zeit* 27.3.1987). Er kann also Walsers Bedürfnis nachvollziehen, das Verdrängte wieder ans Licht zu bringen, und lobt ihn letzten Endes dafür. Wichtig für ihn ist die Tatsache, daß die Bundesrepublik durch die Präambel des Grundgesetzes immer noch offiziell die Wiedervereinigung als Ziel festhält und nach wie vor »nur eine ungeteilte deutsche Staatsbürgerschaft« kennt. Er resümiert:

»Dabei haben wir ... [aber]... die Existenz zweier deutscher Staaten längst akzeptiert. Hier fangen die Halbheiten an. Hier sind Konsequenzen zu ziehen. Statt dessen wird, ungeniert, verdrängt. (Peter Schneider hat mit seinem *Mauerspringer* schon einmal daran erinnert.) Das Thema liegt auf der Hand ... Nichts ist leichter als mit einigen kurzen Zitaten, die Schwachstellen dieser Novelle freizulegen. Nichts einfacher als die unglücklichen Formulierungen (die es in jedem Buch gibt) groß herauszustellen. Nichts dümmer, als die kluge Überheblichkeit eines klaren Urteils zu demonstrieren ... *Dorle und Wolf* ist das politische Gegenstück zu der gesellschaftskritischen Novelle *Ein fliehendes Pferd*. Wer hü sagt, muß auch hott sagen. Wer ihn damals gelobt hat, sollte vorsichtig sein, beim Tadeln« (ebd.).

7.2 Über Deutschland reden

Trotz solcher Verteidiger und Verteidigungen waren die Verdächtigungen Walser gegenüber, besonders von linker Seite, nicht mehr aus der Welt zu schaffen. Und je mehr er sich angegriffen und mißverstanden fühlte, desto fleißiger, desto besessener wurde er, mit seinen Deutschlandgefühlen ins Klare zu kommen. Er wollte z.B. selber wissen, wie zu erklären ist, » ... daß man sogar ein Wort wie Deutschland retten möchte« (*Über Deutschland reden*, S. 78). Das versucht er in dieser Münchner Rede, die ihm wieder Prügel einbrachte.

Seine Haltungen der deutschen Frage gegenüber werden durch die Rede deutlicher, ihre Entwicklungen werden beleuchtet, und Antworten auf einige noch übriggebliebenen Fragen werden angedeutet. Im Vergleich zu früher, in »Ein deutsches Mosaik« (1963) etwa, behauptet Walser jetzt, es habe sogar vor der Erlangung der deutschen Einheit im Jahre 1871 » ... Deutschland gegeben, trotz mehrerer Regierungen« ... und er fügt hinzu, » ... so ist es heute wieder« (S. 82).

Ein weiteres Argument Walsers, um seine Einstellungen zu unterstützen, hat mit der Ursache der deutschen Teilung zu tun. Darin dürfen wir auch eine Revidierung seiner früheren Überzeugung sehen. Er räumt ohne weiteres ein, daß die Entscheidungen, die die Alliierten in Jalta, Teheran und Potsdam getroffen haben, Deutschland in Besatzungszonen zu teilen, als Strafe gedacht war für die zahllosen Verbrechen der Nazis. Diese Strafe, behauptet Walser noch weiter, sei vollkommen gerechtfertigt gewesen. Er will aber daran erinnern, daß Strafe, Besetzung und Teilung von allen Alliierten als befristet, als provisorisch beabsichtigt waren. Das Weiterbestehen dieser Teilung bis 1988 sei also nicht mehr das Ergebnis dieser Entscheidungen, Deutschland zu bestrafen, sondern das Resultat des Kalten Krieges. Er meint weiterhin, die Teilung Deutschlands könne 1988 nicht mehr gerechtfertigt werden, weder als Strafe noch als Hindernis dafür, daß Deutschland wieder zu mächtig und gefährlich wird: »Nur wenn die Gefahr bestünde, daß wir ins Hohenzollern- oder Hitler-deutsche zurückfielen, wäre die Teilung gerechtfertigt, ja geradezu notwendig. Uns diese Gefahr nachzusagen ist grotesk« (S. 85).

Walser versucht auch klar zu machen, wie er zum Begriff ›Nation‹ steht. Er unternimmt die schwierige Aufgabe, sich auf positive Art und Weise mit seiner ›Nation‹ zu identifizieren, ohne dabei ›nationalistisch‹ zu werden. Warum, fragt er, sollten sich aufgeklärte, progressive und verantwortungsvolle Bürger Frankreichs oder Englands beispielsweise mit ihren ›Nationen‹ identifizieren können, ohne verdächtigt zu werden, nationalistisch zu sein, während Deutsche auf diese Identitätsmöglichkeit entweder verzichten müssen oder als ›nationalistisch‹ und gar ›reaktionär‹ gebrandmarkt werden? Walser achtet immer darauf, daß er die tragischen und brutalen Verbrechen nicht herunterspielt oder trivialisiert oder relativiert, die im Namen Deutschlands im 20. Jahrhundert begangen worden sind, und er sieht ein, daß Deutsche deswegen immer noch eine besondere Verantwortung tragen. Er will aber nicht akzeptieren, daß die Deutschen darauf verzichten müssen, sich positiv mit ›Deutschland‹ und ihrer ›Nation‹ zu identifizieren.

Walser macht in dieser Rede deutlich, daß er, im Gegensatz zu Kollegen wie Franz Xaver Kroetz oder Patrick Süskind, die DDR, aber besonders die Menschen dort nicht als Fremde oder Ausländer empfindet oder erlebt. Man kann aus Walsers Schriften und Äußerungen dieser Zeit sogar ersehen, daß er immer mehr dazu neigt, die DDR-Bürger als seine ›Landsleute‹ zu bezeichnen, wie z.B. in dem Aufsatz »Kurz in Dresden« (*Die Zeit* 27. Oktober 1989), wo er sagt: »Warum wagen wir nicht, dem mit uns befreundeten Ausland zu sagen, daß wir unsere Landsleute diesen Zuständen nicht länger aussetzen wollen? Warum sagen wir nicht, daß das unsere Landsleute sind? Deutsche nämlich«. Man kann Walser vielleicht vorwerfen, er werde in diesem Teil der Rede etwas sentimental, wenn er eine gewisse Einfachheit, Direktheit, Ehrlichkeit und Gemeinschaft romantisiert, die er in der Sprache eines solchen DDR-Dichters wie Wulf Kirsten findet. Aber warum muß diese Einschätzung als reaktionär, ein Zeichen des intellektuellen Bankrotts gelten? Diese Einschätzung findet sich verblüffender Weise auch bei den Gegnern einer deutschen Wiedervereinigung (wie z.B. Günter Grass), die behaupteten, genau diese Eigenschaften, die sie auch noch in der DDR (im

Vergleich zur BRD) zu finden meinten, würden durch die Wiedervereinigung verlorengehen.

Ein weiterer, aber wichtiger und oft übersehener Aspekt der Walserschen Haltung ›Deutschland‹ gegenüber ist darin zu sehen, daß er die Wiedervereinigung der zwei deutschen Staaten gar nicht fordert. Was er verlangt, ist die Überwindung der Umstände, die Deutsche voneinander fernhalten und die das Leiden und die Entsagung verursachen, die er bei seinen Landsleuten in der DDR konstatiert: »Wenn die Geschichte gutgegangen wäre, würde ich heute abend in Leipzig ins Theater gehen und morgen wäre ich in Dresden, und daß ich dabei in Deutschland wäre, wäre das Unwichtigste« (*Rede über Deutschland*, S. 78). Daß er bei dieser Unterscheidung bleibt, auch nach dem 9. November 1989, wird in seinem Aufsatz »Kurz in Dresden« deutlich, wo es heißt: »Das Wort Wiedervereinigung ist ein Adenauer-Wort, das können wir vergessen. Nur die drüben haben zu entscheiden, was mit ihnen geschieht« (*Die Zeit* 27.10.1989).

Walser beschreibt in diesem und anderen Artikeln, Glossen und Interviews seine Besuche während des ereignisreichen Jahres nach seiner Münchener Rede und bestätigt, daß sein Solidaritätsgefühl mit den Menschen dort nur zunimmt. Einige der Gründe seines verstärkten Solidaritätsgefühls werden jetzt ganz deutlich: seine Wut über die repressive Lage, in der sie leben und gegen die sie zu demonstrieren beginnen, wächst. Nach dem Besuch in Dresden im Oktober 1989 behauptet Walser, die Menschen dort werden » ... seit vierzig Jahren an Leib und Seele geschädigt, weil sie in der falschen Gegend Deutschlands geboren wurden« (ebd.). Hier nennt er direkt eine Schwäche in der Argumentation derer, die gegen bedeutende Veränderungen im deutsch-deutschen Status-quo plädierten, weil sie meinten, die Teilung sei eine immer noch gerechtfertigte Strafe für die deutschen Verbrechen während der Nazi-Zeit. Walser meint dagegen, es sei ja vollkommen ungerecht, daß nur die Deutschen im Osten für diese Verbrechen weiter bestraft werden, während die Deutschen im Westen nichts mehr davon spüren müßten.

Während dieses einen Jahres, zwischen der Münchener Rede und dem Fall der Mauer, war Walser damit beschäftigt, sich und seine Aussagen und Haltungen zur deutschen Frage zu verteidigen. Siblewski faßt die Wirkung der vielen Angriffe auf Walser folgendermaßen zusammen: »... jeder von und mit Literatur Lebende, der zum Thema Martin Walser etwas sagte, ... [mußte] ... auch gleich sein politisches Glaubensbekenntnis ablegen: Pro Walser gleich konservativ, gegen Walser gleich im Bund mit Geschichte und Fortschritt« (Siblewski 1991, S. 289). Walser beschrieb seine Erfahrungen mit dieser Kritik kurz nach der deutschen Vereinigung so:

»Vor zwei Jahren, dieser Versuch auszudrücken, wie es dir zumute war angesichts des geteilten Landes; nicht einmal eine Meinung; nur ein Gefühl, daß du dich an diese Teilung nicht gewöhnen könnest; sie nicht vernünftig finden könnest; Vorwürfe, Beschimpfungen seitdem; und nach der DDR-Revolution noch bösartiger als vorher; von intellektueller bis moralischer Unzurechnungsfähigkeit wird kein Vorwurf ausgelassen; die Beschimpfungen immer im Namen des Ehrwürdigsten: Demokratie, Sozialismus, Aufklärung; ich dagegen dampfe vor Sentimentalität und Chauvismus ...« (»Vormittag eines Schriftstellers« in: *Die Zeit* 14. 12. 1990).

7.3 Nach dem Fall der Mauer

Einige Wochen lang, nach dem Fall der Mauer am 9. November 1989, schienen die meisten Deutschen, im Osten wie im Westen, recht glücklich über die überraschende Wende in ihrer Geschichte und ihrer Gegenwart zu sein. Eine wahre Euphorie war fast überall zu spüren. Walser erklärte später, die »sanfte Revolution in der DDR: für mich das liebste Politische, seit ich lebe ...« (»Vormittag ...« S. 13). Und es gab viele, die ihm zustimmten. Sobald der Ausruf »Wir sind das Volk« umgemünzt wurde zum »Wir sind ein Volk«, verging aber einigen Intellektuellen in beiden Teilen Deutschlands das glückliche Gefühl. Habermas, Heym, Grass, Delius und andere schimpften auf die verwandelten Demonstranten im Osten, weil sie ganz deutlich ihren DDR-Alleingang gegen die Vereinigung mit der BRD eintauschen wollten. Ihnen wurde dann DM-Nationalismus vorgeworfen (Jürgen Habermas »Der DM-Nationalismus« *Die Zeit* 6.4.1990) und Günter Grass warf ihnen vor, sie hätten »eine historische Möglichkeit aus Mangel an gestaltender Kraft so kleinkrämerisch verrechnet, so dumpf nicht begriffen, so leichtfertig verspielt...« (»Was rede ich. Wer hört noch zu« *Die Zeit* 18.5.1990). Walser hält dagegen seine ›Landsleute‹ im Osten nicht für so zynisch, so dumm, so einsichtslos. Die heftige Kritik an Walser und seinen Positionen ging auch im Jahr zwischen Mauerfall und Vereinigung weiter. Willi Winkler bezeichnete Walser als »nationalen Eiferer« und fügte hinzu:

»Vor lauter Heimweh will Walser keine Geschichte mehr kennen, sondern nur mehr vaterländische Regungen. Im Eifer, von seinem Niveau herunterzusteigen und sich anzuschließen an das letzte, was noch Heimat bietet – ein geknechtetes deutsches Volk -, wird Walser zum Generalisten... Das verbindet ihn mit dem Generalisten Helmut Kohl und läßt ihn ›sentimental bis tief in den Kitsch, zugleich kindisch-trotzig‹« (*Frankfurter Rundschau*) werden (»Der Besinnungstäter« in: *Der Spiegel* 26.2.1990).

Zwei Jahre nach dem Fall der Mauer, 1991, hat Walser sein zweites erzählerisches Werk veröffentlicht, das sich thematisch mit der deutschen Teilung beschäftigt, den Roman *Die Verteidigung der Kindheit* (vgl. Kapitel 5.5). Die Kritiken zu diesem deutsch-deutschen Roman sind ein Jahr nach der vollendeten Vereinigung viel positiver und viel zustimmender als die zur Novelle *Dorle und Wolf* fünf Jahre früher. Das mag z.T. an den literarischen Gegebenheiten der zwei Werke liegen, aber auch daran, daß die deutsche Frage nicht mehr als Tabu galt: sie war zum unvermeidbaren Teil der deutschen Tagesordnung geworden.

Kroetz, Süskind und andere Autoren können mit der DDR, auch mit den neuen Bundesländern nichts anfangen; Grass sieht in der Vereinigung viele Gefahren für Deutschland und für Europa, auf die man besser hätte verzichten sollen; Stefan Heym, Heiner Müller und Christa Wolf waren enttäuscht, daß ihre DDR-Mitbürger nicht bereit waren, eine andere Art Sozialismus auszuprobieren. Walser hatte mehr Vertrauen zu diesen ›Landsleuten‹ und hielt es für eine Zumutung zu glauben, man hätte das Recht, aus einer privilegierten Situation heraus, im Westen wie im Osten, ihnen zu sagen, was sie wollen sollten. Schließlich war Walser nur deshalb für die Vereinigung, weil die Deutschen im Osten sie wollten.

Und wie sieht er die Sache jetzt, einige Jahre nach dieser offiziellen Vereinigung, nach der Überwindung der politischen Teilung der deutschen Nation? Die bösen Angriffe auf seine Person, auf seine Zurechnungsfähigkeit schmerzen noch, und das beschäftigt ihn, wie man in Aufsätzen wie »Deutsche Sorgen« (*Der Spiegel* 28.6.93, S. 40-47) lesen kann. Aber auch bei den vielen Problemen in Deutschland ›nach‹ der Vereinigung bleibt Walser optimistisch. 1995 nahm Walser an einem Gespräch mit Günter Grass teil, in dem beide die Möglichkeit hatten, ihre manchmal gegensätzlichen Haltungen zur ›deutschen Frage‹ zu artikulieren und zu verteidigen. Das Gespräch wurde als Tonkassette veröffentlicht (*Ein Gespräch über Deutschland. Günter Grass – Martin Walser*. Eggingen: Edition Isele, 1995). Daß die Debatte um Deutschland, auch einige Jahre nach der Vereinigung, die Gemüter der Intellektuellen erregen kann, beweisen sowohl die Kontroverse um Botho Strauß und seinen mutmaßlichen Nationalismus nach 1994 als auch die vielen dramatischen und literarischen Texte zum Thema, die so unterschiedliche Autoren wie F.X. Kroetz, Rolf Hochhuth, Christoph Hein, Klaus Pohl, Heiner Müller u.a.m. veröffentlicht haben.

8. Vita

1927	am 24. März in Wasserburg/Bodensee geboren. Eltern betreiben dort eine Gaststätte
1938	Tod des Vaters
1938-1943	Besuch der Oberschule in Lindau
1944-1945	Arbeitsdienst; dann Militär (zuerst Flakhelfer, dann Gebirgsjäger); amerikanische Gefangenschaft
1946	Abitur in Lindau
1947-1948	Beginn des Studiums an der Theologisch-Philosophischen Hochschule in Regensburg; Studentenbühne
1948-1951	Studium (Literaturwissenschaft, Geschichte, Philosophie, Psychologie) in Tübingen; Studentenbühne; Promotion über Kafka bei Prof. Beißner
1949-1957	Wohnsitz in Stuttgart; Arbeit bei Radio Stuttgart/SDR als Reporter und Redakteur (verschiedene Ressorts); Reisen ins Ausland (Italien, Frankreich, England, Polen, CSSR); seit 1949 Artikel für Zeitungen, Zeitschriften, Rundfunk; Hörspiele und Erzählungen
1950	Heirat mit Käthe Neuner-Jehle
1952	Geburt der ersten Tochter Franziska
1953	Erster Auftritt bei der Gruppe 47
1955	Preis der Gruppe 47 (für die Erzählung »Templones Ende«); erste Buchveröffentlichung: *Ein Flugzeug über dem Haus und andere Erzählungen*
1957	Umzug nach Friedrichshafen/Bodensee; danach freier Schriftsteller; Geburt der Tochter Johanna; Krankheit und Gallenoperation; Hermann-Hesse-Preis für *Ehen in Philippsburg* (Roman)
1958	Erster USA-Aufenthalt (Harvard International Seminar)

1960	*Halbzeit* (erster Roman der Anselm-Kristlein-Trilogie); Geburt der Tochter Alissa
1961	Politisches Engagement; Herausgeber von *Die Alternative oder brauchen wir eine neue Regierung?*; Uraufführung des ersten Stückes, *Der Abstecher* (Kammerspiele, München); Mitglied des P.E.N. Clubs (BRD)
1962	Uraufführung von *Eiche und Angora* (Schiller Theater, Berlin); Gerhart-Hauptmann-Preis
1965	Schiller-Förderpreis; Krankheit (Kreislaufkollaps); erste Essaysammlung *Erfahrungen und Leseerfahrungen*
1966	*Das Einhorn* (Roman); Geburt der Tochter Theresia
1967	Bodensee-Preis der Stadt Überlingen; Uraufführung des Stückes *Die Zimmerschlacht* (Kammerspiele, München); Tod der Mutter
1968	Umzug nach Überlingen-Nußdorf/Bodensee; Mitglied der Akademie für Sprache und Dichtung, Darmstadt; *Heimatkunde* (Aufsätze und Reden)
1971	Filmförderpreis; Reise in die UdSSR
1972	Ehrendoktorwürde der Medizinischen Fakultät der Universität Ulm für *Die Gallistl'sche Krankheit*; Mitglied der IG Druck und Papier
1973	USA-Aufenthalt: Gastprofessor am Middlebury College (Vermont) und University of Texas (Austin); *Der Sturz* (Roman)
1975	Gastprofessor an der Warwick University (England); Mitglied der Akademie der Künste Berlin; Vorlesungen über *Ironie* in Essen; *Das Sauspiel* (Deutsches Schauspielhaus Hamburg)
1976	USA-Aufenthalt: Gastprofessor an der West Virginia University (Morgantown)
1977	Reise nach Japan
1978	*Ein fliehendes Pferd* (Novelle)
1979	*Wer ist ein Schriftsteller?* (Aufsätze und Reden); USA-Aufenthalt: Gastprofessor am Dartmouth College (New Hampshire); *Seelenarbeit* (Roman)

1980	Schiller-Gedächtnis-Preis; *Das Schwanenhaus* (Roman); *Vorlesungen über Ironie* (Frankfurter-Poetik-Vorlesungen); Heine-Plakette; Ausstellung zum Leben und Werk Walsers in der Stadt- und Universitätsbibliothek Frankfurt a.M.
1981	Georg-Büchner-Preis; Mitherausgeber der Zeitschrift *Allmende*
1983	USA-Aufenthalt: Gastprofessor an der University of California (Berkeley); Ehrendoktorwürde der Universität Konstanz
1984	Ehrenbürger seiner Geburtsstadt Wasserburg/Bodensee
1985	*Brandung* (Roman); International Martin Walser Symposium (Morgantown, West Virginia, USA); *Meßmers Gedanken* (Prosa)
1987	Großes Bundesverdienstkreuz; *Dorle und Wolf* (Novelle)
1988	»Über Deutschland reden« (Rede in den Münchener Kammerspielen); *Über Deutschland reden* (Aufsätze und Reden); *Jagd* (Roman); DDR-Besuche
1990	Carl-Zuckmayer-Medaille; Ricarda-Huch-Preis; Großer Literaturpreis der Bayrischen Akademie der schönen Künste
1991	*Die Verteidigung der Kindheit* (Roman)
1992	*Das Sofa. Eine Farce* (Theaterstück – geschrieben 1961); Literaturpreis der Stadt Bad Wurzach
1993	*Ohne einander* (Roman); Heidelberger Poetik-Dozentur
1994	*Vormittag eines Schriftstellers* (Aufsätze und Reden); Dolf-Sternberger-Preis für öffentliche Rede; Franz-Nabl-Preis; Ehrendoktorwürde der Universität Dresden
1995	*Kaschmir in Parching* (Theaterstück)
1996	Friedrich-Hölderlin-Preis der Stadt Bad Homburg; *Finks Krieg* (Roman)

9. Bibliographie

Abkürzungen zu Zeitungen, Zeitschriften und Sammelbänden

C.G.	Colloquia Germanica
DnG/FH	Die neue Gesellschaft/Frankfurter Hefte
DU	Deutschunterricht
FAZ	Frankfurter Allgemeine Zeitung
FH	Frankfurter Hefte
FR	Frankfurter Rundschau
GLL	German Life and Letters
GRM	Germanisch-Romanische Monatshefte
GQ	German Quarterly
GR	Germanic Review
GSR	German Studies Review
Leseerf.	H. Doane u. G. Pickar (Hg.): *Leseerfahrungen mit Martin Walser*
LuK	Literatur und Kritik
M.hefte	Monatshefte
MWA	K. Siblewski (Hg.): *Martin Walser. Auskunft*
MWIP	J. Schlunck u. A. Singer (Hg.): *Martin Walser. International Perspectives*
NdH	Neue deutsche Hefte
NdL	Neue deutsche Literatur
N.Rdsch	Neue Rundschau
NZZ	Neue Zürcher Zeitung
NewCrit	F. Pilipp (Hg.): *New Critical Perspectives on Martin Walser*
NGS	New German Studies
SM	Schweizer Monatshefte
SuF	Sinn und Form
Stutt.Ztg.	Stuttgarter Zeitung
SZ	Süddeutsche Zeitung
TdZ	Theater der Zeit
T.h.	Theater heute
Über MW	T. Beckermann (Hg.): *Über Martin Walser*
WB	Weimarer Beiträge
WW	*Wirkendes Wort*

9.1 Werkverzeichnis

Hörspiele, Fernseh- und Filmmanuskripte

Ein grenzensloser Nachmittag. In: *Hörspielbuch 1955.* Frankfurt: Europäische Verlagsanstalt, 1955. S.177-207. (SDR, 24.3.1952)
Über das Legitimieren. In: *Text + Kritik. Martin Walser.* 41/42 (Jan. 1974) S.1-30. (WDR, 23.4.1973).
Säntis. Hörspiel. Stuttgart: Radius, 1986. (WDR/BR/SWF, 25.12.1978; als Fernsehspiel: *Tassilo: Säntis.* Frankfurt: Suhrkamp, 1991).
Das Gespenst von Gattnau. In: *Allmende.* 21/22, 1988, S.5-39. Dann als *Tassilo: Das Gespenst von Gattnau.* Frankfurt: Suhrkamp, 1991.
Tassilo: Lindauer Pieta (WDR/SWF. 29.10.1975). Als Fernsehspiel: Frankfurt: Suhrkamp, 1991. Gesendet im ZDF, 17. März 1991.
Tassilo: Die Verteidigung von Friedrichshafen. Hörspiel (WDR, 2.10.74.) Als Fernsehspiel: Frankfurt: Suhrkamp, 1991. Gesendet im ZDF, 17.2.1991.
Tassilo: Zorn einer Göttin. Frankfurt: Suhrkamp, 1991. Als Fernsehspiel. Gesendet im ZDF, 3.3.1991.
Tassilo: Hilfe kommt aus Bregenz. Frankfurt: Suhrkamp, 1991. Als Fernsehspiel. Gesendet im ZDF, 24.2.1991.

Unveröffentlichte Hörspiele

»Die Dummen«. SDR. 24.3.1952.
»Die letzte Ausflucht«. SDR. 12.2.1953.
»Chiarevalle wird entdeckt«. SDR. 3.5.1953.
»Kantaten auf der Kellertreppe«. SDR. 4.5.1953.
»Draußen«. SDR. 7.12.1953.
»Die Zuschauer«. SDR. 25.10.1954.
»Der kleine Krieg«. Radio Bremen. 29.2.1956.
»Ein Angriff auf Perduz«. Radio Bremen. 18.4.1956.
»Erdkunde«. Hess.Rundfunk/SWF. 28.2.1966.
»Der Unfall: Wie es so geht«. Hess.Rundf. 30.3.1969.
»Welche Farbe hat das Morgenrot?« Hess.Rundfunk. 3.7.1969.
»Kleines Hörspiel«. Deutschlandfunk. 13.12.1980.

Prosa

Ein Flugzeug über dem Haus und andere Geschichten. Frankfurt: Suhrkamp Verlag, 1955; es 30, 1963.
Ehen in Philippsburg. Roman. Frankfurt: Suhrkamp, 1957. Neuwied: Rowohlt, 1963 (=rororo 557); Auch: Bibliothek Suhrkamp 527, 1977; st 1209, 1985.

Halbzeit. Roman. Frankfurt: Suhrkamp, 1960. Auch: München & Zürich: Droemer Knaur (=Knaur-Tb 34); st 94, 1973.

Lügengeschichten. Frankfurt: Suhrkamp, 1964 (=es 81).

Das Einhorn. Roman. Frankfurt: Suhrkamp, 1966. Tb: Frankfurt: Fischer (=FB 1106); st 159, 1974.

Fiction. Frankfurt: Suhrkamp, 1970.

Die Gallistl'sche Krankheit. Roman. Frankfurt: Suhrkamp, 1972; es 689, 1974.

Der Sturz. Roman. Frankfurt: Suhrkamp, 1973; st 322, 1976.

Jenseits der Liebe. Roman. Frankfurt: Suhrkamp, 1976; st 525, 1979.

Ein fliehendes Pferd. Novelle. Frankfurt: Suhrkamp, 1978; st 600, 1980.

Heimatlob. Ein Bodenseebuch. Zus. mit André Ficus. Friedrichshafen: Gessler, 1978. Auch: Frankfurt: Insel, 1982 (=it 645).

Seelenarbeit. Roman. Frankfurt: Suhrkamp, 1979; st 901, 1983.

Das Schwanenhaus. Roman. Frankfurt: Suhrkamp, 1980; st 800.

Die Anselm-Kristlein-Trilogie. Frankfurt: Suhrkamp, 1981 (=st 684).

Brief an Lord Liszt. Roman. Frankfurt: Suhrkamp, 1982; st 1183, 1985.

Gefahrenvoller Aufenthalt. Erzählungen. Auswahl und Nachwort von Klaus Pezold. Leipzig: Reclam, 1982. (=RUB 915).

Gesammelte Geschichten. Frankfurt: Suhrkamp, 1983; BS 900, 1985.

Liebeserklärungen. Frankfurt: Suhrkamp, 1983; st 1259, 1986.

Meßmers Gedanken. Frankfurt: Suhrkamp, 1985; BS 946, 1987.

Brandung. Roman. Frankfurt: Suhrkamp, 1985; st 1374, 1987.

Heilige Brocken. Aufsätze, Prosa, Gedichte. Weingarten: Drumlin, 1986.

Dorle und Wolf. Novelle. Frankfurt: Suhrkamp, 1987; st 1700, 1990.

Jagd. Roman. Frankfurt: Suhrkamp, 1988; st 1785, 1990.

Armer Nanosch. Kriminalroman. Zus. mit Asta Scheib. Frankfurt: Fischer, 1989 (=FT 8352).

Verteidigung der Kindheit. Roman. Frankfurt: Suhrkamp, 1991; st 2252, 1993.

Ohne einander. Roman. Frankfurt: Suhrkamp, 1993; BS 1181, 1995.

Finks Krieg. Roman. Frankfurt: Suhrkamp, 1996.

Theaterstücke

Eiche und Angora. Eine deutsche Chronik. Frankfurt: Suhrkamp, 1962. Tb: rev. Fassung: es 16, 1963. (Urauff: Schiller Theater, Berlin, 23.9.1962)

Überlebensgroß Herr Krott. Requiem für einen Unsterblichen. Frankfurt: Suhrkamp, 1964 (=es 55). (Urauff. Württembergisches Staatstheater, Stuttgart, 30.11.1963)

Der schwarze Schwan. Frankfurt: Suhrkamp, 1964 (=es 90). Rev. Fassung, Frankfurt: Suhrkamp, 1965. (Urauff. Württembergisches Staatstheater, Stuttgart, 16.10.1964)

Der Abstecher & *Die Zimmerschlacht* Frankfurt: Suhrkamp, 1967 (=es 269). (Urauff. *Abstecher:* Kammerspiele, München, 28.11.1961; *Zimmerschlacht:* Kammerspiele, München, 7.12.1967; *Abstecher* auch als Hörspiel: BR/Hess. Rundfunk, 25.4.1962).

Ein Kinderspiel. Frankfurt: Suhrkamp, 1970 (=es 400). Rev. Fassung, Frankfurt: Suhrkamp, 1975. (Urauff. Württembergisches Staatstheater, Stuttgart, 22.4.1971)

Aus dem Wortschatz unserer Kämpfe. Szenen. Stierstadt im Taunus: Eremiten, 1971 (=Broschur 25/26). Tb. Reinbek: Rowohlt, 1981 (=rororo 4791). (Urauff. unter dem Titel *Ein reizender Abend*: Le Théâtre des Casemats, Luxemburg, 10.7.1972)

Gesammelte Stücke. Frankfurt: Suhrkamp, 1971 (=st 6). Erw. Ausgabe 1987 (=st 1309). Hier erscheint auch das sonst nicht als Buch veröffentlichte Stück, *Wir werden schon noch handeln* (Urauff. m. dem Titel *Der schwarze Flügel*: Akademie der Künste, Berlin, 27.1.1968. Als Hörspiel: SWF, 12.6.1968)

Das Sauspiel. Szenen aus dem 16. Jahrhundert. Frankfurt: Suhrkamp, 1975. Tb, mit Materialien, Hg. Werner Brändle: =es 913, 1978. (Urauff. Deutsches Schauspielhaus, Hamburg, 19.12.1975)

In Goethes Hand. Szenen aus dem 19. Jahrhundert. Frankfurt: Suhrkamp, 1982. Tb: rev. Fassung, =st 1077, 1984. (Urauff. Burgtheater, Wien, 18. 12. 1982; als dreiteiliges Hörspiel: WDR/NDR/Schweizer Rundfunkges. 23.3/30.3/6.4. 1982)

Ein fliehendes Pferd. Theaterstück. Zus. mit Ulrich Khuon. Frankfurt: Suhrkamp, 1985 (=es 1383). (Urauff. Hamele-Fabrik, Meersburg, 19.7.1985; als Hörspiel: BR, 17.3.1986).

Die Ohrfeige. Frankfurt: Suhrkamp, 1986 (=st 1457). (Urauff. Staatstheater Darmstadt, 30.12.1986)

Nero läßt grüßen oder Selbstporträt des Künstlers als Kaiser. Ein Monodram. Eggingen: Edition Isele, 1989. (Urauff. Hämmerle-Fabrik, Meersburg, 21.6.1989)

Das Sofa. Frankfurt: Suhrkamp, 1991 (Geschrieben 1961).

Kaschmir in Parching. Szenen aus der Gegenwart. Frankfurt: Suhrkamp, 1995.

Aufsätze, Reden, Wissenschaftliche Arbeiten

Beschreibung einer Form. Versuch über Kafka. Dissertation. München: Hanser, 1961. Tb: Frankfurt-Berlin-Wien: Ullstein, 1972 (=UB 2878).

Erfahrungen und Leseerfahrungen. Frankfurt: Suhrkamp, 1965 (=es 109).

Heimatkunde. Aufsätze und Reden. Frankfurt: Suhrkamp, 1968 (=es 269).

Stationen Vietnams. Zus. mit Carlo Schellemann. Frankfurt: Röderberg, 1968.

Wie und wovon handelt Literatur. Aufsätze und Reden. Frankfurt: Suhrkamp, 1973 (=es 642).

Was zu bezweifeln war. Aufsätze und Reden 1958-1975. Auswahl u. Nachwort von Klaus Schuhmann. Berlin-Weimar: Aufbau, 1976.

Der Grund zur Freude. 99 Sprüche zur Erbauung des Bewußtseins. Düsseldorf: Eremiten, 1978 (=Broschur 88). Tb: Reinbek: Rowohlt 1980 (=rororo 4489).

Wer ist ein Schriftsteller. Aufsätze und Reden. Frankfurt: Suhrkamp, 1979 (=es 959).

Heines Tränen. Essay. Düsseldorf: Eremiten, 1981 (=Broschur 113).

Selbstbewußtsein und Ironie. Frankfurter Vorlesungen. Frankfurt: Suhrkamp, 1981 (=es 1090).

Versuch, ein Gefühl zu verstehen, und andere Versuche. Mit einer Rede auf M.Walser von Hermann Bausinger. Stuttgart: Reclam, 1982 (=RUB 7824). Auch als: *Die Amerikareise. Versuch, ein Gefühl zu verstehen.* Zus. mit André Ficus. Weingarten: Kunstverlag Weingarten, 1986.

Goethes Anziehungskraft. Vortrag. Mit Ansprachen von Horst Sund und Ulrich Gaier. Konstanz: Universitätsverlag, 1983 (=Konstanzer Universitätsreden 146).

Liebeserklärungen. Frankfurt: Suhrkamp, 1983.

Variationen eines Würgegriffs. Bericht über Trinidad und Tobago. Stuttgart: Radius, 1985.

Geständnis auf Raten. Frankfurt: Suhrkamp, 1986 (=es 1374).

Über Deutschland reden. Aufsätze und Reden. Frankfurt: Suhrkamp, 1988 (=es 1553) NF 553; erw. Fassung, 1989.

Vormittag eines Schriftstellers. Frankfurt: Suhrkamp, 1994.

Des Lesers Selbstverständnis. Ein Bericht und eine Behauptung. Eggingen: Edition Isele, 1994.

Stimmung 94. Drei Essays. Eggingen: Edition Isele, 1994.

Zauber und Gegenzauber. Aufsätze und Gedichte. Eggingen: Edition Isele, 1995.

Das Prinzip Genauigkeit. Laudation auf Victor Klemperer. Frankfurt: Suhrkamp, 1996 (=es Sonderdruck).

Ausgewählte Artikel in Zeitungen, Zeitschriften und Sammelbänden

»Kafka und kein Ende«. In: *Die Literatur* (1.4.1952).

»Der Schriftsteller und die kritische Distanz. Ansprache zur Verleihung des Hermann-Hesse-Preises«. In: *FAZ* (4.7.1957).

»Der Schriftsteller und die Gesellschaft«. In: *Dichten und Trachten*, X (Herbst 1957) S. 36-39.

»Literatur der Genauigkeit«. In: *FH* 6 (1958) S. 416f.

»Prophet mit Marx- und Engelszungen. Zum Erscheinen des Hauptwerkes von Ernst Bloch in Westdeutschland«. In: *SZ* (26/27. 9.1959).

»Aus dem Stoff der fünfziger Jahre«. In: *Dt. Ztg.* (24/25.9.1960).

»Skizze zu einem Vorwurf«. In: Wolfgang Weyrauch (Hg.): *Ich lebe in der Bundesrepublik.* München: 1960.

»Brief an einen ganz jungen Autor«. In: *Almanach der Gruppe 47. 1947-1962.* Hg. H.W. Richter. Reinbek b. Hamburg: Rowohlt, 1962. S. 418-423.

»Das Theater, das ich erwarte«. In: *Die Zeit* (23.11.1962).

»Mit welchem Recht hält Deutschland an der Ablehnung der Zwei-Staaten Theorie fest«. In: *Commentarii* 3 (1964) S. 14.

»Amerikanischer als die Amerikaner«. In: *Kürbiskern* 1 (1968) S. 139-149.
»Vorschläge für ein aktuelles Theater«. In: *Ex libris* XXIII, 10 (Oktober 1968) S. 15 f.
»Aktion ohne Vermittlung«. In: *facit. Zeitschr. marxist. Studenten* 16 (1969).
»Rede an eine Mehrheit«. In: *kürbiskern* 2 (1969) S. 335-339.
»Walser sieht im Theater größere Chancen als im öffentlichkeitszerstörenden Fernsehen«. In: *T.h.* 9 (9. 1973). S. 27-30.
»Über Papste. Von Kritikern, die im Besitz eines absoluten Wissens sind«. In: *Die Zeit* (25.3.1977).
»Abschied von Anselm Kristlein«. In: *Die Zeit* (20.3.1981).
»Von Wasserburg an«. In: *Allmende* 1/1 (1981). S. 39-41. Auch in: M. W., *Heilige Brocken*. Weingarten: Edition Drumlin, 1986. S. 125-129.
»Woran Gott stirbt«. Rede vor der Darmstädter Akademie bei Entgegennahme des Georg-Büchner-Preises. In: *SZ am Wochenende* (24/25.10.1981).
»Meine Muse ist der Mangel«. In: *DnG/FH* Jg. 33. H.8 (1986) S. 709-713.
»Über den Umgang mit Literatur«. In: *MWIP* S. 195-205.
»George Bush, seine Trainer und der Traum von Amerika«. In: *Die Welt* (10.12.1988).
»Kurz in Dresden. Einige Szenen aus dem deutschen Frühling im Herbst«. In: *Die Zeit* (27.10.1989).
»Vormittag eines Schriftstellers. Über Deutschland reden–und die Folgen. Warum einer keine Lust mehr hat, am Streit der Meinungen teilzunehmen« In: *Die Zeit* (14.12.1990).
»Die Einheit mißlingt nicht«. In: *FAZ* (11.2.1994).
»Über freie und unfreie Rede«. In: *Der Spiegel* 45 (7.11.1994) S. 130-138.

Übersetzungen

Christopher Hampton: *Der Menschenfreund.* In: *T.h.* H.2 (1971) S. 44-56. Auch: *Spectaculum* Bd. 14. 1971. S. 161-210.
George Bernard Shaw: *Frau Warrens Beruf.* In: *Spectaculum* Bd. 15. S. 257-311. Auch: Frankfurt: Suhrkamp, 1986 (=BS 918).
Trevor Griffiths: *Die Party.* Berlin: Bloch, 1974.
David Herbert Lawrence: *Das Karussell.* Berlin: Bloch, 1974 (=Bühnenmanuskript).
Christopher Hampton: *Die Wilden* In: *T.h.* H.2 (1974) S. 35-48.
Mark Medoff: *Wann kommst du wieder, Roter Reiter?* In: *T.h.* H.3 (1976) S. 36-48. Auch: *Spectaculum* Bd. 24. 1976. S. 146-188.
Christopher Hampton: *Herrenbesuch.* Frankfurt: Suhrkamp, 1976 (=Bühnenmanuskript).
Mark Medoff: *Die Wette.* Frankfurt: Suhrkamp, 1977 (=Bühnenmanuskript).
Edward Bond: *Die Frau.* Zus. m. Alissa Walser. Frankfurt: Suhrkamp, 1979 (=Bühnenmanuskript).
Christopher Hampton: *Geschichten aus Hollywood.* Zus. m. Alissa Walser. In: *Spectaculum* Bd. 36. 1982. S. 17-80. Auch: *T.h.* H.5 (1983) S. 31-45.

Molière: *Der eingebildete Kranke*. Zus. m. Johanna Walser. Bochum: Schauspielhaus, 1983 (=Programmbuch 48).

Joyce Carol Oates: *Die Beute*. Zus. m. Alissa Walser. Frankfurt: Suhrkamp, 1985 (=Bühnenmanuskript)

Howard Brenton: *Bloody Poetry oder Elegie für Weltverbesserer*. Zus. m. Alissa Walser. Bremen: Litag, 1985 (=Bühnenmanuskript)

Christopher Hampton: *Gefährliche Liebschaften*. Nach Choderlos de Laclos. Zus. m. Alissa Walser. In: R. Rach, (Hg.) *Theater*. Frankfurt: Suhrkamp, 1986 (=st 1298).

Edward Albee: *Ehetheater*. Zus. m. Alissa Walser. Bad Homburg: Hunzinger, 1988 (=Bühnenmanuskript)

Lanford Wilson: *Verbrenn das*. Zus. mit Alissa Walser. Bad Homburg: Hunzinger, 1988 (=Bühnenmanuskript)

Sophokles: *Antigone*. Übersetzt und bearbeitet zus. mit Edgar Selge. Frankfurt a.M.: Insel, 1989 (=it 1248).

Filme

CHIARAVALLE WIRD ENTDECKT. Fernsehfilm. Drehbuch: M. Walser & Joachim Wedekind nach dem Lustspiel v. Nicola Manzari. Regie: Hannes Tannert. ZDF. 15.6.1963.

EICHE UND ANGORA. Fernsehfilm. Drehbuch: M. Walser nach seinem Theaterstück. Regie: Rainer Wolffhardt. ARD. 30.1.1964.

WAS MAN SIEHT UND WAS MAN NICHT SIEHT. MIT DER STRASSENBAHN VON DUISBURG NACH DORTMUND. Fernsehfilm. Drehbuch u. Regie: M. Walser. III. Programm Südwest. 9.5.1969.

DIE ZIMMERSCHLACHT. Fernsehfilm. Drehbuch: M. Walser. Regie: Franz Peter Wirth. ARD. 10.6.1969.

AUSWEGLOS – AUSSAGEN ÜBER EINEN LEBENSLAUF. Dokumentarfilm/Drehbuch zus. mit Gottfried Just und Reinhard Hauff. ARD 20.10.1970.

DAS UNHEIL. Spielfilm. Drehbuch: Peter Fleischmann & Martin Walser. Regie: P. Fleischmann. 1972.

DER DRITTE GRAD. Spielfilm. Drehbuch: Jean-Claude Carriere & Martin Walser & Peter Fleischmann. Regie: P. Fleischmann. 1976.

DAS EINHORN. Spielfilm. Drehbuch: Dorothee Dhan unter Mitarbeit von M. Walser nach seinem Roman. Regie: Peter Patzak. 1977.

DER STURZ. Spielfilm. Drehbuch: Alf Brustellin & Bernhard Sinkel nach dem Roman v. M. Walser. Regie: A. Brustellin. 1979.

EIN FLIEHENDES PFERD. Fernsehfilm. Drehbuch: Ulrich Plenzdorf & M. Walser & Peter Beauvais. Regie: P. Beauvais. ARD. 26.3.1986.

ARMER NANOSCH. Fernsehfilm in der Reihe »Tatort«. Zus. mit Asta Scheib. Regie R. Hauff. ARD/ORF 9.7.1989.

Herausgegebene Werke

Die Alternative oder Brauchen wir eine neue Regierung. (Hg.): Martin Walser.
    Reinbek: Rowohlt, 1961 (=rororo 481).
Franz Kafka. *Er. Prosa.* Auswahl u. Nachwort von Martin Walser. Frankfurt:
    Suhrkamp, 1963 (=BS 97).
Vorzeichen II: Neun neue deutsche Auroren. (Hg.): Martin Walser. Frankfurt:
    Suhrkamp, 1963.
Theater, Theater. Ein Bilderbuch des Theaters. (Hg.): Martin Walser und
    Karl Hargesheimer. Velber: Friedrich, 1967.
Ursula Trauberg. *Vorleben.* Hg. und Nachwort von Martin Walser. Frank-
    furt: 1968.
Über Ernst Bloch. (Hg.): Martin Walser. Frankfurt: Suhrkamp, 1968.
Wolfgang Werner. *Vom Waisenhaus ins Zuchthaus.* Hg. und Nachwort von
    Martin Walser. Frankfurt: 1969.
Die Würde am Werktag. Literatur der Arbeiter und Angestellten. (Hg.): Mar-
    tin Walser. Frankfurt: Fischer, 1980 (=FTB 5004).
(Darin die Einleitung von M.W.: »Die Literatur der gewöhnlichen Verlet-
    zungen«. S. 7-11).
Allmende. Hg. zus. mit Hermann Bausinger, Manfred Bosch, Leo Haffner,
    Adolf Muschg, Matthias Spranger und Andre Weckmann. Elster Verlag.
    Nr. 1, H. 1, 1981–
Lektüre zwischen den Jahren. Ausgewählt v. Martin Walser. Frankfurt: Suhr-
    kamp, 1995.

9.2 Sekundärliteratur: Eine Auswahl

Ahl, Herbert: »Klima einer Gesellschaft: Martin Walser«. In: H. Ahl: *Litera-
    rische Porträts.* München-Wien: Langen-Müller, 1962. S. 15-27.
Arendt, Dieter: »Im goldenen Käfig der Freiheit. Eine literaturdidaktische
    Explikation zu Martin Walsers Roman *Halbzeit*«. In: *DU* 4 (1974) S.
    27-40.
Arnold, Heinz Ludwig (Hg.): *Text+Kritik. Martin Walser* 41/42. 2. erw.
    Aufl. (1983).
–: »Jenseits der Realität«. In: *Nürnberger Nachrichten* (28.8.1980).
–: »Paradoxes In-sich-verschlungen-Sein«. In: *Die Weltwoche* (27.6.1985).
Auffermann, Verena: »*Ohne einander*«. In: *FR* (21.8.1993.
Ayren, Armin: »Spion für die deutsche Einheit«. In: *Badische Zeitung*
    (15.4.1987).
Baron, Ulrich: »*Die Verteidigung der Kindheit*«. Rezension. *Rheinischer Mer-
    kur* (11.10.1991).
Bastide, François-Regis: »*Der schwarze Schwan* von Martin Walser«. In:
    Über MW S. 136-138.
Batt, Kurt: »Fortschreibung der Krise: Martin Walser«. In: *Über MW* S. 132-
    138.

Baumgart, Reinhard: »Perpetuum mobile. Martin Walsers *Halbzeit*«. In: *NdH* 77 (1960) S. 833-835.

–: »Überlebensspiel mit zwei Opfern. Über Martin Walsers *Ein fliehendes Pferd*«. In: *Der Spiegel* 9 (27.2.1978) S. 198-199.

–: »Lesestück aus Sex und Surf. Zapfenstreich und Endzeit-Comic: Martin Walsers Roman *Ohne einander*«. In: *Die Zeit* (30.7.1993).

–: *Deutsche Literatur der Gegenwart*. München: dtv, 1994.

Bausinger, Hermann: »Realist Martin Walser«. In: K. Siblewski, (Hg.): *Martin Walser*. Frankfurt: Suhrkamp, 1981. S. 11-24.

–: »Heimatdichter Martin Walser?« In: *Stuttg. Ztg.* (24.6.1967). (=Laudatio Bodensee-Literaturpreises)

–: (Hg.): *Allmende*. Sonderausgabe. *He, Patron! Martin Walser wird 60.* H. 16/17 (1987).

Becker, Rolf: »Der Sturz des Franz Horn. Über Martin Walser: *Jenseits der Liebe*«. In: *Der Spiegel* 11 (5.4.1976) S. 204-206.

Beckermann, Thomas (Hg.): *Über Martin Walser*. Frankfurt: Suhrkamp, 1970.

–: *Martin Walser oder die Zerstörung eines Musters*. Bonn: 1972.

–: »Epilog auf eine Romanform. Martin Walsers *Halbzeit*«. In: *Über MW*. S. 209-241.

–: »Martin Walser«. In: Benno von Wiese (Hg.): *Deutsche Dichter der Gegenwart*. Berlin: Erich Schmidt, 1973. S. 573-88.

–: »Die neuen Freunde. Walsers Realismus der Hoffnung«. In: *Text + Kritik. Martin Walser*. 41/42 (1983) S. 59-66.

–: »Martin Walser«. In: *Metzler Autoren Lexikon*. Stuttgart: [2]1994. S. 817-820.

–: »›Ich bin sehr klein geworden.‹ Versuch über Walsers ›Entblößungsverbergungssprache«. In: *MWIP* S. 15-28.

Bellin, Klaus: »Endspiel am Starnberger See. Martin Walser: *Ohne einander*«. In: *NdL* 41/H.490 (Oktober 1993) S. 141-144.

Berg, Jan et al (Hg.): *Sozialgeschichte der deutschen Literatur von 1918 bis zur Gegenwart*. Frankfurt: Fischer, 1981.

Berghahn, Klaus: »Die Geschichte des deutschen Bauernkriegs – dramatisiert«. In: R. Grimm u. J. Hermand (Hg.): *Geschichte im Gegenwartsdrama*. Stuttgart: Kohlhammer, 1976. S. 81-95.

Berghahn, Wilfried: »Sehnsucht nach Widerstand«. In: *FH* 2 (1961) S. 135-137.

Bernhard, Hans Joachim: »Literatur der BRD am Beginn der achtziger Jahre«. In: *WB* 30/11 (1984) S. 1808-1829.

Bessen, Ursula: »Martin Walser – *Jenseits der Liebe*. Anmerkungen zur Aufnahme des Romans bei der literarischen Kritik«. In: K. Siblewski (Hg.): *Martin Walser*. S. 214-233.

Beutin, Wolfgang et al: *Deutsche Literaturgeschichte. Von den Anfängen bis zur Gegenwart*. Stuttgart: Metzler, [5]1994.

Blocher, Friedrich K.: »Unter dem Diktat des Scheins: Zu Walsers *Ein fliehendes Pferd*«. In: *Identitätserfahrung: Literarische Beiträge von Goethe bis zu Walser*. Köln: Pahl-Rugenstein, 1984. S. 85-96.

Blöcker, Günter: »Der Realismus X«. In: *Merkur* 205 (April 1965) S. 389-392.

–: »Die endgültig verlorene Zeit«. In: *Merkur* 223 (Okt. 1966) S. 987-991.

–: »Über die Erbötigkeit der Wörter«. In: *FAZ* (23.8.1980).

–: »Poetiken des Mangels. Zu Martin Walser und Peter Rühmkorf«. In: H.D. Schlosser u. H.D. Zimmermann (Hg.): *Poetik*. Frankfurt: Athenäum, 1988. S. 161-170.

Böth, Wolfgang: »Anpassung und Widerstand. Zum Prozeß der Bewußtwerdung Alois Grubers in Martin Walsers *Eiche und Angora*«. In: Gerhard Kluge (Hg.): *Studien zur Dramatik in der Bundesrepublik Deutschland*. Amsterdam: Rodopi, 1983. S. 115-139. (=Amsterdamer Beiträge zur neueren Germanistik, 16)

Bohn, Volker: »Ein genau geschlagener Zirkel. Über *Ein fliehendes Pferd*«. In: K. Siblewski (Hg.): *Martin Walser*. S. 150-168.

Bohrer, Karl Heinz: »Ein Sturz ohne Held und Höhe«. In: *FAZ Literaturblatt* (28.4.1973).

Boie, Kristin: »Ist Gallistl jetzt integriert?« In: *die tat* (21.4.1978).

Borries, Mechthild und Dagmar Ploetz: *Martin Walser*. München: iudicium verlag, 1989.

Borries, Mechthild: »Vom Widerspruch der Meinungen und Rezeptionenen: Walsers Stellungnahme zu Deutschland in Reden und erzählerischen Texten«. In: *Leseerf.* S. 29-47.

Braem, Helmut: »Lug und Trug«. In: *Dt. Rdsch.* 12 (1958) S. 1179-1181.

Brändle, Werner: *Die dramatischen Stücke Martin Walsers*. Stuttgart: Akademischer Verlag Hans-Dieter Heinz, 1978.

–: »Das Theater als Falle. Zur Rezeption der dramatischen Stücke Martin Walsers«. In: K. Siblewski (Hg.): *Martin Walser*. S. 187-203.

–: (Hg.): *Martin Walser: Das Sauspiel. Szenen aus dem 16. Jahrhundert. Mit Materialien*. Frankfurt: Suhrkamp, 1978.

–: »Die Gegenwärtigkeit eines Mythos. Zur Figur des Doktor Faust in Walsers Stücken«. In: Brändle (Hg.), 1978. S. 503-516.

–: »Martin Walser-Leser sind im Vorteil! Laudation auf Martin Walser«. In: *Leseerf.* S. 1-10.

Braun, Michael: »Deutsch-deutsche Widersprüche«. In: *Aachener Nachrichten* (3.8.1991).

Breitenstein, Andreas: »Eine deutsche Passion«. In: *NZZ* (16.8.1991).

Brettschneider, Werner: *Zorn und Trauer. Aspekte deutscher Gegenwartsliteratur*. Berlin: Erich Schmidt, 1979.

Brockmann, Stephan: »Introduction: The Reunification Debate«. In: *NGC* 52 (Winter 1990/1991) S. 3-30.

Buch, Hans Christoph: »Phoebe Zeitgeist am Bodensee. Zu Martin Walsers Roman *Der Sturz*«. In: *N.Rdsch.* 84/3 (1973) S. 551-553.

Buddecke, Hartmut und Helmut Fuhrmann: *Das deutschsprachige Drama vom Expressionismus bis zur Gegenwart*. München: Winkler, 1981.

Bullivant, Keith: *Realism Today. Aspects of the Contemporary German Novel*. Leamington Spa-Hamburg-NY: Berg, 1987.

–: (Hg.): *The Modern German Novel*. Leamington Spa-Hamburg-NY: Berg, 1987.

–: »Working Heroes in the Novels of Martin Walser«. In: Frank Pilipp, (Hg.): *NewCrit* S. 16-28.

Clark, Jonathan P.: »A Subjective Confrontation with the German Past in *Ein fliehendes Pferd*. In: *MWIP* S. 57-58.

Claßen, Ludger: »Satire als Konstruktion: Martin Walser: *Ehen in Philippsburg*«. In: L.C.: *Satirisches Erzählen im 20. Jahrhundert*. München: Fink, 1985. S. 114-135.

Coubier, Heinz: »Statt einer Satire«. In: *Merkur* 181. Jg. XVII/3 (März 1963) S. 309-312.

Cramer, Sibylle: »Geboren mit zirka vierzehn Zungen. Zu Martin Walsers 50. Geburtstag«. In: *Bücherkommentare* H. 2 (März/April 1977) S. 4.

Cwojdrak, Günther: »Lügengeschichten ohne Lug«. In: *Über MW*. S. 60-63.

Dahne, Gerhard: *Westdeutsche Prosa. Ein Überblick*. Berlin: Volk und Wissen, 1967.

Dauenhauer, Erich: »Gott und Glaube in Bestsellern«. In: *Stimmen der Zeit* 199 (1981) S. 841-849.

Dede, Ewald: »›Der mißverstandene Realismus‹. Über Martin Walsers Romane *Die Gallistl'sche Krankheit* und *Jenseits der Liebe*«. In: *Lit. Hefte* 13/52 (1976) S. 72-90.

Demetz, Peter: »Martin Walser: Analyzing Everyman«. In: P.D., *After the Fires*. San Diego-NY-London: Harcourt, Brace, Jovanovich, 1986. S. 349-61.

Dettmering, Peter: »*Seelenarbeit*«. In: *Merkur* 33/9 (September 1979) S. 911-914.

Dierks, Manfred: »›Nur durch Zustimmung kommst du weg‹. Martin Walsers Ironie-Konzept und *Ein fliehendes Pferd*«. In: *Lit. f. Leser* 1 (1984) S. 44-53.

Dittberner, Hugo: »Der abgeschmetterte Fahrer«. In: *FR* (24.3.1979).

Doane, Heike: *Gesellschaftspolitische Aspekte in Martin Walsers Kristlein-Trilogie*. Bonn: Bouvier, 1978.

–: »Innen- und Außenwelt in Martin Walsers Novelle *Ein fliehendes Pferd*«. In: *GSR* III/1 (1980) S. 69-83.

–: »Der Ausweg nach innen: Zu Martin Walsers Roman *Seelenarbeit*«. In: *Seminar* XVIII/3 (1982) S. 196-212.

–: »Martin Walsers *Seelenarbeit*: Versuche der Selbstverwirklichung«. In: *Neo.phil.* 67 (1983) S. 262-272.

–: »Zur Intensivierung der politischen Thematik in Martin Walsers Kristlein-Trilogie«. In: *WB* 30/11 (1984) S. 1842-1851.

–: »Martin Walsers Ironiebegriff: Definition und Spiegelung in drei späten Prosawerken«. In: *M.hefte* 77 (1985) S. 195-212.

–: »Die Anwesenheit der Macht. Horns Strategie im *Brief an Lord Liszt*. In: *MWIP* S. 81-102.

–: »Love vs. Life: Martin Walser describes Johann Peter Eckermann's Development«. In: G. Pickar u. S. Cramer (Hg.): *The Age of Goethe Today. Critical Reexaminations and Critical Reflections*. München: Fink, 1990. S. 154-170.

–: »The Cultivation of Personal and Political Loss: *Die Verteidigung der Kindheit*«. In: Frank Pilipp (Hg.): *NewCrit* S. 156-175.

–: »Zitat, Redensart und literarische Anspielung. Zur Funktion der gesprochenen Sprache in Martin Walsers Roman *Die Verteidigung der Kindheit*«. In: *C.G.* 25/3-4 (1992) S. 289-305.

–: »Martin Walser«. In: W. Elfe u. J. Hardin (Hg.): *Dictionary of Literary Biography. Twentieth Century German Dramatists 1919-1992.* Detroit: Gale, 1992. S. 404-413.

–: und Gertrud Bauer Pickar (Hrsg.): *Leseerfahrungen mit Martin Walser. Neue Beiträge zu seinen Texten.* München: Fink, 1995 (=Houston German Studies, vol. 9).

–: »Martin Walsers Novellen: Ein Beitrag zu zeitgenössischen Gattungsfragen«. In: *Leseerf.* S. 88-106.

Dowden, Steve: »A German Pragmatist: Martin Walser's Literary Essays«. In: *NewCrit* S. 120-133.

Durzak, Manfred (Hg.): *Deutsche Gegenwartsliteratur. Ausgangspositionen und aktuelle Entwicklungen.* Stuttgart: Reclam, 1981.

Elsner, Gisela: »Neigung zum Ausverkauf«. In: *Lit. konkret* (Oktober 1980) S. 53-54.

Emmel, Hildegard: »Zeiterfahrung und Weltbild im Wechselspiel. Zu Martin Walsers Roman *Halbzeit*«. In: W. Paulsen, (Hg.): *Der Dichter und seine Zeit.* Heidelberg: Stiehm, 1970. S. 181-206.

Endres, Elisabeth: *Die Literatur der Adenauerzeit.* München: dtv, 1983.

Enzensberger, Hans Magnus: »Der sanfte Wüterich«. In: H.M.E.: *Einzelheiten.* Frankfurt: Suhrkamp, 1962. S. 240-245.

Fetz, Gerald: »Martin Walser's *Sauspiel* and the German History Play«. In: *Comp. Drama* 12/3 (1978) S. 249-265.

–: »Cultural History on Stage: *In Goethes Hand*«. In: *MWIP* S. 145-155.

–: »Martin Walser«. In: Frank N. Magill (Hg.): *Critical Survey of Drama: Europe.* Englewood Cliffs, N.J.: Salem Press, 1987. S. 380-391.

–: »Kafka und Bernhard: Reflections on Affinity and Influence«. In: *Modern Austrian Literature* 21/3-4 (1988) S. 217-241.

–: »Martin Walser, Germany, and the German Question«. In: *Leseerf.* S. 11-28.

Fingerhut, Karlheinz: »Drei erwachsene Söhne Kafkas. Zur produktiven Kafka-Rezeption bei Martin Walser, Peter Weiss und Peter Handke«. In: *WW* 30 (1980) S. 384-403.

Fischer, Bernd: »Walser und die Möglichkeiten moderner Erzählliteratur. Beobachtungen zum *Brief an Lord Liszt*«. In: *MWIP* S. 103-110.

–: »Reading on the Edge: Martin Walser's California Novel *Breakers*«. In: *NewCrit* S. 47-62.

Fischer, Ludwig (Hg.): *Literatur in der Bundesrepublik Deutschland bis 1967.* München: dtv, 1986 (=Hansers Sozialgeschichte der deutschen Literatur, Bd.10).

Franke, Eberhard: »Neues Stück von Martin Walser: Schlagfertig – oder runtergehaut?«. In: *T.h.* 2 (Feb.1987) S. 47.

Franz, Michael: »Erster Entwurf eines gesellschaftlichen Gegenbildes. Martin Walser: *Fiction* und *Die Gallistl'sche Krankheit«*. In: *NdL* 24/8 (1976) S. 138-143.

Fuld, Werner: »Ein Spion mit Sehstörungen«. In: *FAZ* (14.3.1987).

–: »Die Verteidigung der Kindheit«. In: *FAZ* (14.9.1991).

Gauland, Alexander: »Ich war Tronkenburg. Ansichten einer Hauptfigur: Zu Martin Walsers Roman *Finks Krieg* und seiner Vorgeschichte«. In: *FAZ* (2.3.1996).

Geis, Walter: »Vögel ohne Flügel«. In: *Staatsanzeiger für Baden-Württemberg* (14.3.1956). Auch: *Über MW* S. 13-15.

Gendolla, Peter: »Das endlose Band, die Schaukel, die Alpen: Über Schreiben, Geldverdienen und Selbstmord in *Der Sturz*. In: *Leseerf.* S. 107-120.

Gerhard, Peter W: »Martin Walser: *Jenseits der Liebe«*. In: *NdH* 23/2 (1976) S. 373-374.

Glaser, Hermann: »Martin Walser – *Überlebensgroß Herr Krott«*. In: Manfred Brauneck (Hg.): *Das deutsche Drama vom Expressionismus bis zur Gegenwart*. Bamberg: Buchners Verlag, 1977. S. 315-323.

Görtz, Josef: »Halali«. *FAZ* (17.9.1988).

Göttsche, Dirk: »Liebeserklärungen und Verletzungen – Zur Literaturkritik von Martin Walser und Ingeborg Bachmann«. In: Wilfried Barner (Hg.): *Literaturkritik – Anspruch und Wirklichkeit*. Stuttgart: Metzler, 1989. S. 197-212.

Goldschmit, Rudolf: »Absurde Scherze über die Ehe«. In: *Die Zeit* (8.12.1961). Auch: *Über MW* S. 92-94.

Grambow, Jürgen: »Erinnerungen, kaum älter als der Tag. Der Moralist Martin Walser. Martin Walser: *Brief an Lord Liszt«*. In: *SuF* 36/2 (1984) S. 432-440. Auch: J.G., *Literaturbriefe aus Rostock*. Frankfurt: Luchterhand, 1990. S. 123-135.

Greif, Hans-Jürgen: *Zum modernen Drama*. Bonn: Bouvier, 1973.

Greiner, Ulrich: »Der gute Hirt Martin Walser. Der Roman *Seelenarbeit«*. In: *FAZ Literatur* (17.3.1979).

Grössel, Hans: »Herr Dr. Gleitze und sein Knecht Xaver. Martin Walsers neuer Roman *Seelenarbeit«*. In: *N.Rdsch.* 90/2 (1979) S. 284-287.

Hage, Volker: »Schwächen in Siege verwandeln. Martin Walser«. In: V.H.: *Alles erfunden. Porträts deutscher und amerikanischer Autoren*. Reinbek b. Hamburg: Rowohlt, 1988. S. 289-314.

–: »Walsers deutsches Requiem«. In: *Die Zeit* (9.8.1991).

Hagen, Rainer: »Martin Walser oder der Stillstand«. In: *Über MW* S. 268-270.

Hamm, Peter: »Nachruf auf Orli und eine Kultur«. In: *FH* 11 (1966) S. 795-797.

–: »Martin Walser und die Reaktion (auf sein *Sauspiel«*)«. In: Brändle (Hg.): *Martin Walser. Das Sauspiel*. S. 431-440. Zuerst in: *konkret* 2 (29.1.1976). S. 45 f.

–: »Das Prinzip Heimat«. In: *Die Zeit* (16.3.1979).

–: »Martin Walsers Tendenz«. In: *MWIP* S. 1-14.

Hartmann, Heiko: »»Es war in einem tosend zusammenstürzenden Kristallpalast, in dem man erstickte‹: Funktion und Gestaltung des Titelmotivs in Martin Walsers Roman *Brandung*«. In: *Michigan German Studies* 18/ 2 (1992). S. 147-166.

Hartmeier, Georges: *Die Wunsch- und Erzählströme in Martin Walsers Krist-lein-Trilogie.* Bern-Frankfurt-NY: Lang, 1983.

Hartung, Rudolf: »Explosion im Wasserglas«. In: *Über MW* S. 19-22.

–: »Schaum in der Klarsicht-Tube. Martin Walsers Roman *Halbzeit*«. In: *Der Monat* 147 (1960) S. 65-69.

–: »Martin Walser. *Das Einhorn*«. In: *N.Rdsch.* 77/4 (1966) S. 668-672.

Heißenbüttel, Helmut et al: »Warum Walser vorbeitrifft«. In: *T.h.* Jg. 5 (April 1964). S. 1-3. Auch: *Über MW* S. 114-116.

Helwig, Werner: »Martin Walsers Meisternovelle«. In: *FH* 7 (Juli 1978) S. 75-77.

Henrichs, Benjamin: »Nabelschau mit Musik«. In: Brändle (Hg.): *Martin Walser. Das Sauspiel* 1978. S. 419-423. Zuerst in: *Die Zeit* (3.3.1978).

–: »Narziß wird fünfzig. Martin Walsers Novelle *Ein fliehendes Pferd*«. In: *Die Zeit* (24.2.1978).

Henscheid, Eckard: »Geld macht dumm und dümmer«. In: *FR* (23.8.1980).

Hensel, Georg: *Das Theater der siebziger Jahre. Kommentar, Kritik, Polemik.* München: dtv, 1983.

Hermand, Jost: »Fortschritt im Rückschritt. Zur politischen Polarisierung der westdeutschen Literatur seit 1961«. In: M. Durzak (Hg.): *Deutsche Gegenwartsliteratur* 1981. S. 299-313.

Herzog, Sigrid: »Über den grünen Klee gelobt. Walsers *Ein fliehendes Pferd* und die Kritiker«. In: *N.Rdsch.* 3 (1978) S. 492-495.

Hick, Ulrike: *Martin Walsers Prosa. Möglichkeiten des zeitgenössischen Ro-mans unter Berücksichtigung des Realismusanspruchs.* Stuttgart: Akademi-scher Verlag Hans- Dieter Heinz, 1983. (=Marburger Dissertation)

Hilzinger, Klaus Harro: »Geschichte im Drama: ›nicht bloß als Vehikel‹ – ›sondern auch als solche‹. Zur Kunstgestalt von Martin Walsers Stück *Das Sauspiel*«. In: Brändle (Hg.): *Martin Walser. Das Sauspiel* 1978. S. 481-502.

Hlawaty, Graziella: »Martin Walser: *Seelenarbeit*«. In: *LuK* 146/147 (Juli/ Aug. 1980) S. 437-439.

Högemann-Ledwohn, Elvira: »Von Ich, Welt und ›neuer Subjektivität‹«. In: *Kürbiskern* 4 (1978) S. 116-121.

–: »Mühselige Arbeit gegen das Knechtsein«. In: *Kürbiskern* 3 (1979) S. 137-140.

Hoffmeister, Donna L.: »Fantasies of Individualism: Work Reality in *Seelen-arbeit*«. In: *MWIP* S. 59-70.

Holthusen, Hans Egon: »Ein Kafka-Schüler kämpft sich frei«. In: *SZ* (31.12.1955). Auch: *Über MW* S. 9-11.

Horst, Karl August: »Neuer Wein in alten Schläuchen«. In: *Jahresring* 58/59 (1958) S. 361 f.

Huber, Walter: »Sprachtheoretische Voraussetzungen und deren Realisie-rung im Roman *Ehen in Philippsburg*«. In: *Über MW* S. 175-208.

Jablkowska, Joanna: »Deutsches Selbstbewußtsein und Ironie. Zu Martin Walsers *Die Verteidigung der Kindheit*«. In: *Convivium* 1994. S. 75-87.

203

Jacobi, Johannes: »Walsers erster großer Versuch«. In: *Die Zeit* (5.10.1962). Auch: *Über Martin Walser.* S. 100-104.

Jansen, Angelika C.: *Walsers ›Ein fliehendes Pferd‹: Reception and Position of the Work in Contemporary West German Society.* Dissertation. New York University, 1982.

Jenny, Urs: »Schwierigkeiten beim Erlügen der Wahrheit«. In: *Über MW* S. 56-58.

—: »Martin Walser: *Das Einhorn*«. In: *Über MW* S. 71-76.

—: »Windmühlen am Ehehorizont«. In: *SZ* (9/10.12.1967). Auch in: *Über MW* S. 139-142.

Just, Gottfried: »Kein Nachfahr müder Träume«. In: G.J., *Reflexionen.* Pfullingen: Neske, 1972. S. 11-15.

Kahl, Kurt: »Zeitstücke in Wien« (zu *Eiche und Angora*). In: *T.h.* 2 (1963) S. 37.

Kaiser, Joachim: »Gerichtstag für Männer«. In: *SZ* (30.11.1961). Auch in: *Über MW* S. 89-92.

—: »Martin Walsers blindes Glanzstück. Funktion und Funktionieren der Novelle *Ein fliehendes Pferd*«. In: *Merkur* 8 (August 1978) S. 828-838.

—: *Erlebte Literatur. Vom ›Doktor Faustus‹ zum ›Fettfleck‹. Deutsche Schriftsteller in unserer Zeit.* München-Zürich: Piper, 1988.

—: »Da ist nichts zu begreifen«. In: *SZ* (19.10.1964). Auch: *Über MW* S. 128-132.

—: »Martin Walsers Labyrinth«. In: *Merkur* 303/8 (Aug. 1973) S. 774-783.

—: »Tägliche Gemeinheiten und hypochondrischer Witz«. In: *SZ* (3.3.1979).

—: »Geliebter, wortmächtiger Verlierer. Eine Rolle ohne Stück: Martin Walsers *Brief an Lord Liszt*«. In: *SZ* (18/19.9.1982).

—: »Selbst-Schüsse. Martin Walsers Ego-Trip«. In: *SZ* (28.3.1985).

Karasek, Hellmuth: »Walsers Deutscher Wald«. In: *Stuttg.Ztg.* (25.9.1962). Auch: *Über MW* S. 97-100.

—: »Abschied von der Politik« (zu *Zimmerschlacht*). In: *T.h.* 9 (1967) S. 6-9.

—: »Die Zeit und das Zeitstück« (zu *Überlebensgroß Herr Krott*). In: *T.h.* 3 (März 1964) S. 1-2.

—: »Zu zweit«. In: *Stuttg.Ztg.* (9.10.1967). Auch: *Über Martin Walser.* S. 146-150.

—: »Der Dramatiker Martin Walser«. In: W.J. Schwarz: *Der Erzähler Martin Walser.* Bern u. München: Francke, 1977. S. 101-115.

—: »Selbstzweifel hinter Butzenscheiben«. In: Brändle (Hg.): *Martin Walser. Das Sauspiel* 1978. S. 424-426. Zuerst in: *Der Spiegel* 53 (1975). S. 78 f.

—: »Gott oder doch nur Gottlieb? Über Martin Walser: *Das Schwanenhaus*«. In: *Der Spiegel* 33 (11.8.1980) S. 131-133.

—: »Schattenwelt der Angestellten. Zu Martin Walsers *Brief an Lord Liszt*«. In: *Der Spiegel* 36 (18.10.1982) S. 244.

—: »Eckermann macht's möglich. Über Martin Walsers Goethe-Stück in Wien«. In: *Der Spiegel* 52 (27.10.1982) S. 111-112.

—: »Widerrufene Wahrheiten des Widerspruchs. Über *Meßmers Gedanken*«. In: *Der Spiegel* 14 (1.4.1985) S. 235.

–: »Malvolio in Kalifornien. Über Martin Walser: *Brandung*«. In: *Der Spiegel* 35 (26.8.1985) S. 158-159.

–: »Hasenherz am Bodensee«. In: *Der Spiegel* (29.9.1988) S. 198-200.

Kautz, Ernst-Günter: »Ideologiekritik und Grundlagen der dramaturgischen Gestaltung in Martin Walsers Stücken *Der Abstecher* und *Eiche und Angora*«. In: *Wiss. Ztschr. der Humboldt-Uni Berlin* 18/1 (1969) S. 93-113.

Keisch, Henryk: »Was vermag Literatur? Deutsche Selbstprüfung im Drama Martin Walsers«. In: *NdL* 10 (1966) S. 175-181.

Keith-Smith, Brian: »The German Academic Novel of the 1980s, or a Tale of Four Hetero-Academic Novels«. In: A. Willians, S. Parkes u. R. Smith (Hg.): *Literature on the Threshold: The German Novel in the 1980s.* NY-Oxford-München: Berg, 1990. S. 135-52.

Kesting, Marianne: »Das deutsche Drama vom Ende des Zweiten Weltkriegs bis Ende der sechziger Jahre«. In: M. Durzak (Hg.): *Deutsche Gegenwartsliteratur* 1981. S. 107-136.

Kinder, Hermann: »Anselm Kristlein: Eins bis Drei–Gemeinsamkeit und Unterschied«. In: *Text + Kritik. Martin Walser* 41/42 (1983) S. 51-58.

Kimpel, Dieter: »›Geschichtsschreibung des Alltags‹. Zu Martin Walser«. In: H.D. Schlosser u. H.D. Zimmermann, (Hg.): *Poetik.* Frankfurt: Athenäum, 1988. S. 171-178.

Kluge, Gerhard: »Werkimmanente Poetik in zwei Stücken von Tankred Dorst und Martin Walser oder Wie man das Spiel nach Brecht spielt«. In: G. Kluge (Hg.): *Studien zur Dramatik in der Bundesrepublik Deutschland.* Amsterdam: Rodopi, 1983 (=Amsterdamer Beiträge zur neueren Germanistik, 16).

Koch, Manfred: »Der westdeutsche Roman der fünfziger und frühen sechziger Jahre«. In: M. Durzak (Hg.): *Deutsche Gegenwartsliteratur* 1981. S. 204-233.

König, Wilhlem: »Martin Walser: *Messmers Gedanken*«. In: *NdH* 32/3 (1985) S. 573-4.

Koepke, Wolf: »The Reestablishment of the German Class Society: *Ehen in Philippsburg* and *Halbzeit*«. In: *NewCrit* S. 1-15.

Korn, Karl: »Satirischer Gesellschaftsroman«. In: *Über MW* S. 29-32.

Kosler, Hans Christian: »Vom Seeleninfarkt gefällt. Martin Walsers neuer Roman *Ohne einander*«. In: *SZ* (31.7/1.8.1993).

Kreuzer, Helmut: »Neue Subjektivität. Zur Literatur der siebziger Jahre in der Bundesrepublik Deutschland«. In: M. Durzak (Hg.): *Deutsche Gegenwartsliteratur* 1981. S. 77-106.

Kreuzer, Ingrid u. Günther Penzoldt, Jörg Wehmeier, Helmut Heißenbüttel: »Warum Walser vorbei trifft. Entgegnungen zu Hellmuth Karaseks Verteidigung von Martin Walsers *Überlebensgroß Herr Krott*«. *T.h.* 4 (1964) S. 1-3. Auch in: *Über MW* S. 116-122.

–: »Martin Walser«. In: Dietrich Weber (Hg.): *Deutsche Literatur seit 1945.* Stuttgart: Kröner, 1968. S. 433-452.

–: »Ein Nestroyanisches Pferd in Stuttgart«. In: *FH* Jg. 19 (Feb. 1964) S. 133-136. Auch in: *Über MW* S. 116-122.

– et al.: »Warum Walser vorbei trifft. Entgegnungen zu Hellmuth Karaseks Verteidigung von Martin Walsers *Überlebensgroß Herr Krott*«. In: *T.h.* 4 (Apr. 1964) S. 1-3.

Kruse, Jens: »Walsers Eckermann-Stück: Goethe-Schelte oder Liebeserklärung?« In: *M.hefte* 79/4 (1987) S. 439-448.

–: »Wiederholte Spiegelungen: Walsers *Brandung* und Goethes *Wahlverwandtschaften*«. In: *The Age of Goethe Today*. 1990. S. 181-191.

–: »›Die 4. Stufe der Autobiographie‹: Walsers Halm-Fiktionen und *Meßmers Gedanken*. In: *Leseerf.* S. 144-157.

Kübler, Gunhild: »*Ohne einander*«. In: *NZZ* (30.7.1993).

Kurz, Paul Konrad: »Gesundung in der Partei? Über Walser: *Die Gallistl'sche Krankheit*«. In: *Der Spiegel* 26 (27.3.1972) S. 182.

–: »Die Leiden des schwäbischen Chauffeurs«. In: P.K. Kurz, *Über moderne Literatur*. Frankfurt: Knecht, 1979. S. 119-25.

Laemmle, Peter: »›Lust am Untergang‹ oder radikale Gegen-Utopie? *Der Sturz* und seine Aufnahme in der Kritik«. In: Klaus Siblewski, (Hg.): *Martin Walser* 1981 S. 204-213.

Landwehr, Margarete: »Crisis and Self-Discovery: Martin Walser Looks at Aging«. In: *Uni. Dayton Rev.* 20/2 (Spring 1990) S. 57-67.

Lange, Mechthild: »Leider nur: Bildungstheater« (Zum *Sauspiel*). In. Brändle (Hg.): *Martin Walser. Das Sauspiel*. S. 427-430. Zuerst in: *FR* (23.12.1975).

Laureillard, Rene: »Der deutsche Roman ist wohlauf«. In: *Über MW* S. 84-88.

Lawson, Richard: »*Letter to Lord Liszt* as Epistolary Novel«. In: *NewCrit* S. 79-88.

Lechner, Alice Villon: »Überlegenheit eines Unterlegenen«. In: *Die Weltwoche* (20.8.1980).

Leggewie, Claus: »Nach Deutschland. Eine Polemik gegen Martin Walsers Deutschtümelei«. In: *Kommune* 1 (1989) S. 32-26.

Lennartz, Franz: »Walser«. In: F. Lennartz: *Deutsche Schriftsteller der Gegenwart*. 11. erw. Aufl. Stuttgart: Kröner, 1978. S. 756-764.

Leonhardt, Rudolf Walter: »Liebe sucht eine neue Sprache«. In: *Über MW* S. 64-71.

–: »Aufstieg und Niedergang der Gruppe 47«. In: M. Durzak (Hg.): *Deutsche Gegenwartsliteratur* 1981. S.6 1-76.

Liersch, Werner: »*Halbzeit*«. In: *Über MW* S. 49-55.

Liewerscheidt, Dieter: »Die Anstrengung, ja zu sagen. Martin Walsers Ironie-Konzept und die Romane von *Jenseits der Liebe* bis *Brief an Lord Liszt*«. In: *Lit. f. Leser* 2 (1986) S. 74-88.

Linder, Gisela: »Seelenarbeit eines Herrenfahrers«. In: *Schwäbische Ztg.* (6.4.1979).

–: »Wohlstandsschwermut eines Maklers«. In: *Schwäbische Ztg.* (15.8.1980).

Lüderssen, Klaus: »Juristsein im Nichts. Zu Martin Walsers *Die Verteidigung der Kindheit*. In: *Merkur* 516/3 (März 1992) S. 265-270.

Lüdke, W. Martin: »Schlecht zu verdauen? Über Martin Walser: *Seelenarbeit*«. In: *FH* 34/10 (Okt. 1979) S. 66-68.

–: »Maulhelden aus der Provinz«. In: *Die Zeit* (5.9.1980).

–: »Der stetig steigende Unterhaltungswert der späten Prosa Martin Walsers. Vom *Fliehenden Pferd* zum *Schwanenhaus*«. In: *Text + Kritik. Martin Walser* 41/42 (1983) S. 77-92.

–: »Wer hat Angst vor Martin Walser?« In: *FH* 38 (Jan. 1983) S. 65-69.

–: »Jeder wird erledigt«. In: *FR* (8.6.1985).

–: »Nichts Halbes, nichts Ganzes. Martin Walsers deutsch-deutsche Novelle«. In: *Die Zeit* (27.3.1987).

–: »Martin Walser«. In: G. Grimm u. F.R. Max (Hg.): *Deutsche Dichter der Gegenwart*. Stuttgart: Reclam, 1990. S. 350-365.

–: »Eine vom Leben zerriebene Geschichte«. In: *FR* (10.8.1991).

–: »Mangel und Ressentiment. Martin Walser. *Selbstbewußtsein und Ironie (1981)*«. In: P.M. Lützeler (Hg.): *Poetik der Autoren. Beiträge zur deutschsprachigen Gegenwartsliteratur*. Frankfurt: Fischer, 1994. S. 41-56.

–: »*Finks Krieg*«. In: *FR* (28.3.1996).

Magenau, Jörg: »*Ohne einander*«. In: *Freitag* (6.8.1993).

Manthey, Jürgen: »Ehebruch mit Deutschland-Kummer«. In: *FR* (11.4.1987).

Martinson, Steven D.: »Between Utopia and Resignation: *Das Sauspiel*«. In: *MWIP* S. 137-144.

Mathäs, Alexander: *Der kalte Krieg in der deutschen Literaturkritik*. NY-Berlin-Bern: Peter Lang, 1992.

–: »German Unification as Utopia: Martin Walser's Schiller«. In: *NewCrit* S. 106-119.

–: »*Dorle und Wolf* diesseits und jenseits des Atlantik«. In: *C.G.* 26/4 (1993). S. 337-355.

–: »Copying Kafka's Signature: Martin Walsers *Die Verteidigung der Kindheit*. In: *GR* LXIX/2 (Frühling 1994) S. 79-91.

–: »Das Ich, der finstere Despot: *Nero läßt grüßen oder Selbstporträt des Künstlers als Kaiser*«. In: *Leserf.* S. 217-230.

Matt, Peter von: »In Nöten bis zum Hals«. In: *FAZ* (23.3.1985).

Mattenklott, Gert: »Ein Dichter als Chauffeur«. In: *Deutsche Volkszeitung* (11.5.1979).

Meidinger-Geise, Inge: »Zusatz-Studie. Martin Walser: *Jenseits der Liebe*«. In: *FH* 31/12 (Dez. 1976) S. 70.

Meier, Andreas: »»Kafka und kein Ende?««: Martin Walsers Weg zum ironischen Realisten«. In: *Philologische Grüße: Jürgen Born zum 65. Geburtstag*. (Hg.): U. Ernst und D. Weber. Wuppertal: Bergische-Univ.-Gesamtschule, 1992. S. 55-95.

–: »Das Paradox einer individuellen Identität: zur erzählerischen Konturierung Walserscher Protagonisten«. In: Jürgen Kamm (Hg.): *Spuren der Identitätssuche in zeitgenössischen Literaturen*. Trier: Wissenschaftlicher Vlg., 1994. S. 89-107.

Menck, Clara: »*Überlebensgroß Herr Krott. Im neueren Augsburger Dialekt*«. In: *Über MW* Frankfurt: Suhrkamp, 1970. S. 108-111.

Mennemeier, F.N.: *Modernes deutsches Drama*. Bd. 2. München: UTB/Fink, 1975.

Mews, Siegfried: »Martin Walsers *Brandung*: ein deutscher Campus-Roman?«. In: *GQ* 60 (1987) S. 220-236.

–: »Ein entpolitisierter Heine? Zur Rezeption Heines in Martin Walsers *Brandung*«. In: *Heine Jahrbuch* 27 (1988) S. 162-169.

Michaelis, Rolf: »Schlecht gelogen«. In: *Über MW* S. 58-60.

–: »Martin Walser: *Eiche und Angora*«. In: *T.h.* 3 (1964) S. 54-55.

–: »Theater als Blindenanstalt? Uraufführung von Walsers *Sauspiel*«. In: *T.h.* 2 (Feb. 1976) S. 7-9.

–: »Der alltägliche Krieg. Martin Walsers grotesker, trauriger Roman *Brief an Lord Liszt*«. In: *Die Zeit* (19.11.1982) S. 25.

Mittenzwei, Werner: »Der Dramatiker Martin Walser«. In: *Über MW* S. 288-307.

–: »Zwischen Resignation und Auflehnung. Vom Menschenbild der neuesten westdeutschen Dramatik«. In: *SuF* 16/6 (1964) S. 894-908.

–: »Die Folgen der ästhetischen Sensibilität. Das dramatische Werk Martin Walsers in den sechziger Jahren«. In: W.M., *Kampf der Richtungen. Strömungen und Tendenzen der internationalen Dramatik*. Leipzig: Reclam, 1978. S. 457-476.

Möhrmann, Renate: »Der neue Parvenü. Aufsteigermentalität in Martin Walsers *Ehen in Philippsburg*«. In: *BASIS* 6 (1976) S. 140-159.

Moritz, Rainer: »Martin Walser«. In: *Deutsche Dichter des 20. Jahrhunderts.* (Hg.): H. Steinecke. Berlin: E. Schmidt, 1994. S. 704-714.

Morriën, Adriaan: »Erotische und gesellschaftliche Entjungferung«. In: *Über MW* S. 16-19.

Motekat, Helmut: *Das zeitgenössische deutsche Drama.* Stuttgart: Kohlhammer, 1977.

Müller, André: »Kritik an der Oberfläche. Über drei neue westdeutsche Stücke«. In: *TdZ* 3 (1962) S. 50-53.

–: »Das unbewältigte bewältigt? Martin Walsers *Der schwarze Schwan* in Stuttgart«. In: *TdZ* 23 (1964) S. 24-25. Auch in: *Über MW* S. 133-135.

–: »*Überlebensgroß Herr Krott* von Martin Walser in Stuttgart«. In: *TdZ* 23/3 (März 1964). S. 30-31.

Müller, Eva-Maria: »Einige Bemerkungen zu W. Hildesheimer *Mary Stuart* und Martin Walser *Das Sauspiel*«. In: *Positionen und Tendenzen in der Literatur der BRD um die Mitte der siebziger Jahre.* Rostock: Wilhelm-Pieck Verlag, 1977. S. 54-68.

Nägele, Rainer: »Martin Walser. Die Gesellschaft im Spiegel des Subjekts«. In: Hans Wagner (Hg.): *Zeitkritische Romane des 20. Jahrhunderts.* Stuttgart: Reclam, 1975. S. 318-341.

–: »Geschichten und Geschichte. Reflexionen zum westdeutschen Roman seit 1965«. In: M. Durzak (Hg.): *Deutsche Gegenwartsliteratur* 1981. S. 234-251.

Nef, Ernst: »Die alltäglichen Deformationen des bürgerlichen Heldenlebens«. In: *SM* 7 (Juli 1979) S. 565-569.

–: »Das bürgerliche Bewußtsein: Hilflos. Zu Martin Walser, *Das Schwanenhaus*«. In: *SM* 10 (Dezember 1980) S. 1044-1045.

Nelson, Donald F.: »The Depersonalized World of Martin Walser«. In: *GQ* 42 (1969) S. 204-216.

Neumann, Bernd: »Bruder Eckermann: Anmerkungen zu Martin Walsers Schauspiel *In Goethes Hand*«. In: *The Age of Goethe Today* S. 171-180.

Neumann, Oskar: »Ein Schluß, geschrieben in der Zukunft«. In: *Kürbiskern* 4 (1973) S. 786-790.

Noack, Paul: »Ein Kafka-Epigone«. In: *FAZ* (23.3.1956). Auch: *Über MW* S. 12.

Nolden, Thomas: »Der Schriftsteller als Literaturkritiker. Ein Porträt Martin Walsers«. In: *MWIP* S. 171-83.

Nollau, Günther: »Ein ›General‹ beim A-3-Verkehr. Über Martin Walsers Spionagenovelle *Dorle und Wolf*«. In: *Der Spiegel* 13 (23.3.1987) S. 228-230.

Nolte, Jost: »Man halte an Walser und Konsorten«. In: *Über MW* S. 36-41.

–: »Selbstentzweiungsgespräche vor dem Spiegel. *Finks Krieg* von Martin Walser oder Auch ein Schlüsselroman ist ein Roman«. In: *Die Welt* (30.3.1996).

Nössig, Manfred: »Zwei Theater – Ein Stück. *Der schwarze Schwan* in Dresden und Rostock«. In: *TdZ* 13 (1965) S. 23-25.

P.M.: »Bewährtes Sujet neu gestaltet. Wieder ein Roman Martin Walsers«. In: *Die Presse* (8./9.10.1988).

Pankow, Klaus: »Tendenzwende und Neue Subjektivität«. In: *WB* 30/1 (1984) S. 1920-25.

Parkes, K.S.: »Crises and New Ways: The Recent Development of Martin Walser«. In: *NGS* 2 (1973) S. 85-98.

–: »An All-German Dilemma: Some Notes on the Presentation of the Theme of the Individual and Society in Martin Walser's *Halbzeit* and Christa Wolf's *Nachdenken über Christa T.*«. In: *GLL* 28 (1974-75) S. 58-64.

–: »Martin Walser: Social Critic or Heimatkünstler. Some Notes on His Recent Development«. In: *NGS* 2 (1982) S. 67-82.

–: »Martin Walser – A View from the Lake«. In: *Writers and Politics in West Germany*. London: Berg, 1986. S. 205-225.

–: »Looking forward to the past: Identity and Identification in Martin Walser's *Die Verteidigung der Kindheit*«. In: (Hg.): K.S. P. u. A. Wilkins. *The individual, identity and innovation: ...for contemporary literature and the New Germany*. Bern-Frankfurt a.M.: Lang, 1994. S. 57-73.

Paschek, Carl (Hg. Ausstellung und Katalog): Martin Walser. Begleitheft zur Ausstellung der Stadt- und Uni.bibliothek Frankfurt a.M. 22.10.1980 bis 22.10.1980.

Patterson, Michael: *German Theatre Today*. London: Pitman, 1976.

Pawlik, Peter: »Die Verurteilung der Lebensklugheit«. In: *Badische Zeitung* (14.8.1980).

Peitsch, Helmut: »Martin Walser – eine exemplarische Biographie? Der Abschied von der ›öffentlichsten Öffentlichkeit‹«. In: *Theaterzeitschrift* 25 (1988) S. 75-85.

–: »Vom Preis nationaler Identität: *Dorle und Wolf*. In: *Leseerf.* S. 171-188.

Pezold, Klaus: *Martin Walser. Seine schriftstellerische Entwicklung*. Berlin: Rütten & Loening, 1971.

–: »Martin Walsers frühe Prosa«. In: *Über MW* S. 153-174.

–: »Übergang zum Dialog. Martin Walsers *Abstecher*«. In: *Über MW* S. 255-267.

–: »Martin Walser am Übergang zu den achtziger Jahren«. In: *WB* 30 (1984) S. 1830-1841.

–: »Der Jubilar als Bühnenfigur. Martin Walsers dramatischer Beitrag zum Goethe-Jahr 1982«. In: W. Schubert u. R. Schlichting (Hg.): *Impulse.* Folge 12. Berlin u. Weimar: Aufbau, 1989. S. 21-32.

Pickar, Gertrud B.: »Martin Walser: The Hero of Accomodation«. In: *M.hefte* 4 (1970) S. 357-366.

–: »Narrative Perspective in the Novels of Martin Walser«. In: *GQ* XLIV/1 (1971) S. 48-57.

–: »In Defense of the Past: The Life and Passion of Alfred Dorn in *Die Verteidigung der Kindheit*«. In: *NewCrit* S. 134-155.

–: »Self-Delusion and Subjective Reality: The Portrayal of Gottlieb Zürn in *Das Schwanenhaus*«. In: *Leseerf.* S. 121-143.

Pilipp, Frank: »Zum letzten Mal Kafka? Martin Walsers Roman *Das Schwanenhaus* im ironischen Lichte der Verwandlung«. In: *C.G.* 22/3 (1989) S. 283-95.

–: *The Novels of Martin Walser*. Columbia, S.C.: Camden House, 1991.

– (Hg.): *New Critical Perspectives on Martin Walser*. Columbia, S.C.: Camden House, 1994.

–: »Von den Nöten des Kleinbürgers: Sozialer und individueller Determinismus in Walsers Prosa«. In: *Leseerf.* S. 48-71.

Piontek, Heinz: »Mit satirischer Feder«. In: *Zeitwende* 3 (1958) S. 201-202.

Plavius, Heinz: »Kritik, die am Bettuch nagt«. In: *NdL* 1 (1967) S. 142-154.

Poser, Therese: »Martin Walser: *Ein fliehendes Pferd*«. In: Herbert Kaiser u. Gerhard Köpf (Hg.): *Erzählen/Erinnern. Deutsche Prosa der Gegenwart. Interpretationen.* Frankfurt: Diesterweg, 1992. S. 172-187.

Preuss, Joachim Werner: *Martin Walser* Berlin: Colloquium, 1972. (=Köpfe des XX. Jahrhunderts 69).

Pulver, Elsbeth: »In leichtem Ton über das Schwere schreiben. Zum Roman *Brandung* von Martin Walser«. In: *SM* 10 (Okt. 1985) S. 894-901.

Püschel, Ursula: »Historisches Stück – Kämpfe der Gegenwart. Martin Walsers *Sauspiel* in Hamburg«. In: *TdZ* 31/3 (1976) S. 38-40.

Raddatz, Fritz: »Zum Erfolg geschmäht. Porträt des Autors, der Nachkriegsdeutschland in einem literarischen Röntgenbild fixierte«. In: *Die Zeit* (30.10.1981) S. 15-16.

–: »Martin Walser«. In: F.R.: *Die Nachgeborenen. Leseerfahrungen mit zeitgenössischer Literatur* Frankfurt: Fischer, 1983. S. 132-147.

–: »Weiterfahren ins Bachmannland«. In: *Die Zeit* (29.3.1985).

Raiser, Richard: »Das Schwanenhaus«. In: *NdH* 28 (1981) S. 361-63.

Reich-Ranicki, Marcel: »Der wackere Provakateur«. In: M.R-R, *Deutsche Literatur in Ost und West*. München: Piper, 1963. S. 200-215.

–: »Ein bißchen Amtsarzt, ein bißchen Moses. Martin Walser und die deutsche Literaturkritik«. In: *Die Zeit* (29.1.1965).

–: »Martin Walser: *Das Einhorn*«. In: M. R-R, *Literatur der kleinen Schritte*. Frankfurt-Wien-Berlin: Ullstein, 1967. S. 164-171.

–: »War es ein Mord?« In: *Die Zeit* (15.12.1967). Auch: *Über MW* S. 142-146; und: M. R-R: *Lauter Verrisse*. München: Piper, 1970. S. 141-146.

–: »Martin Walsers Rückkehr zu sich selbst. Seine bescheidenste und überzeugendste Arbeit«. In: *FAZ* (4.3.1978).

–: »Martin Walser. Sein Tiefpunkt«. In: M.R-R., *Entgegnung. Zur deutschen Literatur der siebziger Jahre*. Erw. Ausg. München: dtv, 1982. S. 175-79.

–: »Vom Stamme Jener, welche lieben, wenn sie schreiben. Martin Walsers Aufsätze und Reden über große Schriftsteller sind Konfessionen eines Betroffenen«. In: *FAZ Literaturbeilage* (11.10.1983).

–: *Martin Walser. Aufsätze*. Zürich: Ammann, 1994.

Reinhardt, Stephan: »Prosa von schwereloser Exaktheit. Martin Walser: *Das Schwanenhaus*«. In: *FH* 36/7 (Juli 1981) S. 75-77.

–: »Das sächsische Muster«. In: *SZ*. (3/4.8.1991).

Reinhold, Ursula: »Martin Walser: *Die Gallistl'sche Krankheit*«. In: *WB* 19/1 (1973) S. 166-173.

–: »Erfahrung und Realismus. Über Martin Walser«. In: *WB* 21 (1975) S. 85-104.

–: »Zu Martin Walsers *Seelenarbeit*«. In: *SuF* 32/4 (1980) S. 901-905.

–: »Figuren, Themen und Erzählen: *Die Verteidigung der Kindheit* in ästhetischen, poetologischen und politischen Kontexten«. In: *Leseerf.* S. 196-216.

Reitze, Paul: »Die Reise nach Philippsburg«. In: *Rheinischer Merkur* (24.3.1978).

–: »Bei den Döktern«. In: *Rheinischer Merkur* (6.4.1979).

–: »Grüß Gott, Herr Hohentwiel«. In: *Rheinischer Merkur* (22.8.1980).

–: »Jenseits der Brandung«. In: *Rheinischer Merkur* (24.8.1985).

–: »Die heilige Johanna von Bonn«. In: *Die Welt* (21.3.1987).

Ribbat, Ernst: »Fiktive Dokumente aus den Zeiten der Teilung. Zu den neuen Erfolgsromanen Martin Walsers und Jurek Beckers«. In: *Germanica* 13 (1993) S. 11-25.

Richter, Hans Werner: »O Martin! Ein streitbarer, wenn nicht streitsüchtiger Alemanne. Martin Walser«. In: H.W.R., *Im Etablissement der Schmetterlinge. 21 Porträts aus der Gruppe 47*. München-Wien: Hanser, 1986. S. 247-258.

Riewoldt, Otto F.: *Von Zuckmayer bis Kroetz. Die Rezeption westdeutscher Theaterstücke durch Kritik und Wissenschaft in der DDR*. Berlin: Erich Schmidt, 1978.

–: »Zum Drama und Theater der siebziger Jahre in der Bundesrepublik Deutschland«. In: M. Durzak (Hg.): *Deutsche Gegenwartsliteratur* 1981. S. 137-165.

Rischbieter, Henning: »Walser, Wünsche, Weiss und Pörtner. Über neue deutsche Stücke...«. In: *T.h.* 1 (1964) S. 10-16.

–: »Veränderung des Unveränderbaren«. In: *Über MW* S. 271-287. Zuerst in: H. R. u. Ernst Wendt: *Deutsche Dramatik in West und Ost*. Velber b. Hannover: Friedrich, 1965. S. 24-35.

–: »Genrebilder«. In: *T.h.* 1 (1968) S. 28-33.

Roberts, David: »Recent Developments in the German Novel«. In: K. Bullivant (Hg.): *The Modern German Novel*. S. 296-309.

Ross, Werner: »Gallistl und die fünf Engel«. In: *Merkur* 26 Jg., 290/H.6 (Juni 1972) S. 598-601.

–: »Der Sprung durch die Welle«. In: *FAZ* (8.10.1985).

Rothmann, Kurt: »Martin Walser«. In: K.R. (Hg.): *Deutschsprachige Schriftsteller seit 1945 in Einzeldarstellungen* Stuttgart: Reclam, 1985. S. 357-352.

Rothschild, Thomas: »Podiumsdiskussion als politisches Paradigma. *Das Einhorn* und Milan Kunderas *Das Leben ist anderswo*«. In: *MWIP* S. 15-27.

–: »Täuschung und Selbsttäuschung«. In: *DnG/FH* 34/4 (Apr. 1987) S. 383-84.

Rotzoll, Christa: »Walsers vermakelte Welt«. In: *Welt am Sonntag* (19.10.1980).

Saska-Weiß, Ruprecht: »Walser bleibt, Heilandzack, Walser«. In: *Stuttg. Ztg.* (28.7.1979).

–: »Der ganz lange Brief als ganz dünnes Buch«. In: *Stuttg. Ztg.* (6.10.1982).

Schäfermeyer, Michael: »Martin Walser: *Ehen in Philippsburg*«. In: P.M. Lützeler (Hg.): *Deutsche Romane des 20. Jahrhunderts. Neue Interpretationen*. Königstein/Ts: Athenäum, 1983. S. 309-323.

Schafroth, Heinz F.: »Nicht Schritt gehalten mit seinem Abstieg. Über Martin Walsers Roman *Jenseits der Liebe*«. In: *SM* 4 (Apr. 1976) S. 358-362.

Schirrmacher, Frank: »Finks Krieg. Martin Walsers Entschlüsselung einer politischen Affäre«. In: *FAZ* (29.2.1996).

Schloz, Günther: »Einen Unglücklichen töten«. In: *Dt. Ztg.* (23.3.1979).

Schmidt, Aurel: »Martin Walsers *Der Sturz*«. In: *Basler-National-Ztg.* (12.5.1973).

Schmitter, Elke: »Mein Fall, die Welt. Ein Verfahrensfehler macht noch keine Verschwörung ...«. In: *Die Zeit* (22.3.1996).

Scholz, Joachim J.: »Der Kapitalist als Gegentyp. Stadien der Wirtschaftswunderkritik in Walsers Romanen«. In: *MWIP* S. 71-80.

Schneider, Ronald: »Ästhetische Opposition gegen die ›Restaurationsgesellschaft‹. Günter Grass' *Die Blechtrommel* und Martin Walsers *Halbzeit* als Paradigmen westdeutscher Nachkriegsliteratur«. In: *DU* 33/3 (1981) S. 82-95.

Schnell, Ralf: *Geschichte der deutschsprachigen Literatur seit 1945*. Stuttgart: Metzler, 1993.

Schütz, Erhard: »Von Kafka zu Kristlein. Zu Martin Walsers früher Prosa«. In: K. Siblewski (Hg.): *Martin Walser*. S. 59-73.

Schuhmacher, Ernst: »*Eiche und Angora* im Schillertheater«. In: *TdZ* 3 (März 1963). S. 32. Auch: *Über MW* S. 104-106.

–: »Ringend mit der Wirklichkeit. Martin Walser über die Kunst der Abbildung im Drama«. In: *TdZ* 5 (1963) S. 21-23.

Schulz, Gerhard: »Einer wacht über die Welt. Zu *Finks Krieg*«. In: *FAZ Literatur* (22.6.1996).

Schwarz, Wilhelm Johannes: *Der Erzähler Martin Walser*. Bern- München:

Francke, 1971. (Mit einem Beitrag »Der Dramatiker Martin Walser« von Hellmuth Karasek).

Schweikert, Gabriele: »»... weil das Selbstbewußtsein nie geschieht«. Martin Walsers frühe Prosa und ihre Beziehung zu Kafka«. In: *Text + Kritik* 41/42 (1974) S. 31-37.

Seifert, Walter: »Martin Walser: *Seelenarbeit*. Bewußtseinsanalyse und Gesellschaftskritik«. In: Jakob Lehmann (Hg.): *Deutsche Romane von Grimmelshausen bis Walser*. Königstein: Scriptor, 1982. S. 545-61.

Sello, Katrin: »Martin Walsers *Das Einhorn*«. In: *Über MW* S. 76-84.

Sharp, Francis Michael: »An Innocent Abroad? Helmut Halm in the Golden State«. In: *Leseerf.* S. 158-70.

Siblewski, Klaus: »Martin Walser«. In: *Kritisches Lexikon zur deutschsprachigen Gegenwartsliteratur*. München: Edition Text + Kritik, 1987. Weitergeführt von Michael Töteberg, 1991.

– (Hg.): *Martin Walser*. Frankfurt: Suhrkamp, 1981.(=st materialien, 2003).

–: »Eine Trennung von sich selbst. Zur *Gallistl'schen Krankheit*«. In: (ders. Hg.): *Martin Walser*. S. 139-149.

–: »Die Selbstanklage als Versteck. Zu Xaver und Gottlieb Zürn«. In: (ders. Hg.): *Martin Walser*. S. 169-183.

–: »Martin Walsers *Sauspiel*«. In: Autorenkollektiv, *Deutscher Bauernkrieg*. Opladen: Westdeutscher Verlag, 1976. S. 190-207.

–: »Historische Dramatik und literarische Aktualität. Zur Konservativismuskritik in Walsers *Sauspiel*«. In: Brändle (Hg.), *Martin Walser. Das Sauspiel* 1978. S. 443-480.

–: »Beiseite gesprochen. Martin Walsers Gedichte, Aufsätze und Glossen seit den sechziger Jahren«. In: Martin Walser, *Zauber und Gegenzauber*. Eggingen: Edition Isele, 1995. S. 210-217.

Sieburg, Friedrich: »Toter Elefant auf einem Handkarren«. In: *Über MW* S. 33-36.

Siering, Johann: »Martin Walser: *Fiction*«. In: *NdH* 17/2 (1970) S. 136-139.

Skasa, Michael: »Herr und Hund. Martin Walsers Eckermann-Drama: *In Goethes Hand*«. In: *Die Zeit* (31.12.1982).

–: »Hinunter. Zu Walser. Uraufführung in Darmstadt: *Die Ohrfeige*«. In: *Die Zeit* (16.1.1987).

Skwara, Erich Wolfgang: »Ein Parzival-Roman der deutschen Teilung: Martin Walsers *Die Verteidigung der Kindheit*«. In: *Leseerf.* S. 189-195.

Stadelmaier, Gerhard: »Das Salz der Tränen älterer Herrn«. In: *Stuttg. Ztg.* (17.8.1985).

Steiner, Hajo: »Familie als moralischer Sieger. *Ohne einander*, der neue Roman von Martin Walser«. In: *Die Weltwoche* (5.8.1993).

Stern, Joseph Peter: »Martin Walser: *Liebeserklärungen*«. In: *Arbitrium* 1 (1985) S. 101- 106.

Streul, Irene Charlotte: »Literatur der Bundesrepublik in der DDR«. In: *DnG/F.H.* 33/8 (1986) S. 714-718.

Struck, Hans Erich: *Martin Walsers ›Ein fliehendes Pferd‹*. München: Oldenbourg, 1988 (=Oldenbourg Interpretationen, Bd. 27).

Süskind, Patrick: »Deutschland – Eine Midlife-Crisis«. In: *Der Spiegel* 38 (17.9.1990) S. 116-123.

Suhrkamp, Peter: *Briefe an die Autoren*. Frankfurt: Suhrkamp, 1964.

Swiatlowski, Zbigniew: »Die Dichtungen Martin Walsers – Selbstbefragung und Literaturexperiment«. In: *Universitas* 35 (1980) S. 373-380.

Taëni, Rainer: »Versuch einer Gesellschaftskritik durch sprachliche Symbolik (Martin Walser)«. In: R.T.: *Drama nach Brecht*. Basel: Basilius, 1968. S. 86-122.

–: »Modelle einer entfremdeten Gesellschaft?« In: *Text + Kritik* 41/42 (1983) S. 93-104.

Thomas, R. Hinton and Wilfried van der Will: *Der deutsche Roman und die Wohlstandsgesellschaft*. Stuttgart: Kohlhammer, 1968.

Thomas, R. Hinton: »Martin Walser – The Nietzsche Connection«. In: *GLL* n.s. XXXV/4. (July 1982) S. 317-328.

Trommler, Frank: »Demonstration eines Scheiterns. Zu Martin Walsers Theaterarbeit«. In: *BASIS* 10. Frankfurt: Suhrkamp, 1980. S. 127-141.

–: »Martin Walser«. In: *Lexikon der deutschsprachigen Gegenwartsliteratur*. München: Nymphenb. Vlgs.anstalt, 1981. S. 504-505.

Tschapke, Reinhard: »*Ohne einander*«. In: *Die Welt* (7.8.1993).

Ullrich, Gisela: »Es wird einmal. Martin Walsers *Gallistl'sche Krankheit*«. In: Michael Zeller (Hg.): *Aufbrüche: Abschiede. Studien zur deutschen Literatur seit 1968*. Stuttgart: Klett, 1979. S. 60-69.

Unseld, Siegfried: »My Walser, or the Author as Friend«. In: *MWIP* S. 127-136.

Vennewitz, Leila: »The Art of the Other«. In: *MWIP* S. 111-126.

von Matt, Peter: »Schick wie Designer-Jeans. Über Martin Walser und dessen neuen Roman *Ohne einander*«. In: *Der Spiegel* 31 (2.8.1993) S. 138-140.

Vormweg, Heinrich: »Martin Walser oder Die wortgewaltige Sprachlosigkeit«. In: H. V., *Die Wörter und die Welt. Über neue Literatur*. Neuwied: Luchterhand, 1968. S. 93-97.

–: »Franz Horn gibt nicht auf«. In: *Merkur* 30 (1976) S. 483-485.

–: »Ein paar Tage im Leben des Maklers Dr. Zürn«. In: *SZ* (9.8.1980).

–: »Deutsche Literatur 1945-1960: Keine Stunde Null«. In: M. Durzak (Hg.): *Deutsche Gegenwartsliteratur* 1981. S. 14-31.

–: »Bittersüß die Schmerzen des Alterns«. In: *SZ* (31.8.1985).

–: »Abrutscher ins Absonderliche«. In: *SZ* (14.4.1987).

Wagner-Egelhaaf, Martina: »Franz antwortet: Martin Walsers *Brief an Lord Liszt* (1982) und Hugo von Hofmannsthals *Ein Brief* (1902) oder Über das Vergleichen literarischer Texte«. In: *GRM* 39/1 (1989) S. 58-72.

Waine, Anthony: *Martin Walser. The Development as Dramatist*. Bonn: Bouvier, 1978.

–: *Martin Walser*. München: Beck, 1980.

–: »Productive Paradoxes and Parallels in Martin Walser's *Seelenarbeit*«. In: *GLL* (1980-81) S. 297-305.

–: »Martin Walser«. In: Keith Bullivant (Hg.): *The Modern German Novel*. Leamington Spa: Berg, 1987. S. 259-275.

–: »Martin Walser«. In: Keith Bullivant (Hg.): *After the ›Death of Literature‹. West German Writing of the 1970s*. Oxford-NY-Munich: Berg, 1989. S. 340-360.

Wallmann, Jürgen P.: »Mit leeren Händen. Martin Walser, *Jenseits der Liebe*«. In: *Zeitwende* 47 (1976) S. 179-181.

–: »Drei Monate aus dem Leben des Chauffeurs Xaver Zürn«. In: *Mannheimer Morgen* (30.5.1979).

–: »Walsers Roman *Ohne einander*«. In: *Nürnberger Nachrichten* (3.8.1993.

Wapnewski, Peter: »Kristlein am Kreuz. *Der Sturz*«. In: *Der Spiegel* 21 (21.5.1973) S. 156-158.

–: »Männer auf der Flucht«. In: *Dt. Ztg.* (10.3.1978).

Weber, Alfred: »Martin Walser: *Ein fliehendes Pferd*«. In: Jakob Lehmann (Hg.): *Deutsche Novellen von Goethe bis Walser*. Bd. 2. Königstein/Ts.: Scriptor, 1980. S. 281-299.

Wehmeier, Jörg: »Ein realistisches Zeitstück? Zu Walsers *Überlebensgroß Herr Krott*«. In: *Über MW* S. 111-113.

Wehrli, Beatrice: »Kristleins zweideutiges Ende«. In: *SM* 3 (Juni 1973) S. 217-223.

Weing, Siegfried: »Kierkegaardian Reflections in Martin Walser's *Ein fliehendes Pferd*«. In: *C.G.* 25/3-4 (1992) S. 275-288.

Wendt, Ernst: »Die realistische Fiktion. Zur Uraufführung von Martin Walsers *Schwarzem Schwan* in Stuttgart«. In: *T.h.* 11 (1964) S. 25-27.

Werth, Wolfgang: »Die zweite Anselmiade«. In: *Über MW* S. 242-254.

–: »Kapitel tötet die Liebe oder: ein Mann von fünfzig Jahren« In: *Dt. Ztg./Christ und Welt* (7.5.1976).

–: »Zwei Männer gleiten über den Bodensee«. In: *SZ* (25.2.1978).

Westphalen, Joseph von: »Der Fall Walser. Oder das ist nicht Literatur, das versteht ja jeder«. In: J.v.W., *Moderne Zeiten*. 1. Folge. Zürich: Haffmans Verlag, 1989. S. 135-142.

–: »Ein deutsches Muttersöhnchen. Über Martin Walsers neuen Roman *Die Verteidigung der Kindheit*«. In: *Der Spiegel* 33 (12.8.1991) S. 171-174.

Weyhmann, Brigitte: »Martin Walser: *Brandung*«. In: *NdH* 33/1 (1986) S. 143-145.

Wicklein, Ursula u. Peter Chemnitz: »Plädoyer für die Kindheit. Martin Walser auf Spurensuche in Dresden«. In: *Sachsen-Spiegel* (7.12.1990).

Wiegenstein, Roland: »Gerichtstag über feine Leute«. In: *Über MW* S. 23-28.

Williams, Rhys: »Martin Walsers *Ehen in Philippsburg*. Versuch einer Neubewertung«. In: *Text + Kritik*. 41/42. 2te. erw. Aufl. (1983) S. 38-50.

Winkler, Michael: »Martin Walser«. In: Wolfgang D. Elfe u. James Hardin (Hg.): *Dictionary of Literary Biography 75: Contemporary German Fiction Writers Second Series*. Detroit: Gale, 1988. S. 241-248.

Winkler, Willi: »Der Besinnungstäter. Über Martin Walsers Deutschlandgedanken«. In: *Der Spiegel* 9 (26.2.1990) S. 221-225.

Wittkowski, Wolfgang: »Der Schriftsteller und die Tradition. Walser, Goethe und die Klassik«. In: *MWIP* S. 157-169.

Zehm, Günter: »Der Oberstudienrat im Clinch mit einem Fliegengewicht«. In: *Die Welt* (21.3.1978).

–: »Vom chancenlosen guten Makler Dr. Zürn«. In: *Die Welt* (23.8.1980).

Zimmermann-Thiele, Gisela: »*Die Verteidigung der Kindheit*. Martin Walser und sein Roman«. In: *Kultur-Chronik*. (Feb. 1992) S. 30-32.
Zmegac, Viktor (Hg.): *Geschichte der deutschen Literatur vom 18. Jahrhundert bis zur Gegenwart*. Bd. III/2 1945-1980. Königstein/Ts.: Athenäum, 1984.

Interviews: Eine Auswahl

Albig, Jörg-Uwe u. Sven Michaelsen: »Schreibend läßt sich fast alles ertragen«. In: *Stern* (29.8.1991). S. 121-30.
Arnold, H.L. & Udo Pillokat: »Von Wasserburg an-Annäherungen an Martin Walser«. Ein Film. Gesendet SW3. 29.1.1986.
Beckermann, Thomas: »Gespräch mit Martin Walser über seinen Prosatext *Fiction*«. In: *suhrkamp information* 1. Frankfurt: Suhrkamp, 1970.
Bernuth, Christa von: »Kindheit nach dem Tode. Ein Gespräch mit Martin Walser«. In: *Die Zeit* (9.8.1991).
Bienek, Horst: Martin Walser. In: H.B. *Werkstattgespräche mit Schriftstellern*. München: dtv, 1965. S. 236-54. Auch in: *MWA* S. 7-21.
Bloch, Peter André: »Interview mit Martin Walser«. In: P.A. Bloch (Hg.): *Gegenwartsliteratur: Mittel und Bedingungen ihrer Produktion*. Bern-München: Francke, 1975. S. 257-271.
Bohn, Volker und Helmut Kreutzer: »Martin Walser und seine Interpreten. Werkstattgespräch«. In: *Literatur-Theater-Museum*. München: Bayerischer Schulbuch Verlag, 1987.
Brantl, Sebastian: »Martin Walser. Sein Leben spricht Bände«. In: *Cosmopolitan* 101 (1986). S. 32-37. Auch in: *MWA* S. 192-202.
Frank, Niklas und Joachim Köhler: »Ich hab' so ein Stuttgart-Leipzig-Gefühl«. Stern-Gespräch mit Martin Walser. In: *Stern* (12. 3. 1987) S. 220-224. Auch in: *MWA* S. 249-256.
Gauss, Günter: »Im Gespräch mit Martin Walser.« Fernsehinterview, 1987. ARD, 2. November 1986. (Leicht gekürzte Fassung in: *Düsseldorfer Debatte* 12, 1986. S. 37-47).
Grimm, Reinhold, et al: »Podiumsgespräch mit Martin Walser«. In: *Grundfragen der Methodik* (1975) S. 60-75.
Hartlaub, Geno: »Ich sprach mit Martin Walser«. In: *Westermanns Monatshefte* 9 (1967) S. 56-61.
Herles, Wolfgang: »Das Sonntagsgespräch« zwischen Martin Walser und Wolfgang Herles. In: *MWA* S. 182-191.
Hoffmeister, Donna L.: »Interview mit Martin Walser am 31. August 1985«. In: D.L. Hoffmeister, *Vertrauter Alltag, gemischte Gefühle. Gespräche mit Schriftstellern*. Bonn: Bouvier, 1989.
Kaes, Anton: »Porträt Martin Walser. Ein Gespräch mit Anton Kaes«. In: *GQ* 57/3 (Summer 1984) S. 432-49. Auch in: *MWA* S. 133-157.
Karasek, Hellmuth: »Abschied von der Politik? Gespräch mit Martin Walser über *Die Zimmerschlacht*«. In: *T.h.* 9 (1967) S. 6-9.
–,– & Rolf Becker: »›Triumphieren nicht gelernt.‹ Der Schriftsteller Martin Walser über die Intellektuellen und die deutsche Einheit«. Interview.

Der Spiegel 41 (18. Oktober 1990) S. 291-299. Auch in: *MWA* S. 257-266.

Kelter, Jochen: »Deutschländer oder Brauchen wir eine Nation«? Ein Gespräch zwischen Martin Walser und J.K. über Staaten, Nation, Heimat und Literatur. In: *Allmende* 15 (1986), S. 77-89. Auch in: *MWA* S. 218-233.

Knapp, Bettina: »Interview mit Martin Walser«. In: *Modern Drama* 3 (1970) S. 316-23.

Konjetzky, Klaus: Martin Walser. »Gespräch«. In: Ursula Reinhold: *Tendenzen und Autoren. Zur Literatur der siebziger Jahre in der BRD*. Berlin: Dietz Verlag, 1982. S. 247-262. (geführt 1975 und zuerst in *WB* 7 (1975).

Kotteder, Franz: »Martin Walser im Gespräch«. In: *SZ* (18.4.1996).

Kuschel, Karl-Josef: »›Der Gang zu den Dichtern‹: Über die gegenseitige Herausforderung von Religion und Literatur. Interview mit Martin Walser«. In: K-J.K. *Weil wir uns auf dieser Erde nicht ganz zu Hause fühlen. 12 Schriftsteller über Religion und Literatur*. München-Zürich: Piper, 1985. S. 155-178. Auch in: *MWA* S. 169-181.

Lang, Roland: »›Wie tief sitzt der Tick, gegen die Bank zu spielen?‹«. In: *konkret* (Herbst 1980) S. 29-34. Auch in: *MWA* S. 85-95.

Lohr, Stefan: *Günter Grass – Martin Walser. Ein Gespräch über Deutschland* Hörkassette. Eggingen: Edition Isele, 1995.

Mennel, Ludwig: »Soweit formulierbar. LR-Gespräch mit Martin Walser«. In: *Lit.-Revue* 8 (1962) S. 16-21.

Michaelis, Rolf: »Es soll den Zuschauern bekannt vorkommen. Gespräch mit Martin Walser über sein neues Stück *Das Sauspiel*«. In: *T.h.* 9 (September 1975) S. 28-32.

Michaelsen, Sven: »Wer lädt schon einen Skinhead ein«. In: *Stern* (29. 7. 1993) S. 107-111.

Olson, Michael P.: »Interview mit Martin Walser«. In: *NGR* 4 (1988) S. 41-55. Auch in: *MWA* S. 234-248.

Peitsch, Helmut: »Martin Walser – eine exemplarische Biographie?« In: *Theat.Ztschr.* 25 (1988) S. 75-85.

Reinhold, Ursula: »Gespräch mit Martin Walser«. In: Reinhold: *Tendenzen*. S. 284-95.

Reitze, Paul: »Die Welt im Gespräch: Martin Walser«. In: *Die Welt* (29./30. September 1986). Auch in: *MWA* S. 203-217.

Roos, Peter: »Gespräch mit Martin Walser«. In: P.R. *Genius loci: Gespräche über Literatur und Tübingen*. Pfullingen: Günther Neske, 1978. S. 66-96. Auch in: *MWA* S. 45-70.

Roscher, Achim: »›Leben ohne Utopie‹. Gespräch mit Martin Walser«. In: *NdL* 39/467 (November 1991) S. 8-27.

Rudolph, Ekkehart: »Gespräch mit Martin Walser«. In: E.R. *Protokoll zur Person. Autoren über sich und ihr Werk*. München: Paul List, 1971. S. 131-144. Auch in: *MWA* S. 71-82.

Sattler, Stephan u. Rainer Schmitz: »Die Wirkung der Literatur. Interview mit Martin Walser«. *Focus* 20 (1996) S. 124-28.

Sauter, Josef-Hermann: »Interview mit Martin Walser«. In: J-H.S. *Interviews mit Schriftstellern. Texte und Selbstaussagen*. Leipzig & Weimar: Gustav Kiepenheuer Verlag, 1982. S. 18-26. (geführt 1964). Auch in: *MWA* S. 22-30.

Schmidt, Aurel: »Weit weg von der Berufskultur. Ein Interview mit Martin Walser über Amerika, den Kulturbetrieb und die Ironie«. In: *Nationalzeitung Basel* (1.6.1974). Auch in: *MWA* S. 37-44.

Schwarz, Wilhelm Johannes: »Gespräche mit Martin Walser«. In: W. J.S., *Der Erzähler Martin Walser*. S. 64-77.

Siblewski, Klaus, (Hg.): *Martin Walser. Auskunft*. (22 Gespräche aus 28 Jahren). Frankfurt a.M.: Suhrkamp, 1991 (=st 1871).

-: »Es geht um Rechtfertigung. Ein Gespräch über Gespräche«. In: *MWA* S. 267-282.

Spiegel Interview: »Oben ist oben. Martin Walser über die Vorgeschichte seines Romans *Finks Krieg*«. In: *Der Spiegel* 25.3.1996). S. 234.

Theater heute Interview (mit Martin Walser anläßlich seines *Sauspiels*). In: *T.h.* 10 (September 1975) S. 28-30.

Totten, Monika: »Ein Gespräch mit Martin Walser in New-England«. In: *BASIS* Bd. 10. Frankfurt: Suhrkamp, 1980. S. 194-214. Auch in: *MWA* S. 96-115.

Zimmer, Dieter: »Die Überanstrengung, die das pure Existieren ist«. Ein Gespräch mit Martin Walser. In: *Die Zeit* (18.5.1973).

Namenregister

In diesem Register stehen lediglich die Namen von Personen, deren Erwähnung im Text auf einen Bezug zu Walser oder seinem Werk hinweist. VerfasserInnen von Sekundärliteratur werden hier nicht aufgenommen.

Angaben zum Autor

Gerald A Fetz, geb. 1944; seit 1970 Dozent, dann Professor an der University of Montana (USA); zahlreiche Veröffentlichungen zur deutschsprachigen Literatur des 20. Jahrhunderts und zum Geschichtsdrama.

Sammlung Metzler

Printed in the United States
By Bookmasters